高校创新创业教育探索与实践研究

赵 强 著

中国商务出版社
CHINA COMMERCE AND TRADE PRESS

图书在版编目（CIP）数据

高校创新创业教育探索与实践研究 / 赵强著. — 北京：中国商务出版社，2022.12

ISBN 978-7-5103-4555-5

Ⅰ. ①高… Ⅱ. ①赵… Ⅲ. ①高等学校－创业－教育研究 Ⅳ. ①G647.38

中国版本图书馆CIP数据核字(2022)第215435号

高校创新创业教育探索与实践研究

GAOXIAO CHUANGXIN CHUANGYE JIAOYU TANSUO YU SHIJIAN YANJIU

赵强　著

出　　版：	中国商务出版社		
地　　址：	北京市东城区安外东后巷28号	邮　编：	100710
责任部门：	发展事业部（010-64218072）		
责任编辑：	陈红雷		
直销客服：	010-64515210		
总 发 行：	中国商务出版社发行部（010-64208388　64515150）		
网购零售：	中国商务出版社淘宝店（010-64286917）		
网　　址：	http://www.cctpress.com		
网　　店：	https://shop595663922.taobao.com		
邮　　箱：	295402859@qq.com		
排　　版：	北京宏进时代出版策划有限公司		
印　　刷：	廊坊市广阳区九洲印刷厂		
开　　本：	787毫米×1092毫米　1/16		
印　　张：	14.25	字　数：	275千字
版　　次：	2023年2月第1版	印　次：	2023年2月第1次印刷
书　　号：	ISBN 978-7-5103-4555-5		
定　　价：	63.00元		

凡所购本版图书如有印装质量问题，请与本社印制部联系（电话：010-64248236）

版权所有盗版必究（盗版侵权举报可发邮件到本社邮箱：cctp@cctpress.com）

目 录

第一章 高校教学管理创新 ... 1
第一节 创新教育的内涵解析 ... 1
第二节 创新教学管理新制度 ... 2

第二章 高校大学生就业创业教育概述 ... 4
第一节 关于高校大学生就业的认识 ... 4
第二节 高校大学生创业认识教育 ... 15

第三章 高校大学生就业前的准备教育 ... 28
第一节 高校大学生就业前的心理准备 ... 28
第二节 高校大学生就业前的知识与能力准备 ... 33
第三节 高校大学生就业前的信息和材料准备 ... 39

第四章 高校大学生就业面试与权利意识 ... 50
第一节 面试技巧 ... 50
第二节 高校大学生就业应具备的法律意识 ... 61

第五章 高校大学生的职场适应与职业发展教育 ... 77
第一节 完成角色转换 ... 77
第二节 适应社会 ... 89
第三节 职业发展 ... 97

第六章 高校大学生的创业创新分析 ... 112

第一节 创业类型和机会研究 ... 112
第二节 评估创业机会与制订创业计划 ... 121
第三节 汇聚创业资源 ... 131

第七章 高校大学生创业管理教育 ... 141

第一节 高校大学生创业财务管理 ... 141
第二节 高校大学生创业营销管理 ... 145
第三节 高校大学生创业企业的战略管理与管理模式 ... 152

第八章 高校大学生创业风险控制教育 ... 164

第一节 创业风险概述 ... 164
第二节 创业风险的主要类型 ... 168
第三节 创业风险规避 ... 174

第九章 高校创业教育体系建设的理论基础 ... 185

第一节 高校创业教育体系的构建目标 ... 185
第二节 高校创业教育体系的构建原则 ... 188
第三节 高校创业教育体系的主要内容 ... 191

第十章 高校创业教育体系建设的现状 ... 203

第一节 社会各界对高校创业教育的认知 ... 203
第二节 高校创业教育的创业平台研究 ... 204

第十一章 高校创业教育的组织模式 ... 208

第一节 高校创业教育组织模式的国际经验 ... 208
第二节 高校创业教育组织模式发展研究 ... 211

第十二章 高校创业教育师资体系建设 ··· 213

  第一节 高校创业教育师资体系建设的必要性 ··· 213

  第二节 高校混成创业教育师资团队建设模式研究 ··· 215

参考文献 ·· 221

第一章　高校教学管理创新

加强教学管理、改进和完善课程管理，是高校实施创新教育的重要环节。高校要尽可能多地开出新课程，以达到课程综合化、多元化；要根据创新教育的特点建立发展性学生学习评价体系，积极推进发展性教师评价制度；积极推进学籍管理制度改革，以适应创新教育要求。

第一节　创新教育的内涵解析

创新教育是一种体现学生主体精神、注重学生的可发展性、以培养学生创新精神和创新能力为主要目标的教育。教学管理是高校教育的中心内容，在现代高校教育发展过程中，教学管理工作越来越受到人们的重视。高校作为一个管理系统，教学管理工作贯穿其每个层面。为保证教学正常运转，高校必须建设一支高素质的教学管理队伍。

创新教育不仅是认知与智力的问题，而且关系到人整体发展的问题；不仅重视知识的传授，而且更加重视学生能力的发展；不仅关心学生现时的学习成绩和发展水平，而且关心他们未来的学习能力和发展的可能性。创新教育要求我们用变化的、发展的、进步的眼光去看待学生，相信每个学生都有多种发展的可能性。创新教育要求教育管理者对人才观有一个新的、全面的认识，树立一种每个学生都是"可塑之才"的意识，在教学管理中坚持发展的观念，积极关注学生的可发展性，挖掘学生发展的潜力，鼓励每一个学生在发展中进行自我的比较、努力成才。

培养学生的创新人格和创新能力是创新教育的基本特征。创新教育在教学中重视培养学生的创造性思维和创新精神，重视为学生终身学习、终身创造性工作打下基础。联合国教科文组织的报告《21世纪的高等教育：展望与行动世界宣言》提出：高校要有创新的教育方法，培养学生批判性思维能力和创造力，使学生学会创造性和批判性地分析问题，在多元环境中能独立思考和协同工作。因此，创新教育要求教学管理者树立积极、动态的教学质量观，把教学质量看作是一个多层次、多元化的集合体，发挥教师和学生的主动性、创造性，构建一个以创新能力为核心的综合的动态教学质量评价体系。

发展性教师评价以促进教师个人发展和改进教育工作为根本目标，从以下三个方面体现：一是教师的发展角度，需明确教师个人的发展目标，并在培养、进修研究等方面为教师提供发展的机会，从而提高教师专业知识素养和教学水平；二是学生的发展角度，教师的教学内容和方法要有利于启发、引导学生创造性地学习，有利于学生创新人格、智力和能力的发展；三是学校的角度，要重视教师的自我评价、自我激励以及未来发展规划，尊重评教过程中教师的存在及价值，尊重教师的独立性、主动性与能动性。

一个人的创新人格需要终身修炼、创新能力需要终身培养、创新动机需要终身激励。从这个意义上看，创新教育既是全民教育，也是终身教育。联合国教科文组织在学会生存教育、财富蕴藏其中等报告中，对终身教育的概念作了界定——终身教育是贯穿人生始终的一种教育，具有时间的延展性，终身教育并非单一或纯粹的教育形态，它更多的是一种教育理论和教育观念，是包含了所有现存的教育形态的教育过程。

第二节 创新教学管理新制度

一、优化知识结构，制订科学合理的教学计划

教学计划在一定程度上是整个教学过程的行为目标，完善与否直接关系到学分制优势的发挥。从全局的观点来看，教学计划要注重整体性。教学计划要从整体上按合理的知识结构设置课程，并确立各门课程在该专业中的地位及每门课程内容的深浅和课时的多少。在结构上，教学计划要处理好各门课程之间的基础与专业、技术与素质之间相互关系。另外，高校要根据专业知识结构、学生个性发展及社会对人才的需求情况，确定课程的必修与选修之间的比例关系，构建各类选修课程模块，加大选修课比例，开设辅修专业、第二学位课程，从而形成具有学分制特点的科学的教学计划体系。

二、建立选课制度，强化教学管理

选课是学分制的核心，学分制的基础是学生能在现代教育观念的指导下选课。高校要对课程体系重新规划，调动教师的积极性，开设新的选修课，使学生有较多选课余地；教务部门应根据情况变化，改变以往排课方式，保证选课的顺利开展，并建立严格的选课审批手续，使教学计划、选课安排、学生注册等教学管理科学化、规范化。

三、加强学籍管理，实行弹性学习制

高校应改变以班级为单位、统一专业培养方案、统一课程安排表、统一的作息时间的学年制的管理方法和教学模式；实行学生同学不同班、同班不同学，学生课程成绩登记、

统计由班级管理转向个人管理，建立灵活地按学生学期或学年所修学分数确定学生学习课程的学籍管理制度。

四、强化健全教学质量监控与保障体系的观念

教学质量作为高校生存与发展的生命线，已经引起高校的高度重视。在制定各种制度与措施，促进教学质量提高的同时，高校还应重视加强教学质量的监控，在教学管理中形成质量监控与保障体系，从而使各项管理制度得到有效实施。一要切实有针对性地制定出一套教学评价指标和质量监控措施；二要建立有效机制；三要培养一支高素质队伍，能及时处理监控反馈的信息、解决存在的问题，在师生中营造出质量监控的氛围，形成师生共同参与监控的良好风气。

第二章 高校大学生就业创业教育概述

虽然高等教育由精英教育发展为大众教育，在很大程度上提高了我国的全民素质水平，但是各高校连续几年的不断扩招，在某种程度上也降低了高校教育质量，造成就业难的问题。本节从分析高校大学生就业难的问题入手，有针对性地对如何加强大学生创业就业工作进行分析探讨。

第一节 关于高校大学生就业的认识

就业观是职业生涯发展中的重要组成部分。正确的就业观对每一位求职者来说都非常重要。是否拥有正确的就业观，在一定程度上决定了一个人的职业生涯目标能否顺利实现。就业观是指对职业选择的基本看法，包括自主择业观、竞争就业观、职业平等观和多种方式就业观。就业观对人们求职择业和就业准备有直接影响。树立正确的就业观有助于大学生正确认识自我、认识市场；有助于大学生在学习期间有目的地培养自己各方面的能力；有助于大学生根据社会的需要及时调整就业目标，减少求职过程中的压力和阻力。如果没有树立正确的就业观，势必造成择业、就业不能正确定位。许多大学生几经挫折就怨天尤人、自暴自弃，沉沦或轻生的悲剧屡屡发生，究其缘由，就是步入社会时没有树立正确的就业观。

一、高校毕业生就业难的原因

（一）工资期望过高与大学生自愿性失业

部分高校毕业生不接受现有的工作机会，是由于他们对工资水平和工作岗位不甚满意。随着经济的快速发展，我国高等教育正在实现由几十年来的精英教育向大众教育的转变。而广大学生及其家长对高等教育的看法依然停留在精英教育阶段的观念上：只要大学毕业，就意味着是社会上的"精英"，一定得有一份体面的工作。而这些导致高校毕业生所期望的工作岗位与用人单位实际能提供的岗位发生错位现象。从心理上说，他们不能接受自己花费了高昂的经济和时间成本来接受高等教育，而得到的薪酬却和未接受过高等教育的人差不多的事实，期望的收入与用人单位愿意提供的实际薪酬之间存在着较大差距，而且在这类岗位工资中体现不出读大学这种人力资本投资的补偿性工资差别。尤其是近年来大学学费、生活费高涨，教育的高成本自然引发高预期回报，但大部分用人单位却很难提供满足毕业生预期的工资，从而导致了许多大学生宁可选择自愿性失业。

（二）供给与需求的错位造成了大学生结构性失业

结构性失业是由于大学生的结构与现有的就业岗位结构错位，造成失业与岗位空缺并存的一种失业现象。结构性失业主要表现为技能（专业）结构失衡。由于高等教育本身具有滞后性和周期长的特点，加上近年来人才预测工作比较薄弱，人才培养机制与社会需求往往不相吻合，造成大学生所学专业滞后于经济结构的调整。一直以来我国高校招生缺乏自主性，计划经济痕迹浓重，高校培养人才的层次比例与市场需求不相适应，现有学科专业结构存在很大问题，表现为专业设置趋同化、集中化，大学生所学专业的内容不能适应用人单位的需要，毕业时难免会出现一定程度的专业结构失衡。另外，许多高校还存在着重学术教育、轻职业教育的状况，一味向综合性研究型大学靠拢，忽视学生就业所需的职业技能培养。供给与需求的错位造成了大学生就业的结构性矛盾，一方面大量的大学生难以找到"对口"的工作岗位，而另一方面用人单位却招不到合适的专业人才。

（三）信息不对称对大学生就业的影响

如今市场经济高速发展，大部分企业已完成体制改革，运用现代企业管理制度管理企业已成为常态，而教育系统内部体制仍然带有计划经济的色彩，与社会需求脱节且存在信息不对称的状况，培养出的学生与社会、企业的需求存在一定的差距。市场经济就是信息经济，就业信息不对称造成大学生与用人单位难"交心"，部分大学生在求职心态、就业观以及对自身和企业认知方面都存在一些不足，理想与现实有较大差距。观念不能及时更新、思想不能与时俱进，这就是大学生就业难的症结所在。

二、职业的认识

德国按照行动导向学习理念，将职业能力定义为"职业行动能力"（Handlungs kompetenz）。按照德国联邦职教所的定义，职业能力是"人们从事一门或若干相近职业所必备的本领，是个体在职业工作、社会和私人情境中科学的思维、对个人和社会负责任行事的热情和能力，是科学的工作和学习方法的基础"。可以看出，德国人认为职业能力是才能、方法、知识、观点、价值观的综合发展，关注人的综合能力。因此，德国职业教育更加强调专业学习和综合能力发展的过程性、关联性和情境性，关注促进人的职业生涯发展的多项要素。

21世纪初，在我国教育部颁布的一系列重要文件（如《关于全面推进素质教育深化中等职业教育教学改革的意见》)和报告中,强调职业能力是"综合职业能力",是"一个人在现代社会中生存生活、从事职业活动和实现全面发展的主观条件,包括职业知识和技能、分析和解决问题的能力、信息接收和处理能力、经营管理和社会交往能力、不断学习的能力"。可以看出,这种认识的定位是在兼顾企业需要的基础上,强调人的全面素质发展,这种理解是偏德国式的。

(一)职业的定义

职业是人们在社会中所从事的有稳定、合法收入的活动,既是人们为社会做贡献、实现人生价值的舞台,也是人们谋生的手段。有稳定、合法的收入是职业这种特定的劳动区别于其他社会活动的主要特点。

职业存在于社会分工之中。在不同工作性质的岗位上,人们的社会角色迥异,所从事的工作在目标、内容、方式与场所上存在很大的差别。一定的社会分工或社会角色的持续实现,就形成了职业。

人们一般习惯使用"工种""岗位"等概念,实质上就是将职业按不同需要或要求进行具体划分。一般一个职业包括一个或几个工种,一个工种又包括一个或几个岗位。因此,职业与工种、岗位之间是一个包含与被包含的关系,它们之间有着密切的内在联系。

工种是根据劳动管理的需要,按照生产劳动的性质、工艺技术的特征或者服务活动的特点而划分的工作种类。目前,大多数工种是以企业的专业分工和劳动组织的基本情况为依据,从企业生产技术和劳动管理的普遍水平出发,为适应合理组织劳动分工的需要,根据工作岗位的稳定程度和工作量的饱满程度,结合技术发展、劳动组织改善等方面的因素而进行划分的。

岗位是企业根据生产的实际需要而设置的工作位置。企业根据劳动岗位的特点对上岗人员提出的综合要求形成岗位规范,岗位规范构成企业劳动管理的基础。

(二)职业的基本特征

1. 产业性

一个国家、一个社会,就大的方面可以分为三类产业。第一产业和第二产业都是物质生产部门,第三产业虽然不直接生产物质财富,但却是社会物质生产和人民生活必不可少的部门。在传统农业社会,农业人口的比重最大;在工业社会,工业领域中的职业数量和就业人口显著增加;在科学技术高度发达和经济迅速发展的社会,第三产业的职业数量和就业人口显著增加。

2. 行业性

行业是根据生产工作单位所生产的物品或提供服务的对象不同而划分的;按企业、事业单位、机关团体和个体从业人员所从事的生产或其他社会经济活动性质的同一性来分类。

在某行业的职业内部，其劳动条件、工作对象、生产工具、操作内容基本上相同或相近。由于环境的统一，人们会形成统一的思维模式，有共同的语言习惯和道德规范。不同职业间存在着很大差异，劳动条件、工作对象、工作性质等都不相同。随着社会的进步和发展，新的职业会不断涌现，各种职业间的差异也会不断变化。

3. 职位性

职位是一定的职权和相应责任的集合体。职权和责任是职位的两个基本要素。职权相同、责任一致，就是同一职位。从社会需要角度来看，职业并没有高低贵贱之分。但是，现实生活中由于不同职业对人们的素质要求不同以及人们对职业的看法或舆论的评价不同，职业便有了层次之分。这种职业的不同层次往往是由不同职业体力、脑力劳动的付出、收入水平、工作任务的轻重、社会声望、权利地位等因素决定的。

4. 组群性

无论以何种依据来划分职业都带有组群性特点。例如，科学研究人员中包含哲学、社会学、经济学、理学、工学、医学等；咨询服务事业包括科技咨询工作者、心理咨询工作者、职业咨询工作者等。

5. 时代性

随着社会的发展和进步，职业变化迅速，除了弃旧更新外，同一种职业的活动内容和方式也会发生变化，所以职业的划分带有明显的时代性，不同时代有不同的热门职业。我国曾出现过的"当兵热""从政热"，后又发展到"下海热""外企热"等，都反映出特定时期人们对某种职业的热衷程度。

（三）职业的功能

职业的功能是指职业活动与职业角色对个人、社会的作用和影响。具体来说，职业的功能主要有以下几种。

1. 职业的个体功能

职业活动是人们在社会生活中居于首位的活动，职业在人的一生中占有极其重要的地位。人们除了必须从事某种职业得以维持生计外，还可以通过职业活动参与社会实践，获得应有的社会地位，实现自己的人生理想。具体来说，职业的个体功能主要表现在如下四个方面：

（1）职业是个人生存和发展的基础

职业是个人获得经济收入的基本来源、维持个人及家庭生活的手段。人们总是通过从事某种职业创造社会财富，同时又通过职业报酬获取社会财富的所有权和支配权，以满足个体生存发展的需要，这是职业最基本的功能。

职业活动不仅是人类得以谋生的手段，而且是人类实现物质追求的最正当、最合理、最有效的手段。对个体而言，职业能够满足个人日常生计、自我培训、闲暇消费等需要。

（2）职业是实现人生价值的有效途径

人生价值体现在事业的成就和对社会的贡献上，这就意味着个人对职业的选择具有非常重要的意义。尽管事业的成就和价值并不取决于职业本身，职业只不过是社会分工不同而已，但是，个人成就伟大事业往往离不开在职业岗位上的不懈努力和执着追求。职业不仅为个人成就事业奠定物质基础，而且为个人自我价值的实现提供了宽阔的舞台。人们不管理想目标的志趣远近、具体内容如何，都要通过职业的方式，踏着职业的阶梯去实现。

（3）职业影响个性的塑造

职业活动占据了人生大部分的时间和精力，对个人的修养、能力、处世原则等方面的素质提出了适合该职业特点的要求，激发人们向某些方面发展兴趣，促进相关能力的发展和提高，逐步形成从事该职业的特定性格，如运动员的顽强拼搏，企业家的沉着、实干，军人的无畏、勇敢，艺术家的浪漫、富于想象等。

（4）职业影响个人及其家庭的生活方式和社会地位

不同的职业要求劳动者具有不同层次的知识和技能、遵守不同的职业规范，由此决定了不同的劳动方式。不同的职业带给人们不同的经济收入和社会声望，赋予人们不同的权利，因而影响着个人及其家庭成员的社会地位。

2. 职业的社会功能

具体来说，职业的社会功能主要表现在如下三方面：

（1）社会整合功能

社会整合是指将社会存在和发展的各个要素有机地联系在一起，使其通力协作、互相配合、灵活运转。社会是由一个个职业所构成的网络，职业的存在构成了人类社会的存在。只有人们各司其职，在各自的职业岗位上努力工作并相互协调、密切配合，社会才能正常运转。随着社会的不断发展、职业种类的增多，社会的整合程度也越来越高。

（2）社会控制功能

社会控制是指整个社会或者社会中的群体、组织对其成员行为的指导、约束或制裁以及社会成员间的相互影响、相互监督。职业具有强烈的社会规范性，从事一定职业的人在其特定的工作或劳动中必须遵守一定的道德行为规范，即通常所说的职业道德，它要求人们忠于职守、热爱本职工作，努力学习、不断提高业务水平，勤恳工作、讲求效率，团结协作、互相配合，坚持真理、改正错误，文明礼貌、和气待人等。这些规范约束、制约着从业人员的行为，在社会控制中发挥着积极的作用。

（3）促进社会变迁功能

生产力的发展导致社会分工细化，形成众多新职业。同时，职业的不断分化又反作用于生产力，促进和推动生产力的发展，新职业使人们在劳动中形成新的社会思想、道德观念、价值观念和风俗习惯等，从而推动社会意识形态的变迁。不同职业的人们生活方式不同，新的职业生活促使人类生活方式不断变化。总之，职业的发展和演变是促进社会变迁、社会进步的一个重要因素。

三、职业分类

职业产生于公众对商品和服务的需要。当人们渴望乘坐汽车时，汽车业诞生了，由此带来了钢铁业、石油业的蓬勃发展，很多新兴的职业随之产生。当人们需要在家里也能方便地使用电脑时，个人电脑业产生了，促使商会雇佣更多的工人来生产。随着互联网的发展，很多单位都需要专门的人才管理内部网络，这个新兴的职业将容纳更多的劳动者。也有一些职业随着人们的需求变化而消失，比如在30年前，补锅补碗匠还普遍地活跃于城市和农村，但今天已经基本消失了——除了在文物修复领域里。当前，职业的数量越来越多，这是由于人类社会的发展与进步导致人们的需求越来越多样。

1939年，美国的《职业名典》第一版问世的时候就收录了17500个职业，到今天，职业的数量就更多了。如此众多的职业，必须根据某些共同特征进行分组和分类，才有助于我们了解职业，进而在此基础上对职业进行选择。

职业分类，就是根据一定的分类原则、标准和方法，对各种社会职业进行全面、系统的划分和归类。一方面是根据职业活动工作特征的相异程度进行职业的划分，另一方面是根据职业或职业特征的相同程度进行职业的归类。

所以，职业是根据工作的内在属性——职业活动的工作特征来确定的。当从事某一新类型职业活动的人达到一定数量后，换句话说，当社会对某种类型的产品或服务需求达到一定数量时，我们就可以给这个类型职业进行命名。一个人可能不从属于某个组织，比如自由职业者，但他一定属于某个职业，因此，职业属性是一份工作的第一属性，所在单位才是第二属性。

我国在职业分类领域虽然尚处于起步阶段，与发达国家相比有一定的差距，但发展速度很快。原国家劳动部（现为人力资源和社会保障部）、国家统计局、国家技术监督局于1995年2月联合成立了"国家职业分类大典和职业资格工作委员会"，组织了上千名专家学者，历时近4年，于1998年年底完成了《中华人民共和国职业分类大典》（以下简称《职业分类大典》）的编写，1999年正式颁布。《职业分类大典》将我国职业的总体结构分为大类、中类、小类和细类（职业）4个层次，依次体现由粗到细的职业类别。细类是我国职业分类结构中最基本的类别，即职业。根据我国国民经济发展的现状，借鉴国际标准职业分类体系，《职业分类大典》（2022年版）我国职业划分为8个大系：①党的机关、国家机关、群众团体和社会组织、企事业单位负责人；②专业技术人员；③办事人员和有关人员；④社会生产服务和生活服务人员；⑤农、林、牧、渔业生产及辅助人员；⑥生产制造及有关人员；⑦军队人员；⑧不便分类的其他从业人员。《职业分类大典》中确定的 8 个大类包含 75 个中类、434 个小类和 1639 个职业。

职业分类不是一成不变的，会随着社会经济的发展而不断变化。随着时间的推移、产业结构的调整和技术的进步，我国的职业结构一直在发生变化，各种新职业（如电子商务师、项目管理师等）如雨后春笋般地涌现，从 2004 年起，国家根据社会经济发展需要，建立了新职业定期发布制度，到目前为止，已经发布了 11 批 114 个新职业信息。2008 年 5 月 28 日，人力资源和社会保障部在广州市召开了"第十一批新职业信息发布会"，向社会发布了动车组司机、动车组机械师、燃气轮机运行值班员、加氢精加工、干法熄焦工、带温带压堵漏工、设备点检员、燃气具安装维修工 8 个新职业信息。

四、职业生涯

职业生涯（Career）早期的概念是由沙特列（Shartle）提出的。他认为，职业生涯是指一个人在工作生活中所经历的职业或职位的总称。

关于职业生涯的三种主要观点：

第一种观点，认为职业生涯是指个体一生从事职业活动和承担工作职务的连续发展过程。也就是说，它是一个人从首次进入工作岗位一直到退休离开职业舞台，全部工作活动和职业经历按时间顺序接续而成的一个总的行为连续过程。

第二种观点，认为职业生涯核心含义就是个体一生随年龄增长而对职业问题所产生的一系列心理活动过程。其中既包括价值观念、职业意识、职业态度等的养成与变化，又包括职业知识与能力以及发展取向等的形成与发展。

第三种观点，指出要充分体现职业生涯的内涵，就必须从"客观"和"主观"两个方面去考察。表示职业的行为连续过程及其特征，是职业生涯的"客观"外在表现；表示职业的心理活动过程及其特征则是职业生涯的"主观"内在表现。

职业生涯具有以下显著特点：

（1）可规划性。职业生涯的发展过程虽然充满了许多偶然的因素，但是从长远来看，是可以规划的。

（2）不可逆转性。职业生涯发展的不可逆转性是因为人的自然成长和发展过程的不可逆转性，过去了就不能重来。

（3）差异性。个体状态不同，所从事的职业不同，职业生涯也会有很大的差异性。

（4）阶段性。与人的自然生长规律相一致，职业生涯的发展也具有阶段性。注意职业生涯发展的阶段性、高质量地完成各阶段的任务对职业生涯的持续发展非常重要。

（5）发展性。职业生涯是一个人一生连续不断发展的过程。随着时间的推移，不管是否愿意，每个人都会以不同的程度在这个过程中成熟起来，有明确目标和强烈进取精神的人会成熟得快一些、好一些。

五、职业生涯规划

（一）职业生涯规划的概念

职业生涯规划包括个人的职业生涯规划和组织的职业生涯规划两个方面。个人的职业生涯规划主要体现在个人制订职业生涯规划、职业生涯发展规划和对实现这些目标的时间、步骤的合理安排。组织的职业生涯规划主要体现在建立职业阶梯，并针对组织成员各自的才能与个性制订定向培养计划，以适应各工作岗位的需要。

个人的职业规划和组织的职业设计，两者既有联系又有区别，只有两者统一，才会有个人的最合适的职业生涯的实现。就个人初次就业而言，组织和个人都需要具有长远的眼光，致力自身的长期发展和满足对方的合理要求。就个人进行职业的转换和发展而言，个人需要有自身的理性分析和详细计划。职业生涯规划有两个方面的内容：

（1）企业角度。在广大员工希望得到不断成长、发展的强烈要求推动下，企业人力资源管理与开发部门需要充分了解员工的特点，了解他们成长和发展的方向及兴趣，不断地增强他们的满意感，并使其与企业的发展和需要统一协调起来，制订有关员工个人成长、发展的计划。

（2）个人角度。企业中的绝大多数员工，都有从自己现在和未来的工作中得到成长、发展和获得满足的强烈愿望和要求。为了实现这种愿望和要求，他们不断地追求理想的职业，根据个人的特点、企业发展的需要和社会发展的需要，制订自己的职业规划。

这二者的关系是将个人的职业需要和组织的人才结构需要在商业与战略方面达成一致，互利互惠、双向共赢。

（二）职业生涯规划的作用和意义

（1）全面、深入、客观地分析和了解自己，对自己的职业生涯发展有明确的定位。通过对职业和自我的全面评估，可弄清自己为人处世所遵循的价值观念、基本原则和追求的价值目标；可熟悉自己掌握的知识与技能，剖析自己的人格特征、兴趣、性格等多方面的个人情况，了解自己的优势和不足。通过这几个层次的自我剖析，个人可以对自己形成一个客观、全面的认识和定位。

人与人是有区别的，特别是在职业生涯中。就像马克·吐温一样，他虽然是一位出色的作家，但绝对不是一名成功的商人，因为他不具备经商的能力。著名作家钱钟书的文学造诣之高是众所周知的，让他做大学语文教师也是完全够格的，但他教课的效果未必有一名普通教师好，这就是教学能力的问题了。

兴趣、能力、偏好、价值观等因素的不同，会直接影响一个人职业生活状况。其中的核心与关键在于，个体与职业之间存在着是否匹配以及匹配程度的问题。职业生涯规划的出发点与落脚点均在于此，即通过一系列科学的方法，引导人们找到适合自己的职业，以创造自身的价值。

（2）在自我剖析与定位的基础上，设立明确的职业目标。就个人职业生涯来说，目标设定可以是多层次的、分阶段的。越来越多的人为了追求挑战，愿意在职业生涯中从事不止一个职业。一个多层次的目标设定可以使个人摆脱窘境，以开放和灵活的眼光看事情。由于职业生涯跨越个人的青年、中年乃至老年，并且人在各个时期的体能、精力、技能、经验、为人处世的特点都有明显差别，所以个人可以有针对性地制定切实可行的阶段性目标。

（3）促使个人通过积极的行动与措施去争取职业目标的实现。目标实现的内容不仅包括个人在工作中的表现及业绩，而且还包括个人超出现实工作之外的一些前瞻性的准备，如参加业余进修班学习、掌握一些额外的技能或专业知识。此外，目标实现还包括个人为平衡职业目标和其他目标（如生活目标、家庭目标）而做出的种种努力。如果忽略了后面两者的努力，个人要想长久保持工作中出色的表现几乎是不可能的，并且职业目标的实现也会遇到许多牵扯精力的障碍。在实现职业生涯目标的过程中，个人要根据实际情况自觉地总结经验和教训，修正对自我的认知和对最终职业目标的界定。

（4）有助于个人对生活需求及工作需求进行恰当的调整。在职业变动的过程中，面对已经变化的个人需求及工作需求，职业生涯规划能帮助个人发现自己的人生目标，平衡家庭与朋友、工作与个人爱好之间的需求，做出更好的职业选择，如接受还是拒绝某项工作、有无跳槽的必要、是否该去寻找更具挑战性的工作以及何时辞掉压力过大的工作。人们在工作与生活的相互冲突与调试中，才能更清楚、更透彻地实现自我认知和定位，才能弄清自己喜爱并适合从事什么职业，享受什么样的生活。

（5）遵循职业生涯发展规律。学者们发现，几乎每个人在职业生涯中都会经历几个相同的发展时期，如探索期、适应期、发展期、转型期、突破期、反思期、重振期、倒退期、退出期，并且遵循一定的规律。个人进行科学的职业生涯规划，就能了解职业生涯的发展规律，在探索期间踏踏实实，在适应期间从容不迫，在发展及阶段性成功期间不骄傲自大，在瓶颈期、平台期甚至危机期不消极沉沦，在退出期坦然面对生活的安排。

（三）职业生涯规划的自我分析与职业定位

1. 自我分析

在职业生涯规划过程中，有一个相当重要的步骤就是自我分析。有效的职业生涯规划应从自我认识开始，然后才能建立可实现的目标，并确定怎样达到这些目标。自我分析也就是对自己进行全面分析，通过自我剖析来认识自己、了解自己——了解自己的性格，判断自己的情绪；找出自己的特点，发现自己的兴趣；明确自己的优势，衡量自己的差距。个人只有认识了自己，才能用己之长、避己之短，才能对自己的职业做出正确的选择，才能对自己的生涯目标做出最佳抉择和合理规划，因此，自我分析是职业生涯规划的基础，也是职业定位的第一步。

自我分析包括四个方面：

（1）生理自我分析：相貌、身材、穿着打扮等。

（2）心理自我分析：需要、性格、兴趣、天赋、气质、意志等。

（3）理性自我分析：思维方式、思维方法、道德水准、情商、素质等。

（4）社会自我分析：在社会上所扮演的角色，在社会中的责任、权利、义务、名誉，他人对自己的看法以及自己对他人的看法。

这四个方面涉及的因素诸多，重点是分析自己的需要、性格、兴趣、天赋、气质和意志等。性格是职业选择的前提，兴趣是工作的动力。分析天赋主要是分析自己的能力与潜力，分析需求则主要是分析自己的职业价值观。由此看来，自我分析是职业生涯规划的基础，直接关系到个人的职业成功与否。

自我分析的方法有很多，比较常用的有：自我测试法、计算机测试法和专家评定法。自我分析的过程是一种复杂的、跨学科的技术，是为了系统地收集个体优势、劣势以及各种需求相关的信息，以帮助个体认清在职业发展的过程中需要克服的认知和情感障碍，并把人格成熟水平和职业满意度提升到期望的层次，以实现职业规划的目标。

2. 职业定位

定位是自我定位和社会定位的统一，个人只有在了解自己和职业的基础上才能够给自己准确定位。

检视个人特质：

（1）欲望（Desires）（做事的能力）。在此人生阶段，你究竟要什么？

（2）能力（Ability）（一般技术以及特别技术）。你擅长什么？

（3）性格特质（Temperament）（气质、性质）。你是什么类型的人？在何种情况下有最佳表现？

（4）资产（Assets）（有形与无形）。你有什么比别人占优势的地方？

每个人群都需要定位，其目的是保证自己持续地发展。但是各个群体定位的重点不同，定位重点在于澄清自己有什么，不要过高或过低估计自己，有的过于看重自己的文凭，或者看重自己的成绩，有的过于低估自己身上的潜质，所以，个人既需要认真地分析自己，又需要多了解社会需求，以求定位准确。在大多数情况下，正确的思路是做你应该做的事，而不是做你喜欢做的事。

（四）高校大学生职业生涯规划的基本步骤

1. 自我评估

职业生涯规划最基本的工作就是做到知己，即对自己的内在条件进行评估，进而客观全面地认识自己、了解自己，充分了解自己的兴趣爱好、能力特长、个性特征、知识技能、智商情商、思维方式，等等。高校大学生只有全面客观地认清自己，才能端正态度，才能树立合理的职业发展目标，才能选择自己合适的职业、规划合适的职业生涯路径，进而脚踏实地、循序渐进。自我评估要弄清楚自己想干什么、能干什么、应该怎么干。自我评估方法很多，可以进行自我反省，也可以借助职业测评工具。需要指出的是，自我评估不是进行一两次的测评就可以了，而是要贯穿于职业生涯的整个发展过程。

2. 环境和生涯机会评估

人是环境的产物，受制于环境。个人都处在一定的环境之中，和所处的环境发生各种联系，离开了这个环境，便无法生存与发展，因而进行职业规划需要对环境因素进行评估。环境因素一般包括组织环境、政治环境、社会环境和经济环境等。个人要结合自身实际情况分析环境的特点和发展变化的趋势、自己与环境的关系、自己在这个环境中的地位、环境对自己职业发展有利的条件与不利的条件，等等，如对自己想从事的职业所属行业的分析。长期的职业规划一般较为关注社会环境，短期规划则较为关注组织环境。

3. 职业目标选择

职业目标一般源于个人的志向，并通过职业选择来体现。志向和价值观紧密相关，价值观不同，志向一般也会不同。志向就是我们对未来的憧憬和向往中最渴望实现的东西。俗话说："志不立，天下无可成之事。"志向是事业成功的基本前提，没有志向，人生没有目标，事业的成功也就无从谈起。有了志向，就有了人生奋斗的目标，个体的兴趣、能力、知识、潜能就会向这个志向靠拢，事业就会取得成功。

职业目标是志向的具体化和现实体现，是基于对主客观因素综合分析基础上的、最适合自己的、最有可能实现的志向，简单地说就是期望在职业发展上达到一个什么样的位置，如想成为一名模具工程师，或是想成为一名大学的教授，等等。职业目标的选择要有一定的挑战性，仰起头能看得见，蹦一蹦能够得着，这样才能调动全身的能量去努力实现目标。职业发展目标的确立应充分考虑性格、兴趣、能力特长、内外环境因素等。

4. 制定职业发展路径

确定了职业目标，接下来就是选择什么样的路径实现目标。个人的现实情况和职业目标之间有很多可供选择的路径。职业目标可以选择不同的行业，每个行业包含很多的企业，每个企业又会有很多的岗位，实现目标的路径不是唯一的。选择发展的路径不同，则具体的实施方案和措施就会不同，一般有专业技术型、行政管理型和自主创业型三种职业发展路径。在职业生涯规划中，个人必须做出抉择，以便使自己的学习、培训、工作以及各种行动措施沿着既定的职业发展路线前进。世上没有两片完全相同的树叶，也没有两个完全相同的人。每个人的情况不同，适合他的职业发展路径也会不同，所以每个人应该依据自己的实际情况选择合适的发展路径，千万不要试图复制别人的成功之道。

对于高校大学生来说，毕业后的职业发展路径一般有就业、考研、参军、自主创业、出国留学等。高校大学生选择的路径不一样，职业发展规划的侧重点就会有所区别。很多毕业生会纠结于到底是就业还是考研，是在国内发展还是出国留学。通常职业发展路径的选择须考虑以下三个问题：我想走哪一种路径、我能走哪一种路径、哪一种路径有助于我职业发展。

5. 实施

职业生涯规划的制定很重要，但是规划的顺利实施并取得好的效果更为重要。所有的规划都要通过具体的实践来实现。再好的理论如果束之高阁，不接受实践的检验，也不可能取得好的效果，也就不能用来指导实践。高校大学生制定好的生涯发展规划，也必须在实践中加以检验，规划的实施也就是个体的学习教育、培训深造和实际工作等。高校大学生要注意规划实施过程中遇到的各种问题，比如为了完成阶段性目标，如何发挥自己的优势和潜能、如何利用空闲时间提高效率，等等。在规划实施过程中，高校大学生要严格按照既定的计划进行，不要随意地更改。

6. 评估、反馈与修正

这个世界是不断变化发展的，任何事情都不是处在静止状态下的，影响事情发展的因素很多，有些因素是我们事先可以预料到的，因而事先可以加以防范；有些因素是我们事先无法预料的，因而无法防范。所谓"计划赶不上变化"说的就是这个道理。在这种情况下，我们要使规划有效实施并取得预期的效果，就需要在职业发展规划实施过程中不断地评估、反馈，评估其进展是否按照既定的计划进行，是否存在某些偏差，对于偏差比较大的就需要根据实际情况加以调整。这种调整既可以是对阶段性目标的调整，也可以是对实施路径的调整，甚至是在重大的变化情况下对最终的理想目标的调整。这一切都是为了使我们的职业发展规划与实际情况相符，更符合发展的社会环境。

第二节 高校大学生创业认识教育

乔治·萧伯纳说："征服世界的将是这样一些人，开始的时候，他们试图找到梦中的乐园，最终，当他们无法找到的时候，就自己创造了它。"创业是人生的梦想，是事业的追求。但是，创业是有条件的，老板是时代机遇、市场发展、个人素质等因素共同造就的结果。创业并不是一个单纯的动词，也不是一个动作就能完成的，需要多方面的准备。

一、创业的内涵与意义

（一）创业的内涵

"创业"一词最早出现在《孟子·梁惠王下》："君子创业垂统，为可继也。"创业垂统就是创建功业、传给子孙，也作倡业垂统、创制垂基。创业最初的含义是与封建帝王统治紧密相连的，创就是创建，业就是帝王基业，创业就是创造世代相传的帝王基业。这与现代对创业的理解已经大相径庭，但是创业最早起源的话语里包含了一个很重要的特点流传至今，那就是创业的可继承性。不管是封建时代的帝王基业还是现在的企业实业，如果今天创立明天垮台，那就不能算是成功的创业。只有具有一定的存续时间的创业才算真正的创业。创业的含义随着时代的发展变化而不断发展变化。

一般来说，创业的内涵有广义和狭义之分。狭义的创业是指创办企业，把创业视为创办自己的企业，即指个人或团队（一些个人的组合）依法登记设立企业，以营利为目的从事有偿经营（生产、加工、销售、服务、分销或组合）的商业活动，通常表述为"自己当老板""自己给自己打工"。这是国际上对创业最普遍的理解。广义的创业是指开创事业，即某一个人或一个团队，不局限于外界现有的资源，运用个人或团队的力量开创性地寻求机遇，创立企业和实业并谋求发展的过程，通过这个过程来满足其精神和物质的需求和愿望。

创业是一个发现和捕捉机会并由此创造出新颖产品、服务或实现其潜在价值的过程，而创业者则是追求这些机会的人。因此，创业概念的内涵扩展到了非营利性组织，出现了社会创业的概念。在今天变化迅速和不确定性增加的动态复杂环境下，创业成为获取竞争优势、推动经济变革和促进社会进步的重要来源，创业所体现的价值越来越受到重视。高校大学生创业即高校大学生自谋职业，依靠所学知识、所拥有的知识产权，开办企业、开创事业，将知识产品推向市场的活动。

创业首先意味着创新和变革，意味着"创造性破坏"，即建立一种新的生产函数以取代旧的生产函数；其次意味着探寻机会和承担风险，比如探寻和发现未被满足的或者新出现的顾客需求，并且承担由不确定性带来的风险；最后意味着创造价值，即通过创造性地将生产要素组合起来提供给顾客有价值的产品和服务，满足顾客的物质和精神需求。因此，创业可以定义为在无须考虑现有资源的情况下，以探寻和利用机会为前提，通过创新来创造价值的活动过程。创业不仅给创业者个人创造了价值，而且更为重要的是创造了社会价值，推动了社会经济发展，因此，创业活动可以看作一种应对经济不连续变化、推动经济增长和变革的机制。

（二）创业者

风险投资家有一句职业箴言："风险投资成功的第一要素是人，第二要素也是人，第三要素还是人。"在风险投资家的眼里，创业项目、商业计划、企业模式都可以根据市场的变化而改变，唯有创业者的品质在短时间内很难改变，而创业者的品质又决定企业在市场的声誉和未来的发展，因此，创业要求创业者应该具备如下基本素质和基本能力。

1. 决策能力

决策能力是创业者对某件事拿主意、做决断、定方向的综合性能力。它包含准确的预测能力，善于"借脑"来帮助和判断决策方案，当机立断、科学决策。我们常说的"运筹于帷幄之中，决胜于千里之外"就是指决策能力。优秀的决策能力有助于创业者明确市场定位、快速捕捉商机。

2. 财务管理能力

财务管理能力包括财务分析能力、财务活动能力、财务关系能力、财务表现能力。呈现在财务报表上的各种数据很复杂，创业者不一定要有专门的财务管理背景和财务事务处理能力，但自己必须能够看懂财务报表所反映的资产状况、资金流量、成本、风险以及风险和收益的关系，并能够预算出收益率。

3. 销售与谈判能力

市场是检验产品的试金石，产品的好坏由市场说了算，但在这个过程中负责人的销售与谈判能力也起着重要的作用。销售人员首先要学会销售自己，因为产品是死的，人是活的。销售人员要有先进的销售理念，具有正确的道德规范和法律意识，在谈判中，以情感人，以诚待人；同时，还要有"明知山有虎，偏向虎山行"的胆量和勇气，去说服对方接受你的理念和产品。在正确的规范下，我们常说"把不方要说方，把不圆要说圆"或"把一根稻草说成荆条"的宣传就是指销售与谈判的技巧和能力。

4. 组织协调能力

"人心齐，泰山移""一个篱笆三个桩，一个好汉三个帮"，形象地说明了组建团队的意义和作用。三国时期的刘备能够成功地建立蜀汉政权，靠的就是三顾茅庐任用诸葛亮，并拥有关羽、张飞、赵云等人组成的作战团队。美国钢铁大王卡内基曾经说过："将我所有的工厂、设备、市场、资金全部拿去，但只要保留我的团队，四年以后，我将又是一个钢铁大王。"这些都说明组建与协调一支充满活力、富有朝气和战斗力的团队对于创业者来说十分重要。

5. 筹募资金能力

筹募资金能力是指创业者要让被借款人、投资商、金融机构认可和信任，从而接受所提出的创业计划，获取投资者的资金援助，并在预期内能够给投资者带来理想的收益回报的能力。筹募资金的途径有：①使用自己的存款；②股东合伙投资；③借用直系亲属的资金；④借用好朋友的资金；⑤出口贸易融资；⑥靠商业信用借业务关系户的资金；⑦申请国家项目扶持基金；⑧银行贷款；⑨争取天使基金，从企业家和风险投资家那里融资。其中关于融资贷款，牛根生有过这样的形容："企业总要找马骑，企业跑在平路上的时候，找到的可能是银行的资金，它是一匹比较温顺的马；可是当你跑在山路上的时候，找到的可能就是风险投资，它是一匹烈马。烈马的特点——你行的时候，你指挥它，你不行的时候，它指挥你。"

（三）高校大学生创业的意义

（1）创业是市场经济条件下高校大学生实现个人价值的重要途径之一。市场经济崇尚个人价值的实现，提倡和鼓励竞争，而我国社会主义市场经济的发展和完善为高校大学生创业提供了相对宽松的环境。另外，高校大学生有创业的优势：思想活跃、敢想敢干、精力充沛、不受旧框框的束缚。他们在通过自主创业实现自身价值的同时，也为社会创造了效益。事实证明，创业能够提升人生的意义和价值，提高生活质量，创业成功所带来的满足感、幸福感、充实感是其他人体会不到的。所以有人说，创业是就业的最高境界。

（2）高校大学生创业是知识经济时代发展的需要。知识经济是建立在知识和信息的生产、分配、使用之间的经济，知识是比传统意义上的原材料、资本更为重要的因素，是劳动力的重要组成部分，是真正的资本与首要财富。知识经济的快速发展为人类的进步提供了巨大的机遇和动力，它要求人们要具有敢于抓住这些机遇的勇气，并且能够为抓住这些机遇而脚踏实地地从事各种艰苦细致的工作。高校大学生是具有丰富的知识技能和创新潜力的时代精英，应该顺应知识经济发展要求，努力为这个时代创造更多的价值和财富。

（3）高校大学生创业是高等教育改革和发展的需要。随着改革进程的不断深入和发展步伐的不断加快，高等教育已初步实现大众化。但伴随着高等教育大众化到来，高校毕业生"就业难"问题日渐突出。高校大学生与社会力量合作、与同学合作创造属于自己的产业或社会新的产业，不仅是一种可能，而且是一种必需。高校大学生创业就是要改变传统的就业模式，要让高校毕业生不仅是择业者，而且更要成为工作岗位的创造者。高校大学生从就业走向创业，是我国高等教育改革和发展的必然选择。创业教育应该是高等教育的应有之义，应当成为高等教育的重要任务。把增强高校大学生创业意识、培养高校大学生创新精神摆在高等教育的重要位置，既是高等教育发展的必然要求，也是应对时代挑战的明智之举。

（4）高校大学生创业是适应当前高校大学生就业新形势的需要。当前，能否顺利就业是每个高校毕业生面临的重要问题。据估计，21世纪的失业大军中注定会有一部分是大学毕业生，如果他们只是被动地等待就业机会的到来，其后果必将会造成智力资源难以估量的损失。高校毕业生就业问题事关社会的和谐、稳定和发展大局，在现有市场只能消化接受一部分毕业生的条件下，另一部分毕业生则只有通过自主创业来实现就业，才能达到为社会经济发展服务、实现个人价值的目的。

二、创业精神

（一）创业精神的内涵

创业精神是独立生存的自信心和不断创新的进取心的统一，表现为对生存环境的主动适应、对文化与生活的综合阅读和对奋斗目标的执着追求。它指的是一个追求机会、创造价值和谋求增长的过程，强调通过个人或群体的努力，以创新和独特的方式达到创业的目的。该定义颠覆了资源在传统创业观念中的地位，隐含的是一种创新行为。哈佛大学商学院对创业精神的定义更加直接："创业精神就是一个人不以当前有限的资源为基础而追求商机的精神。"该定义认为创业精神代表一种突破资源限制、通过创新来创造机会的行为。

"创业精神"是从英文"entrepreneurship"翻译而来，指企业家精神及企业家的身份、能力等。所以，现代意义的创业精神，就是企业家精神，这种精神源自西方。在17世纪的西欧，创业同风险开始联系在一起：当时的企业家制订商业计划，首先要同政府签订合同，合同的价格是固定的，产生的利润或亏损全部由企业家来承担。到了18世纪，工业革命促进了发明创造，但发明家并没有足够的财力来支撑他们的发明活动，这就促使风险投资者的出现。于是，作为需要资本的企业家、创业者，同资本的持有人——风险投资者就区别开来了，因此，企业家精神不能等同于冒险家精神。美国当代著名的"管理学之父"——彼得·德鲁克（Peter F.Drucker）引用一位成功的企业家的话说："我认识的成功人士都有一个唯一的共同点——他们不是'冒险家'。他们设法确定所必须承受的风险，然后把风险减小至最低限度。不然的话，我和他们都不会成功。"到了19世纪末期，企业家仍然是作为个人为了获利而组建并运作企业的人士来看待的。但是，到了20世纪，美籍奥地利著名经济学家熊彼特（Schumpeter）指出，企业家是那些有眼光、有能力、敢于冒一定风险实现创新的人，他们不但受追求最大限度利润这一动机的支配，而且受一种非物质的精神力量（"事业心""荣誉感""成功欲望"等）的支配。熊彼特认为，正是这种"企业家精神"导致创新，而创新是一种"创造性毁灭"旧事物的过程。有了创新，经济才能前进。熊彼特对创业精神（企业家精神）的理解，同德国著名学者马克斯·韦伯（Max Weber）关于新教伦理与资本主义精神的理解是不谋而合的（尽管也有区别）。马克斯·韦伯认为，这种"新的精神渗透到经济生活中去从而起了决定性的作用。推动这一变化的人，既精打细算又敢想敢为。最重要的是，这些人都节制有度、讲究信用、精明强干、全心全意投身于事业中"，他们"在现代经济制度下能挣钱，只要挣得合法，就是长于、精于某种天职的结果和表现"。马克斯·韦伯称颂这种精神为"美德和能力"。这样一种导致创新的创业精神，离不开对机会的捕捉与利用。"创新是利用机会的关键。商机就是用不同的方式把事情做得更好的'可能性'。创新是能够把事情做得更好的、与众不同的做事'方式'，因此创新是利用商业机会的'工具'。"

由此可知，创业精神这一概念是历史的、具体的，是发展着的，是同风险、创新、机会等联系在一起的，指的是善于捕捉和利用机会，敢于承担必须承担的风险，为创造某种新的价值，努力发挥创造力，实现创新的一种勇往直前的文化与心理过程。创业精神可以推动科技创新、开发新产品、创造新服务、开拓新市场，也可以再造企业、成就企业家等。

（二）创业精神的本质

1. 自主精神

自主精神是创业精神的基础。按照马克思主义的哲学观点，实践是人类特有的改革世界的能动活动。创业具有实践的各种特征，以自然和社会为活动的客体，以促进人与社会的发展为目的，其结果是实现人与社会的共同发展和改造。创业实践除了具有实践活动的普遍性外，还具有高于一般的实践活动的特征：在人的自觉能动性方面，它特别突出了人的自主精神，即自由创造、自主创业、自立自强的精神，这种自主精神就是创业精神的基础。创业精神的强弱，取决于人们自主创业的意愿，这种意愿也就是人的创业需要和创业动机，以及由此升华而成的创业理想，它构成人们的创业意识。创业意识从本质上来说就是一种自强自立的精神，它是人们创业的内在动力，是创业精神的基础内容。需要越强烈，动机越纯正，理想越切合实际，信念越坚定，创业精神就越持久、越稳定，有了这种持续稳定的精神支持，创业活动才会持之以恒、愈挫愈奋。

2. 创新精神

创新精神是创业精神的核心。创新精神之所以成为创业精神的核心，归根到底是由创业活动的开拓性所决定的。由于创业是一种创造性的活动，它本身就是对现实的超越、是一种创新，因此创业离不开创新，创新是创业的题中应有之义。彼得·德鲁克认为："创业就是要标新立异，打破已有的秩序，按照新的要求重新组织。"因为理论、价值以及所有人类的思维和双手创造出来的东西都会老化、僵死，所以我们需要的是一个创业的社会，在这个社会中，创新和创业精神是正常、稳定和持续的。正如管理已成为所有现代机构的特有机制、成为组织社会的主体职能一样，创新和创业精神也必须成为维持我们组织、经济和社会生存所不可或缺的活动。的确，创业就意味着创新，创新就意味着突破。具体到精神领域，则意味着要形成将变革视为正常、有益现象的精神，形成一种寻找变革、适应变革，并将变革当作开创事业机会的精神，形成一种赋予资源以新价值的创造性行为能力，这就是创新精神。

3. 务实精神

务实精神是创业精神的归宿。务实精神是中华民族自古以来就普遍重视和提倡的一种精神，它包括多重含义，要求人们办实事、求实效、立实功、躬行践履、不尚空谈、脚踏实地、实事求是，以至达到名与实相符。建功立业，事事要从实地落脚。古之成大事者，莫不将务实作为精神利器。务实精神是中华民族的传统美德，也是创业精神的落脚点。讲求实效、注意结果、踏实干事等务实精神，是创业精神的最终归宿。有了创业的意识和目标，有了知识、才能和品德，这还只是一种潜在的精神，只能说这种精神具有了某种内在的价值。要使这种内在的价值转化为外在的价值，并实现其价值，还须靠脚踏实地、创造性的劳动。没有这种务实的劳动，人就无法确定创业精神与社会需要之间的价值关系，就无法使创业的理念变成现实，使创业的计划变成财富，也无法实现其创业的根本价值。

（三）创业精神的特征

在人类历史上，任何时代都有创业的理念、理想及实践产生。历史性、时代性及普遍性，都是创业精神的基本特征。

1. 历史性

创业是一个艰苦奋斗的历史过程，世界上任何民族、任何国家的历史，都是一部创业史。人类为了认识世界、改造世界，求得自身的发展，永远不可能满足于现有水平。在艰苦奋斗中创业，是人类存在和发展的客观需要及重要条件。千百年来，创业精神作为沉淀于民族文化中的一种精神状态、文明进步的重要动力、社会生存发展的前提条件，备受世界各国人民的推崇。创业精神也是中华民族一贯倡行的精神美德。中华民族五千年的文明史，是一部艰苦奋斗的创业史。创业是一个在历史中不断发展的范畴，创业精神是具有历史性的，贯穿了社会发展和人类进步的过程，而且在每个历史时期都会打上特有的烙印。

2. 时代性

创业精神的时代性，主要体现在创业精神对某一时代发展潮流的反映和把握之中。创业精神有它的历史继承性，但它更需要一步步地前行、演变和更新，它从本质上而言是根植于传统的创造，是一种超越旧事物的思想、观念和行为，因而它必须立足于现实时代，在与时代的互动中产生、发展和变化。我们这个时代的创业精神体现的是对时代发展的积极响应。目前，全球化和知识革命改变着人类社会的组织结构、生产方式、生活方式、价值观念及世界的经济结构和政治结构。当代中国的创业精神应该具有三个方面的特征：首先，要与社会主义市场经济的发展相适应，面向市场创业，在市场竞争中求发展；其次，要与知识经济的发展相适应，利用知识创业，把知识变成财富；最后，要与社会主义现代化相适应，按照建设中国特色社会主义的总体要求，在推进经济、政治、文化现代化的过程中建功立业。创业精神的时代性还体现在对时代机遇的积极把握之中。感知机遇、追求机遇是创业者的一个显著标志，也是创业精神最重要的内涵。总之，创业要紧跟时代的步伐，创业精神也要体现时代的特征。

3. 普遍性

创业精神作为人的一种精神生活和价值追求，源于人类认识在创新思想支配下的探索与超越；是人类对"真"的理解、对"善"的把握、对"美"的追求；是人们改变世界、创造美好未来的精神动力，反映着人们的普遍愿望、追求和理想，因而具有普遍的特征。首先，它是一种普遍的精神状态，是一定历史时期各个阶层或集团中普遍流行的一种要求、愿望和情感态度。其次，它是一种普遍的社会实践，体现在社会生活的方方面面、各行各业以及各个不同层次的人的普遍的创业行动之中。最后，它随着人类的发展而成为一种更为普遍的、一致的要求和趋势。

（四）创业精神的作用

1. 创业是推动人类社会不断发展的精神动力

人类社会的发展史，就是人类社会由低级阶段向高级阶段不断发展、艰苦奋斗的创业史。历史表明，社会越发展、越文明、越进步，改造世界的工程就越艰巨，越需要发扬艰苦奋斗的精神。在当前的形势下，艰苦创业精神就是进取精神、拼搏精神、奋斗精神和奉献精神。

艰苦创业的价值在于创业和奉献。艰苦创业的精神和品质是在日常生活、工作、学习等方面逐步培养和表现出来的。

2. 创业精神是企业发展壮大必备的精神准则

没有一往无前的创业精神，很难开创出自己事业的一片天空。有了坚定、果敢、无畏的创业精神，才能更加勇敢自信，才能成功时谦逊、失败时坦然。归根结底，创业精神是发自内心深处的、不可抑制的甚至是发自生命的一种原动力。

3. 创业精神是创业者和创业团队共同协作、共谋发展的前提

创业精神不是企业老板、创始人的专有，而是当今每个企业、每位成员都应该具备的精神。也就是说，创业精神是每一个企业成员共同的特质。有了这种特质，他们能共享思想资源，能够在企业发展的征途中风雨兼程。

概括来说，创业是天下最辛苦的工作，需要经历各种各样的磨炼。没有坚定的信念，没有创业精神的支撑，人类社会就不可能物质充实、精神富足，创业就不可能创出品牌、唱响未来，创业者和创业团队成员就不可能相互扶持、一路前进。

三、创业素质的培养

创业者想要成功创业，不仅需要激情、勇气，还需要具备创业的基本素质，包括创业意识、创业心理素质、创业精神和创业能力等。

（一）强烈的创业意识

创业意识是指一个人根据社会和个体发展的需要所引发的创业动机、创业意向或创业愿望。创业意识是创业思维和创业行为的必要准备。创业意识是创业的先导，它构成创业者的创业能力，由创业需要、动机、意向、志愿、抱负、信念等组成，是人们从事创业活动的强大内驱力。

要想取得创业的成功，创业者必须具备强烈的自我实现、追求成功的创业意识。强烈

的创业意识，能够帮助创业者克服创业道路上的各种艰难险阻，使创业者将创业目标作为自己的人生奋斗目标。

（二）良好的心理素质

心理素质是指人们在心理活动方面的能力，即应付、承受及调节各种心理压力的能力。创业之路，是充满艰险与曲折的，创业就等于是一个人去面对变幻莫测的激烈竞争及随时会出现的需要并迅速正确地解决问题和矛盾，这需要创业者具有非常强的心理调控能力，能够持续保持一种积极、沉稳的心态。

当代高校大学生基本上都是"90后"，甚至是"00后"，从小生活物质条件比较优越，在家长的呵护下长大，社会经验少、生活阅历浅、抗挫力弱，而创业成功很大程度上取决于创业者的心理素质。创业者如果不具备良好的心理素质、坚忍的意志，一遇到挫折就一蹶不振、垂头丧气，那在创业的道路上是走不远的。

高校大学生创业者要提高创业的心理素质，正确了解自己，正确认识创业，形成积极、沉稳、坚忍不拔的创业心理素质。

（三）积极主动的创业精神

高校大学生在立业和创业的过程中，除了要为社会提供更多、更好的劳动产品和劳动服务外，首先要树立为人民服务的思想，其次应努力去创造社会效益和经济效益。只有树立这样的人生观，高校大学生才能潜心学习专业知识和专业技术，积极参加实践锻炼，真正深入到客观社会和事物无限深远的本质中去，洞察自然、社会和人自身的奥秘，才能为社会做出贡献，才能真正立业、创业。

（四）全方位的创业能力

高校大学生想要创业，即便具备了创业意识，也只是为创业指引方向，要真正实现创业目标还得有过硬的能力。创业能力是高校大学生创业素质的一个重要方面，是高校大学生顺利完成创业活动所必须具备的心理特征。创业能力总是和创业活动相联系并表现在具体的创业实践中，是决定创业成功与否的关键因素。创业能力是一种综合能力，它既包括专业能力，也包括经营管理能力；既包括创新能力、学习能力、认知能力，也包括人际沟通能力、社会协调能力、公关能力等。总的来说，高校大学生创业应着重培养和提高以下三个方面的创业能力。

1. 开拓创新能力

开拓创新能力是创业成功者最重要的能力之一。开拓创新是创业的灵魂和赢得竞争优势的关键。一个优秀的创业者必须勇于开拓、敢于创新。

2. 组织管理能力

在市场经济条件下，市场充满了竞争和风险，创业者要使自己的创业实践活动获得成功，必须重视经营管理。经营管理能力是创业者在管理上的体现。管理活动贯穿于组织运行过程的每一个环节，不仅是组织正常运行的前提，也是组织生存与发展的基本条件。

3. 人际协调能力

要想创业成功，高校大学生还需要培养自己的人际协调能力，因为包括创业在内的任何活动都离不开人与人之间的交往。高校大学生在校期间有意识地培养与他人的协作能力是获得他人和社会支持的重要前提条件，对高校大学生创业成功具有重要的作用。

四、提升高校大学生创业素质的途径

（一）转变观念，将创业教育融入课程教学体系

1. 凝练创业教育观念

高校应积极推动创业教育与创新教育、素质教育、实践教育、就业教育的融合，依托学科优势，把创业教育贯穿到人才培养的全过程，融入创新人才培养模式改革。在加强学生实践能力培养方面，高校要以社会需求为导向，以教育回归实践为原则，采取校企结合的形式，切实将实践能力的培养渗透到学生专业实习、毕业设计等环节。

2. 完善课程教学体系

创业素质教学活动的设置应该突出专业知识、专业技能和综合素质拓展，不断增加和创设与时代和社会发展相适应的知识体系，建立能使学生尽早尽快认识和把握未来社会发展的新的知识体系。高校要立足学生发展，综合开发教学资源和社会资源，为学生创设实践情景，发展个性、锻炼能力、积累经验、拓展素质，从而探索和建立开放、多元和动态的创业教育的课程教学体系和实践教学体系。

3. 丰富教育教学内容

高校要注意四个结合：

（1）创业素质教育教学与学生素质拓展以及社会实践活动相结合。一方面，高校在教育教学工作中融入素质拓展和社会实践项目；另一方面，高校在学生素质拓展和社会实践活动的设计中加大创新创业教育元素的比重。

（2）创业素质教育教学与学校科技服务以及科研横向协作相结合。高校要在创业素质教育教学过程中引导学生参与到教师的横向课题和学校与外界的其他科技服务项目中去，利用项目作为强化创业教育教学的载体。

（3）创业素质教育教学与专业课程教学相结合。高校通过教学体制改革使创业素质

教育的内容和理念有效融入课程教学。

（4）创业素质教育教学与学生就业与实习相结合。高校将第一课堂与第二课堂融合渗透，将就业与创业融合渗透，真正实现以创业促进优质就业；通过占领课程教学主渠道，开展系统教育教学，切实帮助学生提高创业素质。

4. 拓展优质教学平台

高校要积极创办创业二级学院，针对高校大学生的成长规律和实际需求，从培养创新精神、增强创业意识、打造创业人才等方面着手，为拥有创业想法的学生提供一个良好的平台，在高校大学生中培养一大批有坚定创业信念、掌握创业技能、能适应时代发展的创新创业精英。高校还应开办创新创业名人讲坛，定期邀请国内外知名创业成功人士和创业教育专家学者来校讲学。加强创业网络资源建设，高校应建立大学生创业教育网站，并与国家大学生创业网、省级教育行政部门创业教育网站链接，重点发布国家、省市以及地方和学校的创业政策、创业活动以及创业典型事迹，有效发挥新媒体在高校大学生创业教育教学工作中的作用。

5. 充实教学专家队伍

创业教育离不开高素质的师资队伍。高校必须注重提升辅导员队伍的职业化、专业化。在此基础上，高校还要遴选教师组建创业研究室，负责校内创业教育的研究和系统课程教学。

此外，高校还应从校外聘请著名企业人士、杰出校友、创业成功人士、风险投资家等成为客座教授或者创业实践导师，担任学生创业教育咨询师，向学生传授创业实践经验，指导学生创业，并逐渐实现创业教育师资队伍构成要素的多元化。

（二）整合校内资源，助推高校大学生创业素质提升

1. 完善创业研究机构

高校应建立创业研究机构，负责统筹规划高校大学生创业课程的设置、创业师资队伍的选聘、创业师资队伍的培训、创业教育课程教育计划的制订等系统的创业教育工作。

2. 推进创业的项目化运作

高校应将创业教育列入科研管理体系，面向高校大学生科研立项，大力支持创新创业项目；下拨专项科研经费支持校内师生申报高校大学生创业科研项目，形成师生互动、共同参与的良好格局。

3. 加强创业教育学术交流

高校应积极组织学生参加就业创业知识竞赛、高校大学生创业计划竞赛、高校大学生创业调查；鼓励师生踊跃向大学生创业网站投稿，促进创业教育经验的交流互动以及创业教育成果的互动和转化。

4. 营造创业文化氛围

为有效发挥新媒体在大学生创业教育中的作用，拓展创业教育阵地，高校要充分利用校内电视台、报纸、广播等媒介宣传创业，联系校外媒体帮助宣传推广学校创业教育成功经验，从而形成立体式、广覆盖的创业宣传网络体系，为高校大学生了解创业、参与创业提供机会和平台。通过营造创业型校园文化氛围，构建"教育机制、教学课程、培训平台、实践基地"四位一体的创业教育模式，高校要积极引导高校大学生善于创新、敢于创造、勇于创业。

5. 大力扶持创业社团建设

高校应把创新创业社团建设作为激发高校大学生创新创业意识的重要路径之一，做到百花齐放、百家争鸣，引导学生创建创新创业社团，激发学生创新创业兴趣，普及创新创业知识，促进学生从事创新创业活动。学生社团的蓬勃发展，不仅可以丰富学生创新创业方面的文化生活，也可以成为学校创业教育深入推进的有力助手。

6. 全面开展创业实践活动

（1）设立校内创新创业实训基地。高校将整体的创业教育理念、思路、内容融入实践中去，要求创新创业实训教师开展相关工作研究。

（2）设立校内模拟创业基地，结合创业教育课程建设。高校一方面致力于提升高校大学生创新创业的素质与能力，提前让高校大学生感受创业的过程；另一方面通过模拟创业来保障创业项目正式进入市场化运作的成功率。

（3）发展校内创业孵化基地。高校为创业团队提供创业场地，免费提供电脑、办公桌椅等基础办公设施，为优秀的创业团队提供创业启动资金，并为每个团队一对一配备指导老师，提供各种创新创业指导与咨询。

同时，高校要注重将校内外孵化基地科学对接、良性互动，促进学生创业项目的可持续发展、让学生在丰富多彩的创新创业实践中汲取创业知识、提升创业素质。

（三）强化高校大学生自身素质，促进高校大学生创业能力提升

第一，客观评价自身，提高心理素质。高校要帮助、引导大学生在创业前做足准备，分析自身条件，充分考虑外在因素，做好创业策划：分析自己是否适合创业，适合什么行业，创业计划是否客观、可行。创业不一定适合每个人，但是乐观、自信是每个高校大学生都需要的精神信念。

第二，培养自主学习能力，提高文化素质。创业要具备一定的知识储备，如职业技能、专业知识、经营管理知识和综合知识等。自主学习是创业的关键，是企业保持持久竞争优势的源泉。有志于创业的高校大学生，在自身具备足以创业能力的基础上，有必要对技术有所了解，以期在市场竞争中具有相应的技术优势；有必要认真学习相关创业知识、积极

调整心态，为创业做好充足的心理与知识准备，在创业前通过模拟创业或实习为创业积累相应的经验。自主学习在某种程度上体现了高校大学生的价值观和理想追求，培养了高校大学生自主学习的能力，也是弥补学校传统应试教育的缺陷和不足的途径，是高校大学生创业过程中必不可缺的内容。

第三，积极参加实践活动，提升创业素质。实践出真知，各种创业能力的培养更是离不开实践这个环节。能力形成的基础是知识、经验与技能，其中经验与技能都要在实践的基础上才能获得，所以创业能力与创业实践活动是紧密联系在一起的。创业实践活动的形式有很多种：创业竞赛、企业或工厂的实习活动、学校组织的科研创新项目等。高校大学生应积极参加各种创业实践活动，以提高自身的创业素质。

第三章　高校大学生就业前的准备教育

俗话说"凡事预则立，不预则废"。当前"供需见面、双向选择"的就业模式，把高校大学生推到了市场前面。"物竞天择，适者生存"，激烈的市场竞争使高校大学生承受着诸多无形的就业压力。要想选择一份理想的职业，迈好走向社会的第一步，高校大学生必须未雨绸缪，在思想、心理、知识、能力、求职材料等方面做好充分准备，不断增强自主择业意识、竞争意识、风险意识。本章主要阐述高校大学生就业前的准备，包括高校大学生就业前的心理准备、知识与能力准备及信息和材料准备三部分。

第一节　高校大学生就业前的心理准备

高校大学生通过四年的学习，基本掌握了一定的专业知识和技能，即将踏入社会。绝大多数高校大学生在毕业前没有受过挫折，即使碰到什么困难，也能得到家长、教师的帮助，所以对自己的估计往往不准确、心理承受能力较弱，再加之这一时期是人生情绪的波动期，容易产生情绪的波动。因此，高校大学生必须正确认识社会、正确评估自己，克服就业中的各种困难，正确对待就业中的挫折，在求职过程中做好充分的心理准备，以最佳的心理状态参加就业竞争。

一、高校大学生择业时常见的心理障碍

近年来，由于社会竞争的加剧、就业市场的不景气，高校大学生找到比较理想的工作越来越困难。这给大学里众多高年级学生带来很大的精神心理压力，使他们因焦虑、自卑而失去安全感，许多心理问题也随之产生。

（一）焦虑

焦虑是由心理冲突或挫折引起的，主要表现为恐惧、不安、忧虑等。毕业前夕，大多数高校大学生心理问题表现为过度焦虑，尤其是一些来自偏远地区，或性格内向、或有生理缺陷、或学习成绩欠佳的高校大学生表现得更为突出。这种焦虑使他们在择业时精神负担沉重、紧张烦躁。

（二）自卑

自卑是指缺乏自尊心、自信心，常表现为缺乏正确的自我认识、自惭形秽、缺乏信心和勇气。这使部分高校大学生对就业悲观失望，阻碍其聪明才智和创造力的正常发挥。过度自卑，还会导致高校大学生精神不振、消极厌世，甚至走向极端。

（三）怯懦

怯懦是一种胆小、脆弱的性格特征。在参加用人单位的面试时，高校大学生常常面红耳赤、语无伦次、答非所问，面试前准备的"台词"忘得一干二净，或者谨小慎微，唯恐一句话说错、一个问题回答不好会影响自己在用人单位代表心目中的形象，不敢放开说话，没有把自己的特点和优势表现出来。例如：用人单位到高校来招聘时，小李去面试，可是才几分钟就被淘汰下来，原因是小李在求职面试中十分紧张，回答问题的时候面红耳赤、语无伦次，面试前辛辛苦苦准备的"台词"、腹稿也忘得一干二净……

（四）自傲

孤傲心理是缺乏客观的自我分析和自我评价的表现。部分高校大学生择业时好高骛远，期望值过高，脱离实际，以幻想代替现实，使择业目标和现实产生极大反差。例如：小王非常优秀，临近毕业有十分远大的抱负，对于一般单位给予的面试机会根本不重视、应付了事，希望等待一个最适合他的机会，但是这个机会迟迟不来，就陷入了迷茫之中……

（五）冷漠

冷漠是遇到挫折后的一种消极心理反应。一些高校大学生择业时，因受到挫折而感到无能为力、失去信心，往往会出现不思进取、情绪低落、情感淡漠、意志麻木等心态。这类人往往难以与他人建立正常的人际关系，难以适应社会生活，这种心理与就业的竞争机制是不相适应的。

（六）急躁

急躁是一种不良心境，和冷静是对立的，其主要特征是情绪高涨或低落。高校大学生在职业未最终确定以前，普遍都有急躁心理。他们希望谈判桌前就一锤定音，在不了解用人单位的情况下就草草签约，一旦发现未能如愿，又追悔莫及。这种急躁的心理，常使他们烦躁不安、缺乏自制力。这些不良的心理因素常常会引起异常的生理反应，如头痛、头昏、消化紊乱、心慌、睡眠障碍等躯体化障碍，有时还会导致问题行为的发生，常见的有逃课、损坏东西、报复、迁怒于人、嗜烟、嗜酒等。这些心理障碍不仅会危及学生的身心健康，影响学生顺利就业，严重的还可能导致违纪违法。

（七）攀比

有攀比心理的高校大学生，在求职活动中往往显得缺乏主见，极易受别人干扰。他们把注意力过多地集中到别人的就业取向中，即使有的单位非常适合自身发展，但因为某个方面比不上其他同学选择的就业单位，就放弃了。这种心理往往会延续到就业后，使高校大学生带着失败者的心态进入社会。

二、高校大学生择业心理问题的成因分析

（一）个人因素

当代高校大学生的择业心理问题源自他们强烈的自我实现的需要，主要表现为追求个人的职业发展以及物质、经济利益方面。长久以来，高校大学生在人们的眼中都是社会精英，认为他们具有高层次的文化素养，自然追求高层次的自我实现目标。然而，当代高校大学生大多是独生子女，在考虑问题时，时常从个人利益的角度出发，往往忽视了国家需要、社会发展的需求。以至于不少高校大学生把衡量个人职业成功与否的标准定位为是否拥有令人尊重的社会地位、是否获得高额的经济效益、是否拥有舒适的工作环境，等等。厚重的功利心理把高校大学生的就业期望值抬得很高，一旦现实中的求职经历不能满足他们的需要，他们的心理问题也就接踵而来了。

（二）家庭因素

中国人的家庭观念很重，潜移默化地影响了许多高校大学生的择业心理。不少高校大学生在求职择业的过程中，按照父母的意愿来选择职业。不仅如此，有的高校大学生在高考填报志愿时，选择的专业也是根据父母的意愿来填报的，实际上只是弥补了父母没有读大学的遗憾。这部分高校大学生大多数缺乏主见，容易产生从众心理、依赖心理，对自己没有自信心。但是从父母的角度出发，现在的高校大学生多是独生子女，是父母的唯一希望，只要有机会，父母就会不惜一切代价为子女选择他们心目中理想的职业，甚至有时候这些职业并不是子女感兴趣或者大学攻读的专业。

（三）学校因素

一部分高校由于长期封闭的办学模式，原有专业划分过分狭窄、课程设置不尽合理、教学内容和教学手段过于陈旧，严重影响了学生能力和水平，导致他们在就业市场上竞争力不强。高校大学生在职业选择过程中容易产生功利主义、实用主义、享乐主义倾向，导致产生急功近利、盲目攀比的择业心态，不利于顺利就业。

（四）社会因素

计划经济时代，高校大学生就业全部由国家"统包统分"，基本不存在待业、失业问题。随着就业制度的改革，高校大学生就业变成了双向选择、自主择业的就业制度。在这种就业制度下，高校大学生必须凭借自己的综合素质和实力，参与就业竞争。近年来，高校大学生就业的市场化程度不断提高，市场配置高校大学生的基础性作用不断增强，高校大学生就业市场的形式不断规范、完善，在市场机制的推动下，公平竞争、优胜劣汰正得到充分体现。高校大学生择业时的心态也变得比计划经济时期更复杂，伴随而来的各种择业心理障碍问题也就更多了。

另外，大学毕业生人数激增，使社会就业竞争更加激烈。近年来，高校扩招导致高校大学生人数急剧上升，而社会对于高校大学生的总需求则增速缓慢。高校大学生人数的激增使原本已经供大于求的就业市场的供求关系更加失衡，给高校大学生带来就业危机感。例如，伴随着我国经济体制与医疗卫生体制改革的深入，许多医疗机构即使医护比例严重不足，但是对员工的学历、工作经验、实践技能要求却逐年提高，使医学生不得不应对日益严峻的就业形势和挑战。

综上所述，高校大学生就业心理问题的形成是个人、家庭、学校、社会等多方面因素共同作用的结果。高校大学生在求职择业过程中应针对这些影响因素进行综合分析，做好心理准备，掌握求职技巧，提高就业竞争力，才能有效防止心理问题的产生，实现成功就业。

三、高校大学生就业前心理问题的自我调适

在求职择业过程中遇到困难，甚至经过几次挫折后才能获得成功都是正常的。在此过程中产生消极情绪是难免的，产生心理冲突、心理误区甚至形成心理障碍也是正常的。但是要将产生的心理问题及障碍及时调适，这是尤其重要的。高校大学生只有具备良好的择业心态，才能适应变化中的就业市场，找到理想的工作，可以从以下几个方面去积极调适，保持良好的择业心态。

（一）适应市场，调整就业期望值

就业市场化、自主择业给高校大学生带来了机遇与挑战。用人单位招不到人，而大量高校大学生无处可去的"错位"现象普遍存在，高校大学生的就业期望值普遍较高是造成这种现象的原因之一。在当前获得一个理想职业的时机不成熟时，高校大学生应采取"先就业，再择业"的办法，增加工作经验，然后再凭借自己的努力，通过正当的职业流动来逐步实现自己的职业理想，实现自我价值。许多高校大学生不愿意去经济落后的地区工作，可是随着国家西部大开发战略的推进，西部地区日益成为我国经济发展的热点，可以给高校大学生提供更多的发展机会。

（二）正确认识自己

1. 气质、性格

个性是个体统一的心理面貌，是指人的心理活动中稳定的、具有个人特色的心理特征与心理倾向组成的有层次的动力整体结构，它以个体稳定的行为模式与态度体系表现出来。个性特征包括气质、性格、智能。由于个性特征左右着个体的行为表现，因此个性特征的职业适应倾向也十分明显。就业前如何选择职业，高校大学生要根据自身的个性特征来决定。气质是心理活动的动力特征，包括心理活动的速度、心理活动的强度、心理活动的倾向性等方面特征，是一种典型而稳定的个性心理特征。性格则表现为人对现实的态度和行为方式中比较稳定的独特的心理特征的总和。气质和性格往往对人选择职业和事业成功有很大影响。是何种气质、性格的人，在知觉速度或思维的灵活程度上是快还是慢，在意志努力或情感发生上是强还是弱，心理活动是倾向于外部还是倾向于内部，是认真负责还是轻浮粗心，是活泼热情还是好静羞涩，是机智敏捷还是呆板迟钝，是沉着冷静还是冒失鲁莽，是勇敢爽朗还是怯懦沉默，是镇定自信还是疑虑自卑，是温柔细致还是暴躁粗心，是刚毅实干还是办事拖拉，是喜欢安静还是喜欢热闹，等等，都大有不同。例如，黏液型气质者适合流水线的工作，而抑郁型气质者不适合做推销员。性格与智能也和择业密切相关，不同性格与智能差异往往是影响人对某一职业能否适应及是否会有所成就的重要因素。个性特征的自我了解可通过科学的心理测量等方式进行，全面了解自己的心理特点是个人选择职业的重要前提。

2. 兴趣、爱好

兴趣是爱好的推动者，爱好是兴趣的实行者。人们对职业的选择往往以自己的兴趣爱好出发，这就更要求认真分析自己的兴趣爱好，如在工作、学习之余，是爱好读书还是闲逛、聊天？是爱好钓鱼还是跑步、打球？是爱好摄影还是绘画、书法？是爱好舞蹈还是音乐？是爱好种花种草还是养鱼养鸟？是爱好打扮还是美容？这些都是在求职择业前必须考虑的因素，因为有的职业需要某种兴趣爱好，有的职业却明确禁止和反对某种爱好。

3. 能力、特长

能力是求职择业以及事业成功的重要保证。能力主要有两个方面：一是思维能力；一是工作能力。思维能力主要包括思维的独立性、抽象性、敏锐性、广阔性、批判性、创造性、灵活性等方面；工作能力主要包括言语表达（包括外语）能力、写作能力、计算能力、学习能力、劳动能力、专业能力、发明创造能力等。如果是重新谋求职业者，还应分析自己的工作成绩和缺点，以便在求职时扬长避短。

4. 生理特征

求职者在择业时必须正确认识自己的性别、年龄、身体健康、胖瘦、高矮，甚至面貌丑俊等生理方面的因素，如体质较差，难从事繁重体力劳动；面貌丑陋也不适合当服务员；有些工作女性（或男性）不能胜任，等等。

（三）积极参与竞争，坦然面对挫折

双向选择的就业制度为高校大学生和用人单位提供了双向选择的机会。高校大学生应珍惜机遇、积极参与竞争、不怕挫折，在竞争中寻找自己的位置，实现理想。敢于竞争就是要从实际出发、扬长避短、发挥特长。此外，高校大学生还要有一定的实力，靠真才实学，而不能靠纸上谈兵。

（四）调整心态，完善人格

人的心态有积极和消极之分，积极的心态是一种进取的心态，消极的心态是一种防卫的心态，积极的心态有助于提高人的心理素质。求职者在求职中偶尔出现不健康的心态是正常的。成功者与失败者的不同之处在于，前者总能运用积极的心态支配人生，他们始终用积极思考、乐观精神和坚强的意志控制自己；失败者则总是受制于压力、困难及疑虑的左右，其结果只能是失败。健全人格的培养不仅要依靠学校教育的力量，还应充分发挥高校大学生自我教育的力量，高校大学生通过参加各种社会实践活动，了解自我人格的不足和缺陷，使自己的人格更加成熟。

（五）适度宣泄

高校大学生面临毕业时，经常会因一些事情影响个人的情绪，比较容易出现情绪低落或性情暴躁等情况，适度的宣泄是消除这种不良情绪最简单、最有效的办法。高校大学生可以选择适当的时间和地点向家人、朋友或老师倾诉，该哭就哭，该笑就笑，一吐为快，使自己得到适度的宣泄，有助于恢复正常的心态；还可以去适度参加体育活动，如打球、爬山，有意加大运动量来宣泄，达到平衡心态的目的。

（六）积极寻求心理咨询帮助

心理疾病也是一种病，但很多人对此认知度不够高。目前国内越来越多的高校开设了心理咨询服务中心，帮助高校大学生解决心理问题。高校大学生如果在择业过程中遇到心理困惑，可以到心理咨询部门或者机构进行咨询以寻求帮助。

第二节　高校大学生就业前的知识与能力准备

机会永远只留给有准备的人。在校园生活中，高校大学生要在知识储备和能力培养上为就业做好充分准备，要构建基础宽厚、专业精尖的立体知识结构，并在实践中不断创新

和完善。同时，高校大学生还要积极参加各项校园课外活动和社会实践、实习，培养和锻炼自己的各项职业能力，做到理论学习和能力培养齐头并进。

一、就业前的知识准备

（一）学历文凭与职业资格证书

2002年7月，国家劳动和社会保障部、人事部、教育部共同制定并发布了《关于进一步推动职业学校实施职业资格证书制度的意见》，明确提出："推动职业学校实施职业资格证书制度，是落实中共中央、国务院关于'在全社会实行学历证书、职业资格证书并重制度'要求的重要举措，对于提高劳动者的素质，推动就业准入制度的实施，促进职业教育的改革与发展，增强职业学校毕业生的实践、创新能力和就业创业能力具有重要意义。"

"积极推动职业学校深化教育教学改革，引导职业学校进一步转变观念，努力使职业学校专业设置与劳动力市场需求紧密结合，教学内容与国家职业标准相衔接。""鼓励高等学校毕业生参加职业资格考核鉴定，进一步拓宽高等学校毕业生的就业渠道。"上述这些要求，为实行学历文凭与职业资格证书制度提供了法律依据和政策保证。截至2021年，我国职业资格目录共计72项职业资格。由此表明，我国就业准入制度的框架已初步确立，职业资格证书和各种毕业证书、学位证书，成为人们择业、就业的"通行证"。

"学历文凭和职业资格证书并重"和"就业准入"制度的确立，意味着中国社会已经从"身份社会"转向了"能力社会"。

大学期间，一个人无论学得如何，取得毕业证书是最基本的。没有毕业证书，就业难以谈起，按相同学历就业几乎不太可能，一个人即使能力水平再高，好多门槛就过不去。所以，高校大学生无论如何也不能拿不到毕业证书，无论是专科还是本科，无论是公办还是民办，这是完成学业的起码凭证，是学历层次的标志。

（二）其他需要的证书

1. 普通话证书

普通话证书适合文科类专业的学生，如中文、文秘、新闻、行政管理、法律、国际经济与贸易、对外汉语等专业的学生。此证书最好能取得二级甲等及以上，否则考取证书后的意义不大。

2. 学校表现类证书

此类证书包括奖学金证书及优秀团员、优秀党员、三好学生、优秀毕业生、优秀学生干部等证书，还有一些学校竞赛类证书，如设计大赛、演讲比赛、歌唱比赛、体育竞赛、组织活动奖等证书。这些证书可以反映一个人在大学期间的表现、能力和参与集体活动的经历，在就业过程中有时会起到很好的促成作用。

奖学金证书非常重要，反映了一个人的学习情况，给应聘单位一个良好的印象。奖学金证书被很多企业列为筛选简历的必要条件，没有奖学金，面试机会就会少很多。

学生干部经历非常重要，如果有一个"优秀学生干部"的证书，就更能起到证明作用了。三好学生、优秀毕业生等荣誉称号，在部分城市申请户口时候可以加分，非常重要。

3. 第二外语证书

学生如果会一种第二外语，就会大大增加进入相关企业的机会。全球企业500强中日企、法企、德企有很多，韩企也不少。所以，学生如果有日语、法语、德语、韩语的相应证书，将大大增加就业机会。

4. 兼职实习证明

现在用人单位大多需要有工作经验，高校大学生在校利用课余或节假日时间从事的兼职活动就可作为相应的工作经历或经验。因此，高校大学生参加一些知名企业的实习生计划，更有可能直接留在企业工作。高校大学生有相关企业兼职实习经历及证明，求职时极具优势，如果能有在实习或兼职岗位上的业绩和有分量的表现、奖励证明更好。

二、就业前的能力准备

（一）职业能力的内涵

高校大学生已具备了相当丰富的知识积累，但并不说明已具备了从事职业的能力，高分低能的现象几乎随处可见。在实际工作中，凡能力强的高校大学生，大都会在较短时期内脱颖而出，成为出类拔萃的人物。而能力平平的高校大学生则往往力不从心，长期无所作为。事实证明，高校大学生的能力素质，已成为他们能否顺利择业、能否顺利创业、能否适应市场经济需要的至关重要的因素。

1. 能力与职业能力

能力是直接影响活动效率，决定活动能否顺利完成的个性心理特征。例如，在绘画时，除纸张、颜料、场地等必备的物质条件外，画者还必须具备色彩鉴别力、形象记忆力、估计比例的能力等心理条件，否则就无法完成绘画任务。能力是个性心理特征的一个重要方面，观察力、注意力、记忆力、思考力、想象力等一般能力都是保证任务顺利完成的个性心理特征。但是，不是所有的个性心理特征都是能力，如活泼与安静、敏捷与迟缓、认真与马虎、谦虚与骄傲等气质和性格特征，也是个性心理特征，虽然对活动也会产生一定的影响，但是不是直接决定活动效率及活动成败的因素，因此，通常不划入能力的范围。能力总是与活动密切联系在一起的，一个人的能力不仅要在所从事的活动中表现出来，也要在活动中得到发展。例如，学生的学习能力就是在掌握科学知识和技能的活动中逐渐发展起来的，同时也会在掌握知识和技能的速度、难易、巩固程度方面显示出人与人之间的差异。

职业能力是一种能够顺利实现职业目标的能力。它除了具有一般能力的含义外，还有自己的独特内涵。首先，职业能力是在职业实践中体现出来的影响职业实践活动效率、促使职业实践活动顺利进行的主体心理条件。其次，职业能力，尤其是创业能力与其他能力相比，具有更强的综合性和创造性。职业生涯初期，从业者要根据自己的特长和社会需要确立合适的目标。职业生涯中期，从业者为了提高生产效率，就需组织管理；为了产品适销对路，就得巧用信息；为了驾驭瞬息万变的市场，就得随机应变。这一切活动，都要求从业者，尤其是创业者，具备超过常人的综合能力和创造能力。最后，职业能力是知识、技能经过类化、概括化后形成的，表现为复杂而协调的行为动作。

能力是在先天素质的基础上，在后天环境和教育的影响下，通过人的实践活动和主观努力形成和发展起来的。在职业活动中，职业能力是一种最高层次的素质，表现为解决问题时所运用的各种技能和艺术。职业能力的强弱直接影响事业的成败。

2. 知识与职业能力

知识与职业能力是有区别的。知识不等于职业能力，一个高校大学生知识的多少并不能说明他的职业能力发展的高低。两者主要区别在于：其一，知识是人类社会实践经验的概括和总结，是储存在人脑中的经验系统，其迁移范围较窄；而职业能力是调节行为与活动的心理过程的概括结果，其迁移范围较宽；其二，一个人的知识随年龄增长不断积累，而职业能力随着年龄的增长，却呈现出一个从形成、发展到衰退的过程；其三，职业能力的形成和发展比知识的掌握要慢一些。

知识与职业能力有密切的联系：其一，从心理活动层次上讲，能力是掌握知识的前提，掌握知识要靠能力；其二，从职业能力的表现和发展看，能力是在掌握知识的过程中形成和发展的，知识是能力发展的强大推动器，只有具备了丰富的知识，才能使自身能力得到进一步发展，人的职业能力不是孤立的，也不是从天上掉下来的，职业能力以人的知识和智力为基础，是知识、智力与实践相加的结果；其三，从职业能力对知识的反作用来看，一定的职业能力又是进一步掌握知识的必要条件，没有起码的记忆力、理解力和一定的抽象、概括能力，就难以接受知识和掌握知识，而且能力的高低直接影响着掌握知识的程度和速度，能力强可以促使更好、更有效地掌握知识。

总之，职业能力是掌握知识的前提，又是掌握知识的结果，两者互相依赖、互相转化、互相促进。

（二）职业能力的组成成分

从组成成分来看，职业能力由专业能力、方法能力、社会能力组成。

1. 专业能力

专业能力指的是岗位特殊能力和行业通用能力的合称，即具备从事职业活动所需要的知识和技能，包括单项的技能与知识。例如，从事机械专业工作的职业技能型人才，应具备车、铣、刨、钻、焊、可编程控制器的使用技术和商品的促销等能力，还应具备金属加工工艺、调节技术、商品经营方面的基本技能与知识。在现代社会生产中，专业能力还包括对新技术的理解力、职业的适应性、合理化建议、过程优化、质量意识、安全意识、经济意识、时间意识、工作岗位的卫生等，这些是专业能力的进一步发展。专业能力是基础生存能力，是劳动者胜任职业工作、赖以生存的核心本领。

2. 方法能力

方法能力指的是从事职业活动所需要的工作方法和学习方法，包括制订工作计划的步骤、解决实际问题的思路、独立学习新技术的方法、评估工作结果的方式等，例如：制作一个复杂工件，要制定涉及工艺、材料、设备、标准等方面的具体工作计划；接受一项新的任务，要查找资料与文献，以取得有用的信息，等等。方法能力是基本发展能力，是劳动者在职业生涯中不断获取新知识与能力、掌握新方法的重要手段。对于方法能力，还要求具有科学全局与系统的思维模式，分析与综合、决策与迁移能力，信息的获取、评价和传递，目标辨识与定位，联想与创造能力等，这些是方法能力的进一步发展。

3. 社会能力

社会能力指的是从事职业活动所需要的行为能力，包括情感态度与价值观、人际交往、公共关系、职业道德和环境意识等，如与同事相处的能力、在小组工作中的合作能力、交流与协商的能力、批评与自我批评的能力等。社会能力既是生存能力，又是发展能力。它是劳动者在职业活动中，特别是在一个开放的社会生活中必须具备的基本素质。对社会能力的要求是具有积极的人生态度，强调对社会的适应性和行为的规范性、社会责任感、群体工作的协调与仲裁、参与意识以及积极性、主动性、灵活性、语言及文字表达能力等，这些是社会能力的进一步发展。

（三）提升高校大学生职业能力的几个环节

1. 做好职业生涯规划是提升职业能力的基础

对很多毕业生而言，与其说是"就业困难"，不如说是"就业迷茫"，即不知道自己应该从事什么样的工作。很多学生在初入大学时持有"大一、大二先轻松一下，大三、大四再努力也不迟"的心态，对自己的未来发展缺乏科学的规划，这往往成为他们面对就业压力时感到手足无措的一个重要原因。

大学作为高校大学生职业生涯规划的第一站，有着至关重要的作用。第一，要树立正确的职业理想。高校大学生一旦确定自己的理想职业，就要依据职业目标规划自己的学习和实践，并为获得理想的职业积极准备相关事宜。第二，正确进行自我分析和职业分析。自我分析即通过科学认知的方法和手段，对自己的兴趣、气质、性格和能力等进行全面分析，认识自己的优势与特长、劣势与不足。职业分析是指在进行职业生涯规划时，充分考虑职业的区域性、行业性和岗位性等特性，比如职业所在的行业现状和发展前景、职业岗位对求职者的自身素质和能力的要求等。第三，构建合理的知识结构。高校大学生要根据职业和社会发展的具体要求，将已有知识科学地重组，构建合理的知识结构，最大限度地发挥知识的整体效能。第四，培养职业需要的能力。除了构建合理的知识结构外，高校大学生还需具备从事本行业岗位的基本能力和专业能力，只有将合理的知识结构和适用社会需要的各种能力统一起来，才能立于不败之地。

从具体实施来看，高校大学生的职业能力生涯规划应从大一做起，并根据自己的长期目标，在不同阶段采取不同的行动计划。比如，一年级为试探期，高校大学生这一时期要初步了解职业，特别是自己未来希望从事的职业或自己所学专业对口的职业，但由于学习任务繁重，不宜过多参加实践活动；二年级为定向期，高校大学生要通过参加各种社会活动，锻炼自己的实际工作能力，可以在课余时间寻求与自己未来职业或本专业有关的工作进行社会实践，以检验自己的知识和技能，并根据个人兴趣与能力来修订和调整职业生涯规划设计；三年级为冲刺期，高校大学生在加强专业学习、寻求工作和准备考研的同时，可以把目标锁定在与实现自己的目标有关的各种信息上；四年级为分化期，大部分学生对自己的出路有了明确的目标，这时可对前三年的准备做一个总结：检验已确定的职业目标是否明确、准备是否充分，对存在的问题进行必要的修补。

2. 培养社会适应能力是提升就业能力的关键

学校和社会是有差距的，其运行规则和社会的运行规则有很大不同。这种环境的隔离，往往使得"象牙塔"里的高校大学生对社会的看法趋于简单化、片面化和理想化。一些企业对应届毕业生表示冷淡的重要原因就是刚毕业的高校大学生缺乏工作经历与生活经验、角色转换慢、适应过程长。企业在挑选和录用高校大学生时，同等条件下，往往优先考虑那些参加过社会实践，具有一定组织管理能力的高校大学生。这就需要高校大学生在就业前注重培养自身适应社会、融入社会的能力。

社会实践平台可以提高高校大学生的组织管理能力、心理承受能力、人际交往能力和应变能力等，还可以使他们了解到就业环境、政策和形势等，有利于他们找到与自己的知识水平、性格特征和能力素质等相匹配的职业。

对社会和环境的适应应该是积极主动的，而不是消极的等待和却步。高校大学生只有具备较强的社会适应能力，走入社会后才能缩短自己的适应期，充分发挥自己的聪明才智。因此，在不影响专业知识学习的基础上，大胆走向社会、参与各种社会活动是高校大学生提升自身就业能力和尽快适应社会的有效途径。

3. 良好的心理素质是提升就业能力的根本

部分当代高校大学生在求学期间只注重专业知识、忽视心理素质，在面对困惑或逆境时，总是表现出一脸的茫然，影响职业选择。尤其在求职过程中，有些学生一旦遭遇失败，便一蹶不振，这也是高校大学生就业难的原因之一。因此，高校大学生在求学过程中应注意提高心理素质，尤其是在日常生活中锻炼自己坚韧不拔的性格。而在求职中，高校大学生应该充分了解就业信息，沉着、冷静应对所遇到的困难，用积极的心态扫除成功路上的障碍，直到达到胜利的彼岸。

4. 正确的择业心态是提升就业能力的保证

在对"解决当前高校大学生就业难的方法"的认识上，毕业生和企业的选择截然不同。毕业生更关注于从知识层面提高自己，认为"提高技能"和"提高职业素质"是最主要的。在企业看来，首要的是"学生调整就业心态"，"学生提高职业素质"和"提高学生技能"反倒退居其次。因此，高校大学生应当培养良好的择业心态，树立与市场经济相适应的现代就业观。

首先，要积极、主动寻求就业，而不能被动地"等、靠、要"。很多高校大学生把希望寄托在社会关系资源上，出现了求职"全家总动员"的现象；一些高校大学生则希望依靠学校解决就业问题。事实上，在市场经济条件下，我国已经实现用工制度的双向选择，高校大学生主动"推销"自己是一个非常重要的实现就业的途径，能否胜任工作还是要靠自己的能力说话。

其次，要破除传统的就业观念，实现多元化就业。高校大学生在择业时往往承受着来自社会和家庭中传统观念和传统心理的压力，把留在大城市、端上"铁饭碗"作为首要选择，也有不少高校大学生倾向于选择外企、合资企业等薪酬较高的企业，但很少有人选择西部和基层，使就业成了"独木桥"。近年来，一批新型非正规就业方式的职业正在不断涌现，自由演艺人员、软件开发人员、翻译人员、美工设计者和自由撰稿人等自由职业岗位在社会上走红，对于缓解高校大学生就业压力起到了积极的作用。可见，高校大学生只要能转变观念、面对现实，就不难找到能够发挥自己特长的工作。

最后，避免盲目追求，正确认识自我。我国的高等教育正处于从"精英教育"向"大众教育"转变的过渡期，一些高校大学生缺乏应有的危机意识，"眼高手低"，盲目追求就业中的高层次、高薪酬，在择业类型和择业区域上出现"扎堆"现象，造成了供求脱节，这也是高校大学生就业难的原因之一。在这种情况下，大学毕业生只有改变以前的"精英就业"的观念，树立"人职匹配"的"大众化"就业观，才有可能实现充分就业。

第三节　高校大学生就业前的信息和材料准备

一个人的成功就业，不仅取决于他自身能力因素，还在于他是否掌握和有效地运用了就业信息和材料。国家的政治经济状况、就业形势、意向企业状况、意向岗位状况、用人单位对人才素质的要求等都是决定高校大学生能否成功就业的重要因素。如何有效搜集求职信息？如何准确筛选有效信息？求职需要准备哪些材料？这些问题都是决定求职成功与否的关键。

一、就业信息的搜集与处理

（一）就业信息的内容

1. 高校大学生就业的政策与法规

在我国，虽然人才已经市场化，但是从宏观调控的角度来看，就业仍需要政府进行适当调控。任何组织、个人都必须服从政府依据法律和法规对整个社会就业进行的统一管理。改革开放以来，为了进一步推动高校大学生就业的市场化、优化人才的配置，我国不断完善高校毕业生就业政策，各省、自治区、直辖市也根据本地区的实际情况及时、有效地调整相关的人才政策。高校大学生及时了解相关政策、弄懂政策，并利用政策提供的有利条件，结合自身实际情况，主动出击，那么就业就可能变得游刃有余。

高校大学生系统地搜集和认真研习政府就业方面的方针、政策等，充分掌握了"行情"，就可以在求职的过程中不走弯路或少走弯路。高校大学生在面向社会求职择业之时，了解所在学校及学校所在地区和国家的就业政策及就业管理部门的工作程序，把握就业良机进行求职择业，有助于自己顺利达到就业的预期目标。高校大学生应该了解掌握的法律法规有《中华人民共和国劳动法》《就业促进法》《劳动合同法》《就业协议书》等。

2. 用人单位的需求信息

用人单位需求信息搜集的多与少是直接关系到高校大学生能否顺利就业的重要因素。一些高校就业主管部门想方设法为毕业生提供用人单位需求信息，如果同一专业有 2～5 个相关用人单位需求信息供毕业生选择，就可以大大提高毕业生就业的信心。但获得就业信息并不意味着就找到了工作岗位，高校大学生对用人单位需求信息要进一步了解，进行有效的对比，避免择业时的随意性和盲目性。有些高校大学生只挑选大城市而不问用人单位的性质、业务范围，有的只图单位名称好听，而盲目签约，这样很容易产生隐患。一般说来，高校大学生应该对用人单位以下六个方面的内容有所了解：

第一，用人单位准确的全称。

第二，用人单位的性质（党政机关、企事业单位、民营企业、股份制企业……）。

第三，用人单位的企业文化、发展前景、地理环境、经营范畴等。

第四，招聘的岗位及要求。

第五，联系人的联系方式（能得到手机号码更好）。

第六，用人单位所提供的福利待遇以及招聘的时间和方式等。

掌握好这些信息，对大学生参加面试和进行自我推销以及就业攻关都会起到至关重要的作用。

（二）搜集就业信息的基本原则

高校大学生在搜集信息时，既要做到高质高效、准确无误，又要符合自己的实际情况，应遵循一定的原则，明确择业方向、有的放矢，切合自身实际，不能脱离自己专业、自身特点等，否则就会适得其反、事倍功半。

1. 准确性原则

准确性原则要求信息所反映的情况必须真实、可信。就业信息是否准确是择业人员做出决断的关键，信息不准确会给择业工作带来决策上的失误。例如，海南建省前夕，内地得到海南特区需要大量人才的信息，于是许多高校大学生纷纷前往，掀起了"百万大军下海南"的高潮。其实这种信息是不准确的，因为海南建设伊始，许多工作还未开展，所需人员无论是从数量上还是从专业上都是有限度的，导致大部分人失望而归。

2. 时效性原则

时效性原则是信息本身的重要特性之一，只有在规定的时间内有效。就业信息的时效性则更强，即在就业信息发布的有效期限内，如果招聘单位完成了招聘计划，已经与应聘者达成协议，那么就业信息自然就失效了。因此，高校大学生在得到有价值的信息后，应尽可能在第一时间对信息做出应有的积极反应，避免重要信息在自己手上失去价值。

3. 针对性原则

随着人才市场的发展，就业信息日益丰富，高校大学生如果在信息搜集中不注意适用性，那么就可能在众多的就业信息中把握不住方向，从而捕捉不到真实的、有价值的信息。这就要求高校大学生在搜集就业信息时，必须充分结合本校特色、本专业特点。

4. 系统性原则

就业信息的搜集要求具有系统性、连续性。许多信息得到的时候是零碎的，这就要求高校大学生善于将各种相关的信息积累起来，然后经过加工、提炼，形成一种能客观、系统地反映当前就业市场、就业政策、就业动向的就业信息，从而为自己择业提供可靠的依据。

5. 计划性原则

信息搜集者首先必须制订信息搜集计划，明确信息搜集的目的，只有明确了目的，就业信息搜集才有方向，才能发挥信息搜集的主动性；其次分清所需就业信息的内容范畴，是有关就业政策的、就业动向的，还是有关用人单位需求信息的，要做到有的放矢；最后选择信息搜集的方法和渠道，方法是达到目的的手段，方法正确，就可以在信息搜集过程中少走弯路，收到事半功倍的效果，在方法选择上，要注意与就业信息内容相一致，有些信息必须通过谨慎的实地调查方可纳入，有的信息需要通过查阅资料、文献获得。

（三）就业信息搜集的途径

1. 高校就业指导中心就业信息网发布的信息

高校就业指导中心同上级主管部门和社会各界因行政或毕业生供求关系保持着广泛而密切的联系。国家有关就业的方针和政策、用人单位的需求信息、招聘活动信息、就业指导等一系列最新信息能在第一时间通过校园就业网或公共栏准确、及时、可信地公布，是目前高校大学生就业最主要的信息源。

2. 招聘会

（1）校园招聘会。一些大公司（尤其是著名外企、大型国企）通常都会把需求职位的信息发给各大高校的就业处，与就业处联系协商妥当后，来学校召开专场招聘会（即现场宣讲会）。校园招聘会提供的职位主要是针对应届毕业生，通常不会面向社会人士，一般不要求工作经验，而注重应聘人员的综合素质和未来发展潜力。

（2）政府组织的招聘会。通常，每年春节前后或是夏季，各地政府都会组织大规模的招聘会，参与的企业较多，覆盖面更广，也是高校大学生找到工作的途径。

3. 人才市场中介服务机构和职业介绍服务机构

各类人才市场中介服务机构和职业介绍服务机构是劳动力市场的重要载体。它们一般以广告、报纸、手册或卡片等书面材料形式提供用人和求职信息。尽管这些中介机构目前还有相当不规范的地方，但随着劳动力市场的发展和完善，人才市场服务机构和职业介绍服务机构将成为毕业生获取信息的主渠道之一。

4. 通过媒体获得信息

报纸、杂志、广播、电视等媒体由于信息传播速度快、涉及面广，越来越受用人单位青睐，因而成为毕业生就业的信息源。

5. 通过网络获得信息

利用网络找工作是现在非常流行、方便的途径之一。

（1）专业招聘网站。现在很多专业招聘网站会提供大量招聘信息，这些网站与大公司合作、发布最新的招聘信息，很多公司直接通过这些网站提供在线职位申请。大部分网站上还可以帮助求职者制作在线简历与求职信，并提供简历在线投递服务。

（2）各高校学校 BBS 就业版块。BBS 的就业版块上会有各公司到该学校的招聘信息，同时也是同学们一起交流就业信息、分享求职经验的重要领地。高校大学生可以不只局限于自己学校的 BBS 就业版，许多学校都会有这样的 BBS 板块，综合起来能提供海量的就业信息和求职经验。

（3）各大公司网站。很多公司，尤其是著名外企，都会将最新的招聘职位放在本公司网站上，提供在线职位申请。所以，高校大学生随时关注各大公司网站上的招聘专栏，能方便地对准自己心仪的岗位。

6. 实习、社会实践

社会实践是毕业生自我开发就业信息的重要途径。在社会实践的过程中，通过自己的努力赢得用人单位的好感、信任，取得就业信息甚至直接谋得职业的高校大学生不乏其人。因此，高校大学生在社会实践活动中，在了解社会、提高思想觉悟、培养社会能力的同时，要做一个搜集就业信息的有心人。例如，高校大学生在社会考察活动中，应有意识地提出一些关于行业发展趋势、人才需求状况以及具体单位、岗位用人的要求、途径等与毕业生就业有关的问题；在社会服务活动中，应注意观察、思考，努力发现自己原来没有想到的、潜在的职业或岗位，一旦有所发现，及时追踪求索，捷足先登；在勤工助学、挂职锻炼等直接在用人单位进行的社会实践中，更应多看、多问，"淡化"自己的学生身份、"打工"身份，以主人翁的姿态了解和关心该单位的事业发展，了解和关心自身和周围岗位上在职人员的工作状况，尤其在与自己的职业意向相合的单位或岗位实践时，要充分展现才华和能力。

另外，还有一个很重要的时间环节是毕业实习。毕业实习是学生踏入社会的前奏曲，是一种工作的经历。通过实习，一方面用人单位可以对高校大学生有所认识、了解；另一方面高校大学生可以对择业领域有更深的了解。如果高校大学生向单位证明是一个可靠的职员，而单位又发现了高校大学生的潜力，那么通过实习阶段高校大学生也许会获得通向正式岗位大门的钥匙，所以高校大学生要充分重视毕业生实习这一环节，尽力建立最好、最有意义的实习关系。

7. 通过社会关系获得好职位

Kristen.W.Gustafson 在《graduate!》一书中讨论找工作的途径时说："你从来不知道飞机上坐在你身边的人或者你叔叔的一个朋友可能知道你梦寐以求的公司正在公开招聘一个职位。要集众人智慧。"在找工作的时候，高校大学生要充分利用一切社会关系，包括父母、亲戚、朋友等的社会关系，寻找好的求职机会。

高校大学生要充分利用社会关系主动地给自己寻找机会，如果自己真的有实力，那么好的机会将会让自己如虎添翼。

8. 通过信件、电话或拜访获得信息

高校大学生通过信件、电话或拜访等形式获取信息，盲目性很大、命中率也很低，但在就业信息量少、就业压力大的情况下，也不失为一种获取就业信息的方法。

高校大学生通过各种渠道获得的就业信息，由于信息的来源和获取的方式不同，良莠不齐、真假难辨，所以必须对所获取的信息进行认真的辨别处理，判断信息的真实性、可信性，去伪存真，从中筛选出有利于求职择业的有用信息。

（四）就业信息的筛选与运用

1. 筛选就业信息依据的原则和方法

信息的来源和获得的渠道不同，内容必然虚实兼有，甚至互有矛盾。因此，对搜集到的信息进行去粗取精、去伪存真的整理、筛选，就成为使用信息的前提。

对于收集到的就业信息，高校大学生应根据个人的状况，有针对性地进行排列、整理和分析，以保证就业信息的准确性、科学性和有效性。一般情况下，筛选就业信息应依据以下原则和方法：

（1）科学取舍

对所获得的一切就业信息进行分析鉴别，科学取舍。这包括对信息鉴别真伪、去粗取精，剔除过时无用的信息，保留与自己的兴趣或专长有关的部分，把与兴趣或专长无关或关系不大的信息排到一边。

（2）分清主次

在对就业信息进行取舍的同时，还要把信息按与自己相关的程度进行排序，重点信息要选出、标明，并注意保存；一般信息仅供参考。如果主次不分，就会在很多并不重要的信息上浪费过多的时间和精力，也许会错过择业的良好时机；只有把握重点、赢得时间，才可能抢占先机。

（3）深入了解

对于重要信息，要寻根究底，调查搜集相关资料，仔细了解信息的具体内容，如某一职业岗位的历史、现状、前景、要求条件等；对待遇以及进修培训、晋级晋升要通过合适的方式侧面了解；了解得越深、分析得越透，就越能准确找到适合自己的目标。

（4）合适自己

对信息筛选的依据就是合适自己，无论一则信息的准确性、及时性、有效性多么高，只要不适合自己，就没有价值。好高骛远、人云亦云、迷失自我，是筛选就业信息的大忌。在择业问题上，个人的愿望只是一个参照，实际操作时则要面对现实，不能图虚荣、爱面子，要量力而行、量能择业、量才定位。不切实际地对号入座，只会误导自己的发展方向。

2. 就业信息的运用

在保证就业信息广泛搜集、翔实具体、准确无误、及时有效的前提下，对筛选出来的信息应做到以下运用：

（1）及时快速

搜集、处理信息的目的就是为了运用信息，因此，一旦选定就业信息，就要不失时机地与用人单位取得联系，询问信息的可信度，争取面谈的机会，并备好就业材料，为下一步面试做准备。

（2）弥补不足

根据筛选出的就业信息要求，对照自己，检查不足。如果在就业前有时间弥补，就要尽快调整自己的职能结构。比如某门功课不扎实，某项技能欠缺等，就可以主动学习培训。如果毕业前时间有限，可以考虑放弃这一信息，或者择业后及时补上。

（3）适时输出

有些信息对自己不一定有用，但对别人十分有用。遇到这种情况，千万不要抓住不放。迟迟不输出对自己无用的信息是不可取的，这不仅是一种极大的浪费，而且本可以减少一个竞争对手却没有减少。当你主动适时输出对他人有用的信息时，说不定又可以从他人那里得到了对自己有用的信息。这就是相互交流的价值，所以，不要吝啬对他人的帮助。

二、准备求职材料的步骤

（一）求职材料的内容

求职材料是指求职者为了获得所需职位或面试机会而制作的包括求职信、个人简历、学校推荐表、成绩单、外语等级证书、技术等级证书和职业资格证书、各级荣誉证书等一系列资料。求职的书面材料是应聘者向用人单位推荐自己的重要资料，是用人单位了解毕业生的窗口。准备一份有说服力、独特的个人资料是赢得主动、迈向成功的重要一步。

（1）求职信：（自荐信）求职者写给招聘单位自荐的信函。

（2）简历：求职者针对求职岗位撰写的个人简要情况和经历。

（3）学校提供毕业生的推荐表：毕业生推荐表是学校统一填写制作的，其中包括学生基本情况、实践经历、自我介绍、院系对毕业生评价及意见等基本内容，是学校负责任地向用人单位推荐自己的学生，是具有权威和说服力的重要材料。

（4）学习成绩单：由学校教务处填写、盖有公章的成绩单，是高校大学生在校期间学习成绩的证明。

（5）各种技能证书：外语等级证书、职业资格证书、专业技能证书、驾驶执照等有效证书。

（6）各种荣誉证书：奖学金、三好学生、优秀学生干部、竞赛获奖等证书。

（7）其他材料：社会实践、各类实习的鉴定材料；有关科研成果的证明，在杂志或报刊上发表的文章等。

求职材料是对高校大学生的一个总结，一般要求：内容全面，言简意赅，突出重点；既要全面反映自身的基本情况，又要反映自己的特长、爱好；既要突出自己的优点、成绩，也要说明自身存在的问题和缺点；既要说明自己对用人单位提供职位感兴趣的原因，还要表达自己努力工作的决心。

（二）求职信的写作

求职信是一种介绍性、自我推荐的信件，通过表述求职意向和对自身能力的概述，引起对方的重视和兴趣。一封好的求职信可以向招聘者展示求职者的才干。一般来说，招聘者打开求职材料，首先看到的便是求职信。正是有了求职信，招聘者才会对求职者简历上所写的经历与业绩感兴趣。所以，求职信无论在格式上还是在内容上都必须给招聘者留下好印象。

1. 求职信的格式

求职信属于书信范畴，所以基本格式应当符合书信的一般要求，主要包括称呼、正文、结尾、署名、日期、附件等六个方面内容。但因为求职信是寄给求职单位的，所以它又有不同之处。

（1）称呼。求职信的称呼往往比一般书信的称呼正规一些，在实际书写时要区别对待，不要用不正规的称呼。

（2）正文。这是求职信的中心部分，其形式多种多样，一般要求说明求职信息的来源、应聘岗位、本人基本情况、工作成绩等内容。

（3）结尾。一般应写明希望对方给予答复，并盼望能有机会参加面试及简短地表示敬意、祝愿之类的祝词。

（4）署名。

（5）日期。一般写在署名右下方，最好用阿拉伯数字写，并写上年、月、日。

（6）附件。求职信一般都要求同时寄一些有效证件，如外语等级证书、计算机等级证书、获奖证书的复印件以及简历、近期照片等。最好有附件目录，这样既方便招聘单位的审核，同时也给对方留下一个"有条不紊、认真负责、办事周到"的好印象。

2. 求职信的内容

（1）说明本人基本情况和求职信息的来源。

（2）说明应聘岗位和能胜任本岗位工作的各种能力。

（3）介绍自己的潜力。

（4）表示希望得到答复或面试的机会，并标明与你联系的最佳方式。

3. 求职信的写作技巧

（1）了解对方、有的放矢。求职信是交际的一种形式，可以反映出一个人的专业水平。从用人单位的角度考虑问题是使求职信产生积极效果的重要方法。求职者应该采取换位思考的方法，针对某一单位的某一职位而求职，通过分析用人单位提出的要求，了解用人单位的需要，然后有针对性地向其提供自己的背景资料，表现出自己独到的智慧与才干，使用人单位从求职者的身上看到希望，并做出对求职者有利的决定。

（2）条理清楚、个性鲜明。从用人单位的角度出发组织内容，根据求职的目的来布局谋篇，把重要的内容放在篇首，对相同或相似的内容进行归类组合，段与段之间按逻辑顺序衔接。信件要具有个人特色且能体现出专业水平，意思表达要直接、简洁，书写要清晰，内容、语气、用词的选择和对希望的表达要积极，充分显示出求职者是一个乐观、有责任心和有创造力的人。

（3）实事求是、恰如其分。用成就和事实代替华而不实的修饰语，恰如其分地介绍自己。求职信是用人单位对求职人的一次非正式的考核，用人单位可以通过信件了解求职者的语言修辞和文字表达能力，可以说求职信是用人单位对求职者取得第一印象的凭证。

（4）不宜太长，不能多于一页。求职信不宜有文字上的错误，切忌有错字、别字、病句及文理欠通顺的现象；不宜是简历的翻版，应与简历分开，自成一体；要自存副本档案；用A4纸打印。

最后，求职者在写求职信时，还要切忌以下六点：①错字连篇，主次不分；②长篇累牍，无的放矢；③条理不清，逻辑混乱；④好高骛远，炫耀浮夸；⑤过分谦虚，缺乏自信；⑥用词不当，礼节欠缺。

（三）个人简历的撰写

制作简历是高校大学生进入职场前的一门必修课。数据显示，招聘经理阅读每封简历的时间相当有限，花15秒进行简历的粗略浏览，而阅读感兴趣的简历不超过120秒。由此可见，简历优秀与否直接决定你有没有机会进入下一个环节。

个人简历可以反映求职者的简要经历，是一个人生活、学习、工作的经历与成绩的概括和总结，提供给用人单位的信息量应该是全面而直接的。通常情况下，用人单位都是通过简历来了解求职者的经历，如受教育程度、兴趣、特长等，从而决定是否给求职者进一步的机会。个人简历通常是附在求职信的后面，与求职信一起使用，起到相互印证、互为补充的作用，力求使用人单位对自己有一个全面、客观的认识。个人简历中特别注意不要有明显字词句的错误。

1. 个人简历的内容与类型

个人简历的内容应包括个人信息和用人单位所要了解的信息，一般应具备以下几个部分：

（1）个人基本情况。主要包括姓名、性别、出生年月、籍贯、民族、政治面貌、学历、学位、毕业院校、主修专业、毕业时间、健康状况、身高以及爱好与兴趣等。

（2）教育和培训背景。主要包括大学阶段的主修、辅修与选修课科目（列出成绩单），尤其突出能体现所求职的岗位、所需的相关教育科目和培训知识，使所接受的教育及培训的专业技能与用人单位招聘条件比较吻合。这部分内容可以采用倒叙的方式来写，从最接近的事情入手，让阅读者更容易获得重要信息。

（3）技能证书、从业资格证书、所获得的荣誉及个人特长。其中包括外语水平、计算机水平的等级证书以及在校期间的三好学生、优秀团员、优秀学生干部、奖学金以及参加各种技能大赛的获奖情况等。这部分内容大多应附上证书、奖状的复印件，以表明材料真实可信。自己在某些方面有过人的才能，如取得了大学英语六级证书或者取得某一专业技能大赛的国家级、省级大奖等，都可重点阐述，以引起用人单位的兴趣。

（4）实习、实践工作经历。当今社会，用人单位非常重视高校大学生的实践经历和工作能力。这部分内容可以列出自己在大学阶段所担任的社会工作和职务，如在校内外从事勤工助学、志愿者、义工、兼职、社团活动、实训实践中承担的工作（最好有实践工作单位盖章的社会评价）。

（5）求职意向及个人联系方式。求职意向应明确表明自己对哪个岗位感兴趣，不能多选，一般1～2个为宜。个人联系方式应列出电话号码、手机号码、E-mail地址、QQ或微信等联系方式。在求职择业期间，高校大学生应注意不要频繁地变换手机号码或E-mail地址，以免错过宝贵的求职面试机会。

2. 编写个人简历应该注意的问题

（1）真实可信

简历最主要、最基本的要求就是真实。真实的记录和描述，能够使用人单位对求职者产生信任感，而用人单位对求职应聘者最基本的要求就是诚实。个人简历不能弄虚作假、编造事实、抬高身价。不要过分渲染或天花乱坠地描述，这样会使别人对你产生反感情绪。大多数高校大学生也不可能有非常显赫的经历，过分地吹嘘是不会有人相信的。

（2）需要精练

招聘人员每天要面对大量的求职简历，一般在粗略地进行第一次阅读和筛选时，每份简历所用时间不超过一分钟。如果简历写得很长，阅读者缺乏耐心，难免会漏看部分内容，这对求职者是很不利的。有些人觉得简历越长越好、容易引起注意，其实这恰恰淡化了阅读者对主要内容的印象，适得其反。太长的简历不但让人觉得你在浪费他的时间，还觉得你做事不干练。但是简历也不要过于简单肤浅，让人感觉你无可取之处。简历要力求每一句话都说明问题，都有用。

（3）注意突出重点

简历重点突出才会给人留下深刻印象。优势部分是整个简历的点睛之笔，也是最能表现个性的地方。在写这些部分时，应当深思熟虑，写法要不落俗套，还应当有理有据，只有这样才能打动负责招聘的人，使有别于其他人。

（4）要自己动手书写和制作

自己的情况自己才是最了解的，所以最好自己动手写简历，切记不要抄袭别人。写简历不需要妙笔生花，尽量真实地展现自己的情况即可。有不少求职者准备了印制非常精美的个人简历，但多数用人单位更看重应聘者的真才实学，对过度包装的简历不会有特别的好感。所以，过度包装的简历既浪费钱，实际效用也不大。

（5）要有自己的特色

"特色"不是写出来的，每个人都是独一无二的，只要善于发掘，一定会发现自身的很多优势。求职者要结合应聘单位性质和应聘职位来突出特色，否则会适得其反；平时多了解一些不同行业的信息，看看这些单位更看重员工哪方面的品质。例如：销售人员要有好的口才和亲和力，研发人员需要有广博的知识和钻研精神，财务人员必须要耐心细致，求职者只有根据不同行业、不同职位来突出自己的优势，才会引起招聘人员的兴趣。

（6）最后检查

写完以后，求职者要再检查一下个人简历是否回答了以下问题：是否清楚并能够让招聘方尽快知道你的能力？是否写清了你的能力？

总之，由于每个人生活、经历不同，个人简历的内容也会有很大的不同，原则是更多地表露自己的优势、少暴露自己的缺点，最大限度地吸引用人单位决策者的注意，获得一份满意的工作。

第四章　高校大学生就业面试与权利意识

面试是当今社会求职过程中的一个必经环节，也是用人单位招聘时最重要的一种考核方式。由于面试与笔试相比较具有更大的灵活性和综合性，它不仅考核一个人的业务水平，而且可以面对面观察求职者的口才和应变能力等，所以许多用人单位对这种方式更感兴趣。面试在招聘中的作用已越来越重要。大多数高校大学生因为面试经历少，常常不知所措。学会面试，是大学毕业生求职择业所面临的新课题。本章首先对高校大学生的面试技巧进行分析，然后再详细阐述高校大学生就业应具备的一些法律意识。

第一节　面试技巧

自从我国高等院校扩大招生规模以来，大学生就业形势一年比一年严峻，大学生就业问题已经成为一个社会广泛关注的焦点。特别是2009年整个国际形势、经济形势、金融危机对我国的影响，大学生就业面临更加严峻的挑战。大学毕业生如何迎接"就业寒流"，一方面要求大学生要认真练好就业"内功"，另一方面要练好就业"外功"，掌握一定的就业择业和面试方面的知识，为面试成功打下良好的基础。面试是在面试考官与应试者直接交谈或设置应试者于某种特定情境中进行观察，了解应试者素质状况、能力与个性特征及求职动机等情况，从而完成对应试者适合职位的可能性和发展潜力的评价是一种十分有用的测评技术。因此面试越来越受到用人单位的重视，已成为用人单位选拔人才的必要手段。在面对严峻的就业形势和众多的竞争对手下，能迎难而上从而获得求职面试的成功，除了在学习和生活中要积累知识、培养能力——如扎实的专业知识，通过各种活动提高自己的人际沟通能力和随机应变能力以外，还要注意多方面的问题。面试是整个应聘过程中最具有决定性意义的一环，面试是求职成功的必经之路，也是求职中最具有挑战性的过程。

一、面试含义与种类

（一）面试的含义

面试就是通过面对面的交谈，对应试者进行考核、测评的一种考试形式。面试的目的是使用人单位能找到最合适的人选,为了使求职者能找到理想的职位,这对于双方来说都是很重要的。

(二)面试的种类

1. 根据提问方式不同分类

(1)程式化面试

即由主试人根据预先准备好的询问项目和有关细节逐一发问,其目的是获得有关应试者全面、真实的材料,观察求职者的仪表、谈吐和行为以及沟通能力等。

(2)问题式面试

即由主试人对求职者提出一个问题或一项计划,请求职者予以完成或完成相关的要求,其目的是观察和了解求职者在特殊情况下的表现,以判断其解决实际问题的能力。

(3)非引导式面试

由主试人海阔天空地与求职者交谈,尽量活跃谈话气氛,让求职者自由地发表议论,在闲聊中观察求职者的能力、知识、谈吐和风度。

(4)压力式面试

由主试人有意识地对求职者施加压力,针对某一问题做一连串的发问,不仅详细,而且追根究底,直到无法回答,甚至有意刺激求职者,看其在突如其来的压力下能否做出恰当的反应,以观察求职者的机敏程度和应变能力。

(5)综合式面试

由主试人通过多种方式综合考察求职者多方面的才能。如用外语同求职者会话以考察其外语水平,让求职者写一段文章考察其写作和书法水平,让求职者讲一段短文以考察其演讲能力,也许还会要求求职者现场操作计算机以考察其运用能力等。

2. 根据现场形式不同分类

(1)集体式

面试的一方由多个主试人组成,另一方是更多求职者,由主试人现场提问,然后由求职者依次作答。主试人根据求职者对问题的回答情况,当场比较优劣,每个求职者也很容易根据场上的情况、自己的表现估计面试的结果。这种方法是众多的求职者轮流回答同一个问题,由于题目一定,对求职者的评判清晰,结果显而易见。

(2)讨论式

由主试人对多个求职者进行面试,主试人把事先拟好的题目交给求职者集中讨论,共同寻找答案;有的由主试人主持,也可能由求职者轮流主持。这种方式留给求职者思考的空间广、发挥的余地大,可以充分显示求职者的理解力、分析力、判断力、适应环境能力、开展工作能力和解决问题能力。

（3）围攻式

由多位主试人共同出面，分别从不同角度、不同方面对求职者提问。由于主试人多是本行业、本部门的专家，所以提问也很专业，有一定难度，对求职者的知识面、专业知识深度、思维能力和社会实践能力要求很高，同时也需要有较好的心理素质，才能应对自如、顺利通过。

3. 根据阶段不同分类

（1）初试

这是对所有求职人员进行的初步筛选，筛去那些明显不具备基本应聘条件的求职者，只有小部分被认为有进一步考虑价值的人，才能参加下一轮面试。

（2）复试

对于顺利通过初试的求职者来说，复试是初试与录用面试之间的阶梯。复试是为了对初试通过者的常识、能力、责任感、事业心等作一番深入的了解，以确定其是否是最合适的录用对象。一般在复试阶段，主试人与求职者之间的关系不像初试那样疏远和严肃。复试时，问题的覆盖面很广，气氛比较自然和活跃。主试人常提出一些开放性问题。

（3）录用面试

录用面试是对经过复试筛选剩下的求职者进行的面试，也是决定是否录用的最后一关。通过录用面试，无论用人单位，还是求职者，都要针对一些实质性具体问题，如专业工作部门、工资、奖金、福利、试用期、培训等条件，摆到桌面上进行协商并写进协议书，做出一个使双方都满意的录用方案。

以上三类面试，越来越多地在国内三资企业及涉外单位的招聘中采用。据不完全统计，初试淘汰率为50%以上，复试的情况因人才市场及职位要求而异，有的一次完成选拔，也有的会三番五次在业务主管、部门主管甚至高级官员主持下进行。

既然不同种类的面试有不同的要求，求职者就应特别注意，不要在初试期间因不当的回答而被淘汰，或者在复试时不能深入阐述应回答的相关问题而被除名。

二、面试前的准备

在面试过程中，面对众多竞争对手，要使自己获得成功，就必须做充分的准备。

（一）了解用人单位情况

应聘者面试前应对用人单位作三个方面的了解：一是单位的性质、地址、业务范围、经营业绩、发展前景、企业文化等；二是应聘岗位职务及所需的专业知识和技能要求等；三是用人单位的面试程序、面试方法、面试题型，特别是用人单位对人才的素质要求等。单位的性质不同，对应试者面试的侧重点也不同。

事实证明，许多应聘者能够得到更好的工作，就是因为他们对目标单位事无巨细都有了解，并在面试中尽量显示，因而得到考官的欣赏。

（二）相关知识的准备

需要准备以下方面的知识：①认真阅读你收集到的用人单位信息并用心牢记；②熟知应聘岗位相关的专业知识和业务技能，回顾学过的与应聘目标相关的课程知识；③准备简单的自我介绍，列出自己曾经做过的一两件比较成功的事情，以及从中学到的东西。如果应聘外资单位，最好背诵一份英文的自我介绍，同时强化一下口语交流的技巧；④熟悉自荐书的内容，以便面试中灵活运用。

（三）客观评估自我

认真分析自己的能力、特长、个性、兴趣、爱好、优势和劣势、任职目标、择业倾向等因素，尽量使自己的专业能力和综合素质与目标岗位要求相匹配，实事求是，心理放松，有利于自身实力的发挥。

（四）提前进行模拟面试

对刚毕业完全没有求职经验的高职高专毕业生来说，要使自己尽早具备面试时能用心聆听、反应敏捷、讲话有条理、回答问题圆满、言简意赅、举止从容不胆怯及热情有礼貌等素质，都应先进行多次模拟训练，方可提高。

（1）多找机会高声朗读和背诵一些文章，或有意识地多练习在众人面前发表自己的意见等。

（2）利用视听工具录下自己说话的情形后重播，找出缺点，设法改进。

（3）模拟角色训练。毕业生面试前甚至在校学习时就要在就业指导课教师的指导或亲朋好友的帮助下，利用就业指导课的学习时间或其他的时间和机会，有意识、有计划地多参与模拟面试角色演练。只有通过多次模拟角色演练，才能从中总结经验、找出不足、锻炼胆量，为今后参加正式面试活动打好基础。

模拟角色训练可采取如下方式进行：①以宿舍为单位，利用课余时间轮流进行应聘角色模拟演练；②以班级为单位，举办模拟面试训练或比赛；③以系为单位或举办全校模拟面试大赛；④节假日可请亲友帮忙对自己进行角色模拟训练。

（4）主动争取实战面试机会，面试失败后，细心检查整个面试的过程，认真寻找失败的原因，以达到从实践中吸取教训、增长经验的目的。

（五）面试材料准备

面试前，应该提前准备好面试的相关材料，包括身份证、学生证、就业推荐表、自荐书、各种证书及成果的原件和复印件、纸笔等能够充分反映出自己的综合素质和各种能力的证明材料。

（六）着装准备

第一次见面要给人以整洁、美观、大方、明快之感，不修边幅会给人以懒散的感觉。因此，应聘者应根据其应聘单位的性质要求，认真地在服饰上做好准备，争取给面试官一个良好的第一印象。

（七）心理准备

要想在面试中保持良好的竞技状态，自如地应付各种问题，必须做好各种思想准备、心理准备，增强心理承受力，不要一遇到挫折就心灰意冷，失去信心。信心是自身能力和素质得以发挥的前提和保障。因此求职面试者面试前要认真分析面试的临场心理，并预先设计面试的策略。一定要充满自信，克服紧张、胆怯心理，保持必胜的心态。

三、面试的内容

（一）仪表风度

这是指应试者的体型、外貌、气色、言行举止、精神状态等。对于金融行业从业人员、公务员、教师、公关人员、企业经理等职位，对仪表风度的要求都比较高。研究表明：仪表端庄、衣着整洁、举止文明的人，一般做事有规律，注意自我约束、责任心强。

（二）专业知识

了解应试者掌握专业知识的深度和广度，其专业知识更新是否符合录取职位的要求，作为对专业知识笔试的补充。面试对专业知识的考察更具灵活性和深度。所提问题也更接近空缺岗位对专业知识的需求。金融和会计、财务管理相关的岗位专业知识的要求通常比较高。

（三）工作实践经验

一般根据查阅应试者的个人简历或求职登记表，做些相关的提问。查询应试者有关背景及过去工作的情况，以补充、证实其所具有的实践经验，通过对工作经历和实践经验的了解，还可以考察应试者的责任感、主动性、思维力、口头表达能力及遇事的理智状况。

（四）口头表达能力

面试中应试者是否能够将自己的思想、观点、意见或建议顺畅地用语言表达出来。考察的具体内容包括：表达的逻辑性、准确性、感染力、音质、音色、音量、音调等。

（五）综合分析能力

面试中，应试者对主考官所提出的问题，应通过分析抓住本质，并且说理透彻、分析全面、条理清晰。

（六）反应能力和应变能力

主要看应试者对主考官所提的问题理解是否准确，回答的迅速性、准确性等。对于突发问题的反应是否机智敏捷、回答恰当。对于意外事情的处理是否得当等。

（七）人际交往能力

在面试中，通过询问应试者经常参加哪些社团活动，喜欢同哪种类型的人打交道，在各种社交场合所扮演的角色，可以了解应试者的人际交往倾向和与人相处的技巧。

（八）自我控制能力与情绪稳定性

自我控制能力对于国家公务员及许多其他类型的工作人员（如企业的管理人员）显得尤为重要。一方面，在遇到上级批评指责、工作有压力或是个人利益受到冲击时，能够克制、容忍、理智地对待，不致因情绪波动而影响工作；另一方面，工作要有耐心和韧劲。

（九）工作态度

一是了解应试者对过去学习、工作的态度；二是了解其对现报考职位的态度。在过去的学习或工作中态度不认真，做什么、做好做坏都无所谓的人，在新的工作岗位上也很难勤勤恳恳、认真负责。

（十）上进心、进取心

上进心、进取心强烈的人，一般都确立事业上的奋斗目标，并为之积极努力。表现在努力把现有工作做好，且不安于现状，工作中常有创新。上进心不强的人，一般都安于现状，无所事事，不求有功，但求无过，对什么事都不热心。

（十一）求职动机

了解应试者为何希望来本单位工作，对哪类工作最感兴趣，在工作中追求什么，判断本单位所能提供的职位或工作条件等能否满足其工作要求和期望。

（十二）业余兴趣与爱好

应试者休闲时喜欢从事哪些运动、喜欢什么样的电视节目、有什么样的嗜好等，可以了解一个人的兴趣与爱好，这对录用后的工作安排有好处。

面试时，主考官还会向应试者介绍本单位及招聘职位的情况和要求，讨论有关工薪、福利等有关应试者关心的问题，以及回答应试者其他一些相关的问题。

四、面试的技巧

（一）倾听的技巧

倾听是一种重要的交流信息的技巧。面试的实质就是主试人与求职者进行信息交流从而获得全面评价的过程，形式上充分体现在"说"和"听"上。求职者注意倾听，不仅显示对主试人的尊重，而且要回答主试人的问题就必须注意倾听，只有专心致志地倾听，才能抓住问题的实质，否则，就可能不得要领，答非所问。

因此，在面试中应注意以下几点：一是注意坐姿，坐下后上身要稍向前倾，手脚不要有太多的动作；二是目光要专注，要有礼貌地注视主试人，并且要不时地与主试人进行眼神交流，视线范围大致在对方的鼻以下胸口以上，千万不要东张西望；三是尽量微笑，适时爽朗的笑声可令气氛活跃，如果表情木然，漫不经心，则会伤害主试人的自尊心，但切不可开怀大笑；四是用点头来对主试人的谈话做出反应，并适时说些简短而肯定对方的话语，如：对、可以、是的、不错等。

在面试中，求职者除了注意倾听主试人的提问，同时还要察言观色。根据主试人的体态变化，了解主试人的内心活动以及对自己的认识和态度，从而做到知己知彼，有针对性地应对，变被动为主动。察言观色首先要求细心、敏锐，这样能捕捉到有价值的信息；其次，能解读和"破译"这些体态语的真实含义。

第一，应密切注意主试人的面部表情。如果对方听了你的介绍，双眉上扬，双目上张，则是惊奇、惊讶的表现，这可能表明，你就是他们理想的人选，有相见恨晚的感觉。这时你可能成功了一半，一定要锲而不舍。如果对方听了你的介绍后，皱眉，则表示不高兴或遇到麻烦无能为力等；也可能表明你不是他们的意中人，你则可以采取其他途径进一步努力。

第二，要密切注意观察主试人的目光。如果对方听你自我介绍时，双目直视前方，旁若无人，则他的眼睛无声地告诉你：他是一个高傲的人，"了不起"的人，那么你讲话时就要力争满足他的自尊心理。如果对方眼睛眨个不停，则他的眼睛告诉你：他在表示怀疑、疑问，那么你就应力争把问题解释清楚。如果对方眯着眼看你，则表示他比较高兴，你的介绍可能打动了对方，再继续下去，就可能成功。如果对方白了你一眼，则表示他对你或你的某句话反感，这时你就要特别注意。

总之，只要你认真观察，就会透过心灵的窗户——眼睛，把握对方的内心世界，力争主动权。

（二）语言表达技巧

准确、灵活、恰当的口语表达，是面试的关键环节。如果你的各方面条件都不错，但由于你表达能力差，不能将所要表达的内容充分表达出来，主试者会因难以了解而不录用你。在同等条件下，如果谁的表达能力强，善于宣传推销自己，谁就能在竞争中获胜。

语言表达技巧有两个方面的要求，一是要做到表达清楚准确，通俗易懂；二是要做到动听，富有美感和吸引力。

应试者在谈话中应着重掌握以下几种语言表达技巧。

1. 简明扼要

面试中的交谈，受时间和内容的限制，不同于平时闲聊，决不可漫无边际地"侃"。说话简明扼要，不完全是一个话语量多少的问题，即不能用说话的时间长短来判断，它包含了数量和质量的关系，就是用最少量的话语传递尽可能多的信息。通常要注意：一要紧扣提问回答；二要克服啰嗦重复的语病；三要戒掉口头禅。

2. 通俗易懂

通俗朴实是对应试者语言风格的要求，即指应试者的语言要通俗易懂，朴实无华。如果应试者的言语不通俗朴实，主试者就可能听不懂，就无法解释你谈话的内容，进而影响对你的了解和评价。因此，应试者说话一定要注意突出口语的特点，努力做到上口入耳。在语言表达时，首先要通俗化、口语化，若很难懂，往往事与愿违；其次要质朴无华，如果片面追求语言的新奇华丽，过分雕琢，就会给人以炫耀之嫌，必定会产生反感。所以语言贵在自然朴实、生动、表达真情实意。

3. 善于运用形象和幽默风趣的语言

用形象和幽默风趣的语言有助于增强语言的吸引力，融洽和活跃谈话气氛。在面试交谈中，应试者要注意避免使用枯燥、干瘪呆板的语言，尽量使自己的语言生动、形象、富有情趣，给主试者以感染力，增强对你的好感和信任。

用幽默风趣的语言来回答、解释对方的提问，可以活跃谈话气氛，消除尴尬，缩短双方的距离。当在面试过程中出现双方难堪的局面，你可用一句幽默的话岔开。说一句能引起双方发笑的话，就可以把双方不愉快的感情冲淡，使谈话能友好地继续下去。

（三）回答的技巧

回答问题之前最好思考一下，审慎回答。要全面细致地加以考虑，注意不要自相矛盾，防止留有尾巴，让人揪住不放，穷追不舍。

回答时应当抓住要点，用条理化的方式来说明，这样能给人以思路清晰、头脑反应快、思维能力强、办事精明可靠的印象。不要太简略也不要太长，切忌只回答"是""好""对""没问题"等字句，要完整并举实例说明。

一定要弄清题意再行回答，不能对尚未听明白的问题凭猜想胡乱回答。如果你对问题未完全听懂或者不清楚考官所提问题的意图，可以直截了当地询问："可否请您再说明一下这个问题？"

回答问题要诚恳踏实。因为一般情况下老实、诚恳总会赢得主考人的好感，而过于夸耀和张扬的人，容易给人以浮夸、卖弄的印象。

要做到扬长避短。每个人都有自己的长处和不足，面试时要注意扬长避短。如性格外向的人容易给人留下热情活泼、思维敏捷的印象，但也会有不够稳重的特点，应答时可放慢语速，适当组织语言，不要反复讲某个话题，则可以给人留下博学多才、见多识广的良好印象。性格内向的人则容易给人留下深沉有余、反应迟缓的感觉，在"讨论式"面试时，要力争早发言，并就某一重要观点展开论述，以消除不良印象。巧于行、讷于言的人，可实在而委婉地说明自己的长处和不足，用其诚恳实在的本色得到对方的信任。

冷静应对刁钻古怪的问题。提问中也许遇到"不怀好意"的提问，其真实用意在于让应试者受挫。有的提出特别尖锐的问题，考察能否适应工作中的压力；有的提出让应试者左右为难的问题，考验应变能力；有的提出一些没有道理的问题，考验是否立场坚定、是否有主见。若是反唇相讥、恶语相向，那就大错特错了，应将计就计，表现出理智、容忍和大度。

准确判断问题的真实意图，对症下药。当考官觉察到你不太愿意回答问题而又想有所了解时，可能采取声东击西的策略。面对这种情况，不要疏忽大意，更不能信口开河。

（四）面试礼仪的技巧

礼仪在人际交往中是必不可少的，尤其在正式场合，在交往双方不是非常熟悉的情况下，就更显得重要。面试是比较正式的场合，求职者更应懂得讲究礼仪的重要性，它直接影响主考官对求职者印象的好坏，进而决定是否录用。

面试过程中，高校大学生应注意以下几个方面的礼仪。

1. 遵时守信

求职者一定要遵时守信，千万不要迟到或毁约。迟到和毁约都是不尊重主考官的一种表现，也是一种不礼貌的行为。如果求职者有客观原因不能如约按时到场，应事先打个电话通知主考官，以免对方久等。如已经迟到，不妨主动陈述原因，且简洁表达。

2. 以礼相待

求职者在等候面试时，不要旁若无人、随心所欲，对接待员熟视无睹，自己想干什么就干什么，给人留下不好的印象。对接待员要礼貌有加，也许接待员就是公司经理的秘书、办公室的主任或人事单位的主管人。如果你目中无人，没有礼貌，在决定是否录用时，他们可能会有发言权。所以，你要给所有的人留下良好的印象，而并非只是对面试的主考官。面试时，要自觉将手机等关掉。

3. 入室敲门

求职者进入面试室的时候，应先敲门。即使面试房间是虚掩的，也应先敲门，千万别冒冒失失地推门就进，给人鲁莽、无礼的感觉。敲门时要注意敲门声的大小和敲门的速度。正确的是用右手的手指关节轻轻地敲三下，问一声："你好，我可以进来吗？"待听到允许后，再轻轻地推门进去。

4. 微笑示人

求职者在踏入面试室的时候，应面露微笑。如果有多位考官，应面带微笑地环视一下，以眼神向所有人致意。一般而言，陌生人在相互认识时，彼此会首先留意对方的面部，然后才是身体的其他部分。面带真诚、自然、由衷的微笑，可以展示一个人的风度、风采，有利于求职者塑造自己的形象，给人留下美好的印象。求职者与主考官相识之后，便要稍微收敛笑容、集中精神。平静的面容有助于求职者面试成功。

5. 保持距离

面试时，求职者和主考官必须保持一定的距离，不适当的距离会使主考官感到不舒服。如果应聘的人多，招聘单位一般会预先布置好面试室，把应试人的位置固定好。当求职者进入面试室后，不要随意将椅子挪来挪去。有的人喜欢表现亲密，总是把椅子向前挪。殊不知，这是失礼的行为。如果应聘的人少，主考官也许会让你同坐在一张沙发上。求职者这时应界定距离，太近容易和主考官产生肌肤接触。这也是失礼的行为。

6. 莫先伸手

求职者进入面试室行握手之礼时，应是主考官先伸手，然后，求职者右手热情相握。若求职者拒绝或忽视了主考官的握手，则是失礼。若非主考官主动先伸手，求职者切勿贸然伸手与主考官握手。

7. 请才入座

求职者不要自己坐下，要等主考官请你就座时再入座。主考官叫你入座时，求职者应该表示感谢，并坐在主考官指定的椅子上。如果椅子不舒适或正好面对阳光，求职者不得不眯着眼睛，那么最好提出来。

8. 递物大方

求职者求职时必须带上个人简历、证件、介绍信或推荐信，面试时要保证不用翻找就能迅速取出所有资料。送上资料时，应双手奉上，表现得大方和谦逊。

9. 及时告辞

有些主考官以起身表示面谈的结束，另一些人则用"同你谈话我感到很愉快"这样的辞令来结束谈话。对此，求职者应十分敏锐，及时起身告辞。告辞时应同接见者握手，还要将椅子放回原位，然后面带微笑地向主考官致谢。

五、面试的禁忌

职场求职好比战场作战，竞争激烈，硝烟弥漫。好多同学经过网申、简历投递、笔试一路拼杀，过关斩将，好不容易拿到心仪单位的面试通知，却因为面试环节犯下兵家大忌失败而归，实在可惜。因此，在求职面试时千万要记住以下禁忌，不要贸然触犯，留下遗憾。

禁忌一：迟到缺席

面试时的守时十分重要，迟到是绝对不可原谅的行为，这代表你对应聘单位和面试机会根本不重视。另外，接到面试通知，如果不能或不想出席，应该在面试之前一至三天内用电话等方式婉转地通知对方，以免留下恶意缺席的印象。千万不要养成责任心缺失的坏习惯，这对你日后在职场中的发展有很坏的影响。

禁忌二：缺乏准备

面试之前，应该拿出一些时间来对应聘单位的基本信息和应聘职位的工作性质、素质要求等做一定的调查和了解。企业可以容忍毕业生缺乏经验，但不能容忍丝毫没有准备、一问三不知的人，这样的人也预示着将来在工作上也缺乏责任感。

禁忌三：不修边幅

不管你应聘何种类型的工作，良好的个人形象将帮助你给别人留下良好的第一印象，也可以表达对用人单位和面试官的尊重。邋遢、不修边幅的形象会令你在面试中的表现大打折扣。是不是西装革履、职业套装其实并不重要，重要的是把握干净、整洁、青春、活力的原则。

禁忌四：不良习惯

面试时，个别面试者由于不拘小节，因而破坏了自己的形象，使面试的效果大打折扣甚至失败。尤其应注意在面试中不要出现手部的不良习惯，比如，双手总是不安稳，忙个不停，不断出现玩弄领带、挖鼻孔、抚弄头发、掰关节、玩弄面试官名片等动作。

禁忌五：吹嘘欺骗

没有一家单位愿意录用不诚实的员工，在面试的过程中，诚实、诚恳是最好的应对之策。在履历表、自传和面试交谈中一定要实事求是，切忌盲目夸大能力、编造经历，即使面试当场未被发觉，日后也会被事实揭穿。

禁忌六：长篇大论

虽说面试是在推销自己，不过切勿滔滔不绝、喋喋不休。面试官最讨厌应聘者长篇大论，有始无终。针对面试中问题，只需有重点、有条理地一一作答即可。不过，有些毕业生十分害羞，不懂得把握机会表现自己，无论什么问题，答案往往只有一两句，甚至只回答"是、有、好、可以"等，这也是不可取的，如果生性胆小害羞，应多加练习。

禁忌七：自卑骄傲

自信和骄傲有时就在一线之间，尺寸的拿捏要小心掌握。没有自信的人会让人有学习力差、推诿搪塞的联想，肯定不受企业欢迎；骄傲的人则令人生厌，没有团队合作的概念、不合群，用人单位也肯定不想聘用一个只喜欢单打独斗的独行侠。

禁忌八：愤世嫉俗

没有人会喜欢只爱批评却无创见的"愤青"，面试官也一样。即使批评的是和工作无关的事，像是政治、经济、社会的现况，对于应聘者来说，并没有任何加分的效果，可能还会因为你的言语不当，引起面试官的不快。

禁忌九：漫天要价

一旦谈到薪水，就多半代表你有一定的机会被录用。但如果你来个狮子大开口，则任何单位都不会录用一个漫天要价的人。如果希望在薪水问题上占据主动，不妨面试前多打听一下相关行情，或者干脆采取"依公司规定"的保守策略。

禁忌十：草率收场

很多应届生面试结束时，因成功的兴奋或因失败的恐惧，会语无伦次，手足无措。面试结束时，作为应聘者，不妨从容地表达一下你对应聘职位的理解，充满热情地告诉面试官你对此职位的兴趣和期待，面带微笑地和面试官握手并感谢面试官的指教和帮助。

第二节　高校大学生就业应具备的法律意识

随着我国高等教育进入大众化阶段，大学生就业问题成为社会广泛关注的焦点。当前高校大学生就业形势严峻，就业渠道不够畅通。同时，刚刚步入大学校园的学生对于与大学生密切相关的就业法律知识严重缺失。就业法律意识的缺失关系到大学毕业生能否顺利就业。因此，培养大学生就业法律意识成为高校就业指导工作的一项重要内容。这对帮助大学生维护自身合法权益，顺利走上工作岗位，有着重要意义。良好的法律意识在高校大学生就业过程中显得尤为重要，它既能让高校大学生在就业过程中保护自身的合法权益不受侵害，又能约束高校大学生在就业过程中不损害用人单位的利益。

一、就业协议书

（一）就业协议书的内容

《普通高等学校毕业生就业工作暂行规定》第二十四条规定："经供需见面和双向选择后，毕业生、用人单位和高等学校应当签订毕业生就业协议书，作为制订就业计划和派遣的依据。未经学校同意，毕业生擅自签订的协议无效。"因此，就业协议书是毕业生、用人单位和学校三方共同签订的，用于明确毕业生、用人单位、学校三方在毕业生就业工作中的权利和义务的协议书。

就业协议书的主要内容包括毕业生基本情况及意见，如姓名、性别、年龄、民族、政治面貌、培养方式、健康状况、专业、学历、学制、应聘意见等；用人单位基本情况及意见，如单位名称、单位隶属、联系人、联系电话、邮政编码、单位性质、档案转寄地址、用人单位及其上级主管部门意见等；学校基本情况及意见，如联系人、联系电话、邮政编码、通信地址、院系及学校意见等。

就业协议书还对毕业生、用人单位、学校的权利和义务进行了约定：

(1) 毕业生应按国家规定就业，向用人单位如实介绍自己的情况，了解单位的使用意图，表明自己的就业意见，在规定的时间内到用人单位报到，若遇到特殊情况不能按时报到，需要征得用人单位同意。

(2) 用人单位要如实介绍本单位的情况，明确对毕业生的要求及使用意图，做好各项接收工作。凡取得毕业资格的毕业生，用人单位不得以学习成绩为由提出违约，未取得毕业资格的结业生，就业协议无效。

(3) 学校要如实向用人单位介绍毕业生的情况，做好推荐工作，用人单位同意录用后，经学校审核列入建议就业计划，报教育部批准，学校负责办理派遣手续。

(4) 学校应在学生毕业前安排体检，不合格者不派遣，就业协议自行取消，由学校通知用人单位。如用人单位对毕业生身体条件有特殊要求，原则上应在签订协议前进行单独体检，否则，以学校体检为准。

(5) 毕业生、用人单位、学校三方如有其他约定，应在备注栏注明，并视为协议的一部分。

(6) 协议经各方签字、盖章后生效。三方都应严格履行协议，若有一方提出变更协议，须征得另两方同意，由违约方承担违约责任。

(7) 协议一式三份，毕业生、用人单位、学校各执一份，复印无效。

(二) 就业协议书的签订

1. 签订的步骤

就业协议的订立一般要经过两个步骤，即要约和承诺：

(1) 要约。毕业生持学校统一印制的就业推荐表去参加供需洽谈会（人才市场），进行"双向选择"，或向各用人单位寄发书面材料，应视为要约邀请。用人单位收到毕业生材料，对毕业生进行考察后，表示同意接收并将回执寄到高校毕业生就业工作部门或毕业生本人，应为要约。

(2) 承诺。毕业生收到用人单位回执或通过其他方式得到用人单位答复后，便可与用人单位签订协议，即承诺。

2.签订就业协议书的程序

（1）毕业生和用人单位达成协议并在就业协议书上签名盖章，用人单位应在协议书上注明可以接收毕业生档案的名称和地址。

（2）用人单位上级主管部门批准盖章。

（3）用人单位必须在与毕业生签订协议书起的十个工作日内将协议书送学校主管毕业生就业的工作部门。

（4）学校同意盖章，并及时将协议书反馈到用人单位。

高校大学生在签订就业协议书时，要严格按照规定的步骤进行。等用人单位填写完毕、盖章后再到学校就业指导中心签证盖章。切忌自己填写完毕后就直接到学校毕业生就业指导中心要求盖章，然后再由用人单位填写、盖章。这样带来的后果是，单位在填写时，工资待遇等有可能与过去承诺的大相径庭。学生却因为自己和学校都已经签字盖章，只能被迫向用人单位支付违约金。

高校大学生在与用人单位签订就业协议书前，建议多了解用人单位的情况，诸如用工制度、工作条件、工作地点、工作待遇、服务年限等，以免日后后悔当初的选择。

就业协议书上"用人单位名称"一栏，必须完整填写单位全称（和公章一致），不要简写、误写或写别名。因为省人事厅根据用人单位名称打印报到证，且根据单位全称下发计划到各地市和各有关单位，各地市和各有关单位将根据报到证落实毕业生的户口、档案关系等。

就业协议书上"用人单位地址"一栏，要直接填写毕业生即将落户所在地，无须具体到区。

"档案转寄地址"一栏，要填写签约单位要求的档案转寄地址和部门。要填写正确的、详细的档案接收地址（包括具体接收部门），分地址、单位、部门三部分录入。一旦有误将导致毕业生档案在转寄过程中产生投递和接收困难，致使毕业生不能及时顺利落实各种关系，包括享受单位福利（四险的缴纳）等。有人事档案保管权的单位可写单位地址，无人事档案保管权的单位应填写其委托保管档案的单位名称与地址，如某人才市场或人才交流中心等。

（三）就业协议书的解除

为了维护就业协议书的严肃性和学校的声誉，毕业生与用人单位签订了《就业协议书》后，双方都应认真履行协议。倘若毕业生因特殊原因要求违约，应承担违约责任。已签订《就业协议书》的毕业生，如要违约，需办理解约手续。

（1）到原签协议书的单位办理书面同意的解约函（盖单位公章）。

（2）向招生就业办提出书面申请（阐明解约理由），并附上单位及上级人事主管部门审核同意的解约函，交招生就业办。

（3）招生就业办根据有关规定审批换发新的《就业协议书》。

就业协议的解除分为单方解除和三方解除。

单方解除，包括单方擅自解除和单方依法或依协议解除。单方擅自解除协议属违约行为，解约方应对另两方承担违约责任。单方依法或依协议解除，是指一方解除就业协议有法律上的或协议上的依据，如学生未取得毕业资格，用人单位有权单方解除就业协议，如毕业生被录用之后，用人单位也可解除就业协议，或依协议规定，毕业生未通过用人单位所在地组织的公务员考试，用人单位有权解除协议，此类单方解除，解除方无须对另两方承担法律责任。

三方解除是指毕业生、用人单位、学校三方经协商一致，废止原订立的协议，使协议不发生法律效力。此类解除应是三方当事人真实意志体现，三方均不承担法律责任。三方解除应再就业计划上报主管部门之前进行，如就业派遣计划下达后解除，还须经主管部门批准办理调整改派。

（四）违约责任及违约的后果

就业协议书一旦经过毕业生、用人单位、学校签署即具有法律效力，任何一方都不能够擅自解除，否则违约方应该向权利受损方支付协议条款中所规定的违约金。

1. 毕业生违约

毕业生违约除了本人应该承担违约责任，支付违约金外，往往还会造成其他很多不良的后果。

第一，对用人单位来说，其往往为了录用一名毕业生做了大量的工作，有的甚至对毕业生将要从事的具体工作已经做了安排。而且毕业生就业的时间相对比较集中，一旦毕业生因为某种原因违约，用人单位就需要再另选其他毕业生，而这在时间上不允许，因此会给用人单位造成被动的局面。

第二，对学校来说，用人单位往往因为学生的违约而对学校的推荐工作产生怀疑，从而影响到学校和用人单位之间的长期合作关系。一旦某所学校的毕业生出现违约情况，该用人单位可能在未来的几年之内都不会再接收该校的学生，这样势必会影响到学校今后的毕业生就业工作，同时也将影响到学校就业计划方案的制定和上报，并且还会影响到学校的正常派遣工作。

第三，对其他毕业生来说，用人单位来学校挑选毕业生，一旦与某学生签订就业协议书，就不可能再录用其他的毕业生。如果毕业生违约，往往使当初希望去该单位的毕业生也错过了到该单位的机会，因此造成了就业资源的浪费，影响了其他毕业生的就业。

2. 用人单位违约

用人单位违约除了应该按照协议规定承担违约责任，支付违约金之外，还会给毕业生和学校带来不良的影响。一般用人单位违约之后，毕业生已经错过了选择其他理想单位的机会，另一方面在时间上也非常紧张，许多毕业生因此而出现饥不择食的情况，对其今后的发展带来很大的不良影响。此外，用人单位违约对学校的就业计划方案的制定和上报也造成一定的影响。

3. 学校违约

学校在就业协议的履行中主要行使的是监督审核权，可以对不规范的协议行为进行制止。但由于学校并不是双向选择中的意向方，因此出现由学校直接违约的可能性非常小。

目前，许多高校在就业协议书中的签字只起到鉴证登记的作用，而不再具有审批的意义。我们相信，随着毕业生就业制度改革的不断深化，国家和高校的审批权力将逐渐弱化。在签订就业协议书的时候，毕业生和用人单位将完全拥有自主选择的权利，学校和政府主管部门不再需要直接审批就业协议书，而只需掌握就业的情况即可。

二、劳动合同

目前正是应届高校毕业生走上工作岗位的高峰期。因为严峻的就业压力，加上毕业生没有工作经验，一些用人单位乘机以非劳动合同代替劳动合同，有意规避自身法律义务，从而引发一系列法律纠纷。本期收集的以下案例，或许能给即将就业和刚刚就业的毕业生以启示。

（一）劳动合同的基本内容

1. 劳动合同的条款

《劳动合同法》第十七条规定："劳动合同应当具备以下条款：用人单位的名称、住所和法定代表人或者主要负责人；劳动者的姓名、住址和居民身份证或者其他有效身份证件号码；劳动合同期限；工作内容和工作地点；工作时间和休息休假；劳动报酬；社会保险；劳动保护、劳动条件和职业危害防护；法律、法规规定应当纳入劳动合同的其他事项。"

2. 关于试用期的规定

（1）试用期时限《劳动法》第二十一条规定："劳动合同可以约定试用期，试用期最长不得超过六个月。提示：国家机关、高校、医药研究所、医疗行政部门采用见习期，时间为一年；试用期采用于企业、公司（包括外企、合资、私企）、医院，为15日至6个月。见习期可以延长，试用期不行。"

见习期具有一定强制力，试用期是双方约定。

《劳动合同法》第十九条规定："劳动合同期限三个月以上不满一年的，试用期不得超过一个月；劳动合同期限一年以上不满三年的，试用期不得超过两个月；三年以上固定期限和无固定期限的劳动合同，试用期不得超过六个月。同一用人单位与同一劳动者只能约定一次试用期。以完成一定工作任务为期限的劳动合同或者劳动合同期限不满三个月的，不得约定试用期。试用期包含在劳动合同期限内。劳动合同仅约定试用期的，试用期不成立，该期限为劳动合同期限。"

（2）试用期工资：《劳动合同法》第二十条规定："劳动者在试用期的工资不得低于本单位相同岗位最低档工资或者劳动合同约定工资的80%，并不得低于用人单位所在地的最低工资标准。"

《劳动合同实施条例》第十五条规定："劳动者在试用期的工资不得低于本单位相同岗位工资的80%或者不得低于劳动合同约定工资的80%，并不得低于用人单位所在地的最低工资标准。"

（3）试用期辞职：《劳动法》第三十二条规定："劳动者在试用期内可以随时通知用人单位解除劳动合同，无须提前通知。"有些用人单位在劳动合同中约定，劳动者在试用期解除合同需承担违约责任，这实际上限制了劳动者的解除权。因此，这种约定侵害劳动者的合法权利，法律一般确认为无效。

（4）试用期辞退：《劳动法》第二十五条规定："劳动者在试用期间被证明不符合录用条件的，用人单位可以解除劳动合同。条件是，必须举证证明劳动者在试用期间不符合录用条件。"毕业生应当清楚，此时举证责任在用人单位，而自己无须提供符合录用条件的证明。

案例：2010年5月8日，某公司到欧阳萍所在的大学招聘文秘。欧阳萍觉得该工作很适合自己，遂根据招聘人员的要求填写了应聘登记表，内容包括年龄、性别、爱好、专业、特长、家庭住址、联系电话等基本情况。3天后，公司电话通知欧阳萍被录用了。5月15日，欧阳萍正式进入公司上班。谁知仅过了两个月，公司却要欧阳萍走人。欧阳萍认为她已递交应聘登记表，公司不具有解除劳动合同的法定条件，愤然提起了诉讼。

点评：法院没有判令公司继续录用欧阳萍，因为虽然有应聘登记表，但公司与欧阳萍之间并没有签订劳动合同。劳动合同是指劳动者与用人单位确立劳动关系、明确双方权利和义务的协议。而应聘登记表只是公司了解欧阳萍基本情况的一种途径，也是欧阳萍根据要求对自己情况所做的报告，并不是劳动合同的法定形式，其内容亦仅仅涉及有关欧阳萍年龄、性别等基本情况，而这些不是劳动合同成立的有效要件，即双方虽具有录用与被录用的意愿，但应聘登记表并没有涉及彼此的权利、义务，也不意味彼此就权利、义务进行过磋商，更不等于公司与欧阳萍就劳动用工事宜达成了协议，因而不具有法律效力。

（二）订立劳动合同的注意事项

（1）依法签订劳动合同是劳动合同产生法律约束力的前提。如果签订的劳动合同不合法，那么求职者的权益保护就会遇到困难。因此，求职者一定要先确认自己签订的劳动合同是否具备产生法律约束力的条件，包括：用人单位这一劳动合同主体须符合法定条件，用人单位应当依法成立，能够依法支付工资、缴纳社会保险费、提供劳动保护条件，并能够承担相应的民事责任。双方签订的劳动合同内容（权利与义务）必须符合法律、法规和劳动政策，不得从事非法工作。此外，签订劳动合同的程序、形式必须合法，如经协商一致采用书面形式等。

（2）劳动合同应当以书面形式订立。由用人单位法定代表人或书面委托代理人与劳动者分别在劳动合同上签字或盖章，并加盖用人单位印章，一式两份。双方当事人各执一份。

用人单位与劳动者订立劳动合同时，不得以任何形式收取抵押金、抵押物、保证金、定金及其他费用，不得扣押劳动者的身份证和其他证明。

（3）试用期内也必须签合同。这一点往往被劳动者所忽略。有些单位为了逃避责任，在试用期内不与职工签订劳动合同，一旦试用期满，就找种种借口辞退员工。这种方法对用工单位来说：省事又省钱，可以不对劳动者负任何责任。劳动合同应在求职者上岗、试用前与用人单位签订，而不是试用合格后。用人单位与劳动者存在劳动关系未订立劳动合同，劳动者要求签订劳动合同的，用人单位不得解除劳动关系，并应当与劳动者签订劳动合同。根据有关规定："试用期与劳动合同的期限应一致，劳动合同期限6个月以下，试用期不能超过15天；劳动合同期限6个月以上，1年以下，试用期不能超过30天；劳动合同期限1年以上，2年以下的，试用期不能超过60天；劳动合同期限2年以上，3年以下的，试用期不能超过90天；劳动合同期限3年以上的，试用期不超过6个月。"但合同中约定见习期的，不再另行约定试用期，毕业生见习期为6~12个月，自报到之日起计算。

（4）合同的内容要明确、具体。劳动合同字句要准确、清楚、完整、明白易懂，不能用缩写、替代或含糊的文字表述，否则就可能在劳动执行过程中产生误解或曲解，从而带来不必要的争议，给用人单位和劳动者双方造成损失，也为合同争议的处理带来困难。岗位工种外延大或比较广，说明在履行劳动合同期间，当事人从事的岗位工种变化范围大。求职者可以要求用人单位对岗位工种适度细化。对于试用期、培训、保守商业秘密、补充保险和福利待遇等求职者希望在劳动合同中体现的内容，当事人可提出在劳动合同中写明。

（5）掌握必要的相关知识。求职者在签订劳动合同之前，应该认真学习和了解一些劳动法律和法规方面的知识。例如，合同双方当事人的权利义务，劳动合同的订立、履行、变更、终止和解除，法律责任等规定，这样求职者才有可能争取一些对自己有利的权利，或者一旦日后用人单位违反合同规定，求职者就可以利用法律武器来维护自己的权益。

凡是有劳动关系而没有订立劳动合同的，劳动者有权利要求订立劳动合同。单位不与毕业生签订劳动合同的做法明显是违法的，毕业生不要以为不签合同就可以更自由，这样的想法是错误的，不签合同会损害毕业生作为劳动者的权益，特别是在双方产生劳动纠纷、劳动者出现工伤等情况时，会带来更大麻烦。劳动合同订立时可以约定生效日期，没有约定的，以当事人最后签字或盖章日期为生效日期。

（三）劳动合同的变更、解除和终止

1. 劳动合同的变更

《劳动法》第十七条规定："劳动合同依法订立即具有法律约束力，当事人必须履行劳动合同规定的义务。劳动合同确定的工种或岗位是当事人在签订劳动合同时的重要内容，变更工种或岗位应视为合同的变更，双方应按法定程序在平等自愿、协商一致的基础上建立补充合同，变更劳动合同，应当采用书面形式。变更后的劳动合同文本由用人单位和劳动者各执一份。任何一方不得擅自变更。"

2. 劳动合同的解除

劳动合同的解除是指在劳动合同期限届满之前终止劳动合同关系的法律行为。根据劳动法规定，劳动合同当事人经协商一致，可以解除劳动合同。另外，当法定事由出现时，用人单位或劳动者也可单方解除合同。

（1）用人单位单方解除劳动合同

根据《劳动法》第25条的规定："劳动者有下列情形之一的，用人单位可单方解除劳动合同，而不必提前通知劳动者：①在试用期间被证明不符合录用条件的；②严重违反劳动纪律或者用人单位规章制度的；③严重失职，营私舞弊，对用人单位利益造成重大损害的；④被依法追究刑事责任的。"

有下列情形之一的，用人单位可以解除劳动合同，但是应当提前30日以书面形式通知劳动者本人并给予经济补偿：①劳动者患病或者因公受伤，医疗期满后，不能从事原工作也不能从事由用人单位另行安排工作的；②劳动者不能胜任工作，经过培训或者更换工作岗位还不能胜任工作的；③劳动合同订立时所依据的客观情况发生重大变化，致使劳动合同无法履行，经当事人协商不能就变更劳动合同达成协议的。

用人单位濒临破产，进行法定整顿期间，或生产经营状况发生严重困难确需裁减人员时，应当提前30天向工会或者全体职工说明情况，听取工会或者全体职工意见，经向劳动行政部门报告后，可以裁减人员。但是，用人单位依据以上规定裁减人员后，在6个月内又录用人员的，应当优先录用被裁减的人员。

（2）劳动者单方解除劳动合同

劳动者解除劳动合同，应当提前30日以书面形式通知用人单位。因为劳动合同是劳动者自愿签订的，当然也有权自愿解除，只要这种解除符合法律法规的规定，并且不损害用人单位利益。

劳动者可以随时通知用人单位解除劳动合同。这样的情形有三种：

①在试用期内，试用期是用人单位考察劳动者是否具备录用条件的考察期限，也是劳动者选择用人单位的选择期限，因此在试用期内劳动者只要发现用人单位不适合自己，可随时通知解除合同。

②用人单位以暴力、威胁或者限制人身自由等非法手段强迫劳动的，劳动者可以随时通知用人单位解除劳动合同。

③用人单位未按劳动合同约定支付劳动报酬或者提供劳动条件的，劳动者可随时通知用人单位解除劳动合同。

3. 劳动合同的终止

劳动合同订立后，双方当事人不得随意终止劳动合同，只有法律规定或当事人约定的情况出现，劳动合同即行终止。

（1）劳动合同期限届满。

（2）企业宣布破产或者依法解散、关闭、撤销。

（3）劳动者被开除、除名或因违纪被辞退。

（4）劳动者完全丧失劳动能力。

（5）劳动者达到退休年龄。

（6）法律、法规规定的其他情况。

（四）就业协议与劳动合同的关系

在就业过程中，一些毕业生有时将两者等同起来，有时又将两者割裂开来，因而有必要对就业协议与劳动合同的关系加以分析、比较。就业协议是明确毕业生、用人单位、学校三方在毕业生就业工作中权利和义务的书面表现形式。就业协议一般由教育部或各省、自治区、直辖市就业主管部门统一制表。劳动合同是指劳动者与用人单位在确定劳动关系时，订立的明确双方权利和义务的协议。就业协议与劳动合同都是用人单位录用毕业生时所订立的书面协议，但两者分处两个相互联系的不同阶段。

1. 就业协议与劳动合同的相同点

（1）确立劳动关系的性质一致

订立劳动合同是劳动关系的确立。毕业生与用人单位签订就业协议并按约定时间报到，接受工作安排，从实质上说也是确立了一种劳动关系。因此，就业协议与劳动合同在确立劳动关系上是一致的。

（2）主观意思表达一致

就业协议和劳动合同的签订都是双方当事人经过协商在自愿、平等的基础上意愿完全一致的表示。双方法律地位平等，对设定的权利、义务认可并履行，是无强制、胁迫的主观愿望表达。

（3）都具有法律效力

就业协议和劳动合同都是用人单位与高校毕业生订立的书面协议，双方都应严格履行，任何一方违约都要承担责任，因此，它们都具有法律效力。

2. 就业协议与劳动合同的区别

就业协议是劳动合同的一种特殊形式，二者不能相互替代。他们的区别有：

（1）适合的主体不同

就业协议专指高校毕业生与用人单位签订的协议。就业主体是毕业生、用人单位和学校三方。毕业生与用人单位是平等的主体，而学校一方因处于管理者的地位，所以制约着毕业生和用人单位的签约行为。劳动合同适用于平等主体，签订劳动合同是劳动者与用人单位以平等主体身份签订，无须第三人的介入和干涉。另外，签订劳动合同或签订劳动关系的劳动者既可以是高校毕业生，也可以是其他劳动者。

（2）签订的内容不同

就业协议是学校、毕业生与用人单位签订的初次工作协议，其主要内容是毕业生如实介绍自己，并表示愿意到用人单位就业，用人单位表示愿意接收，学校也同意推荐，一般不涉及详细的双方具体权利与义务。而劳动合同的内容十分完整，涉及劳动报酬，劳动纪律，工作内容等诸多方面，权利与义务也更为明确。

（3）适用的法律不同

就业协议双方发生争议的解决方式，尚未提升到依法解决的程序，主要根据协议本身的内容，现有就业政策和法律对合同的一般规定解决。而劳动合同发生争议，应依据《劳动法》来处理。

（4）签订时间不同

一般来说就业协议是毕业生离校前，落实了用人单位后签订的。劳动合同是毕业生到用人单位报到后订立的。可见就业协议签订在前，劳动合同签订在后。如果毕业生与用人单位就工资待遇、住房等有事先约定，亦可在就业协议备注条款中予以注明，日后订立劳动合同对此内容应予认可。

（5）生效的条件不同

就业协议在毕业生与用人单位签字、盖章后还须经学校就业主管部门审批后才生效，而劳动合同是双方当事人签字、盖章后生效。

三、人事代理

高校学生毕业参加工作后在职称申报以及出具出国、考试等有关证明时，都会使用到自己的档案。因此，毕业生一定要重视并妥善安置自己的档案，即使毕业后暂未落实接收单位，也应该将档案及时委托政府人事行政部门所属的人才交流服务机构进行管理。

人事代理，在我国是指在社会主义市场经济条件下，经组织人事部门批准或授权指定的人才服务机构，受单位和个人委托，运用社会化服务方式和现代化手段，按指定的法律和政策规定，为其代为管理与办理人事关系和人事业务提供人事人才社会化服务的一种转型的人事管理制度。简单地说，就是把"单位人"变成"社会人"，实现人事关系管理与人员使用分离，即单位管用人，而一些具体的人事管理工作，如档案管理、计算工龄、评定职称、社会保险等，由人才交流中心代管。

（一）人事代理的具体内容

人事代理的具体内容由代理方和委托方协商确定，代理方可以提供如下服务：

（1）为委托方提供人事政策咨询，协商研究制定人才发展规划和人事管理档案等。

（2）为委托方管理人事关系、人事档案。办理专业技术人员专业职务任职资格的申报工作；办理毕业生见习期满后的转正定级手续，调整档案工资；出具因公或因私出国、自费留学、报考研究生、婚姻登记和独生子女手续等与人事档案有关的证明材料。

（3）为国家承认的大学毕业生，提供人事代理服务，从签订人事代理合同之日起按有关规定申报职称，计算工龄，确定档案工资，办理流动手续。

（4）为委托方接转党团组织关系，建立流动人员党团组织，开展组织活动。

（5）为委托方代办失业、养老等社会保险业务。

（6）为委托方代办人才招聘业务，提供人才供需信息，推荐所需专业技术人员和管理人员，负责聘用人员合同签证。

（7）根据委托方要求，开展岗位培训，并协助委托方制订培训计划。

（8）根据委托方要求，开展人才测评业务。

（9）代理与人事管理相关业务。

（二）人事代理的有关规定

关于人事代理有一些具体规定。现将大学毕业生应当了解的几条规定简介如下：

（1）凡注册"三资企业"、私营企业、股份制企业、民办科研机构等无主管部门和不具有人事管理权限的用人单位，对于招聘的职工均办理委托人事代理。

（2）代理方在核准委托人事代理的有关材料后，应当和委托方签订人事代理委托合同书，确立委托关系。

（3）委托方人事代理人员在委托人事代理期间，工龄应连续计算。

（4）尚未就业的个人委托人事代理人员重新就业后，其辞职、解聘前的工龄和重新就业后的工龄合并计算。

（5）在代理项目内有档案工资关系的，在代理期间涉及国家统一调资时，根据国家及省有关政策，档案工资的调整按照自收自支事业单位的工资标准核定。

（6）单位委托人事代理的大中专毕业生在见习期的考核、转正定级手续，由用人单位按期向代理方提供这些毕业生的工作表现等书面材料，代理方负责办理。

（7）单位委托人事代理的大中专毕业生在见习期间，如果解除了聘用合同，可以应聘到其他单位工作。代理方负责毕业生的见习期管理。待聘期超过1个月者，其见习期顺延。

（8）委托期间，委托人事代理人员若被公有制单位正式接收，则代理方凭接收单位人事主管部门的接收函负责办理其人事、档案关系的转递手续；若被其他单位重新聘用，则代理方负责及时变更人事代理手续。

（三）人事代理的一般办理程序

一般来说，大学毕业生办理人事代理关系按下列程序办理，但由于各地人事代理机构（人才交流中心）的规定存在差异，具体做法可能不一样。

1. 人事代理机构（人才交流中心）的选定

目前，人事代理机构比较多，在为大学毕业生办理人事代理提供众多选择的同时，也会让大学毕业生感到无所适从。一般来说，要对各人才交流机构进行详细了解，尽量选择政府人事行政部门所属的人才交流机构（人才交流中心）。根据中共中央组织部、国家人社局有关规定，只有政府人事行政部门所属的人才交流机构（人才交流中心）才能保管人事档案。由于档案不可再生，一旦丢失、损坏、损失就无法弥补。各省、自治区、直辖市、省会所在城市和地级市人事部门都设有人才交流机构（人才交流中心），可作为首选。同时，注意选择业务全、服务优、管理正规的人才交流服务机构，暂时不想回原籍的，最好选规格高的人才交流服务机构，可进退自如，跨省流动或回原籍办理起来都很便捷。

2. 与人事代理机构（人才交流中心）签订大中专毕业生就业协议书

毕业生在人事代理机构（人才交流中心）办理人事代理，需持高校给大学毕业生发的协议书到人事代理机构（人才交流中心）签订大中专毕业生就业协议书。协议书盖章后，由大学毕业生将协议书交回高校，毕业生到就业指导中心办理报到证。

3. 到人事代理机构（人才交流中心）报到

大学毕业生办理存档、落户有两种办理方式：一是毕业生本人持落户材料（报到证原件及复印件、毕业证复印件、身份证复印件，户口迁移证、身份证白底彩色大头照片）到人事代理机构（人才交流中心）报到；二是毕业生将上述所有材料交到学校就业指导中心，由学校统一转至学校选定的人事代理机构（人才交流中心）。只办理存档手续的毕业生，将就业报到证及复印件交给学校统一转交学校选定的人事代理机构（人才交流中心）。

4. 大学毕业生党员组织关系、党费交纳及预备期党员转正的办理

毕业生档案转至人事代理机构（人才交流中心）托管，其本人的党组织关系亦转至"人事代理机构（人才交流中心）流动人员党委"，党组织关系转至人事代理机构（人才交流中心）的同时，根据原交费时间，继续按月准时交纳党费，不能按月交纳的也可每季度交纳一次。交纳党费的比例和数额依国家相关规定执行。中共预备党员接近预备期满需要转正的，本人要写出书面转正申请、工作思想汇报、现工作单位出具现实表现证明，距转正期一个月将上述材料交由人事代理机构（人才交流中心）流动人员党委批准，即可转为中共正式党员。

5. 申报专业技术职称档案在人事代理机构（人才交流中心）进行托管期间，根据国家政策，可申报专业技术职称

6. 终止人事代理关系

毕业生与人事代理机构（人才交流中心）签订就业协议后又被组织部选调或考取了公务员、研究生以及因国家特殊需要抽调，经毕业生和人事代理机构（人才交流中心）协商，报经省毕业生就业主管部门同意，已签订的协议终止。

四、劳动争议及常见的求职陷阱

（一）劳动争议

1. 劳动争议的概念及分类

劳动争议又称劳动纠纷，是指劳动者与用人单位之间因执行劳动法律、法规或履行劳动合同、集体合同而发生的争执。

劳动争议按照不同的标准，可划分为以下几种：

（1）按照劳动争议当事人人数多少的不同，可分为个人劳动争议和集体劳动争议。

个人劳动争议是劳动者个人与用人单位发生的劳动争议；集体劳动争议是指劳动者一方当事人在3人以上，有共同理由的劳动争议。

（2）按照劳动争议的内容，可分为：因履行劳动合同发生的争议；因履行集体合同发生的争议；因企业开除、除名、辞退职工和职工辞职、自动离职发生的争议；因执行国家有关工作时间和休息休假、工资、保险、福利、培训、劳动保护的规定发生的争议；法律、法规规定的其他劳动争议等。

（3）按照当事人国籍的不同，可分为国内劳动争议与涉外劳动争议。国内劳动争议是指我国的用人单位与具有我国国籍的劳动者之间发生的劳动争议；涉外劳动争议是指具有涉外因素的劳动争议，包括我国在国（境）外设立的机构与我国派往该机构工作的人员之间发生的劳动争议、外商投资企业的用人单位与劳动者之间发生的劳动争议。

2. 劳动争议处理机构

（1）劳动争议调解委员会（简称调解委员会）。是依法成立调解本单位发生的劳动争议的群众性组织。

（2）劳动争议仲裁委员会。是国家授权、依法独立地对劳动争议案件进行仲裁的专门机构。

（3）人民法院。审理劳动争议案件的是各级人民法院的民事审判庭。

3. 劳动争议处理程序

根据我国有关法律法规的规定，解决劳动争议的程序如下：

（1）协商

劳动争议发生后，尤其是工伤待遇争议发生后，双方当事人应当首先进行协商，以达成解决方案。这是最为常见的，也往往是双方都容易接受的，但不是必经程序。事实上，矛盾不太尖锐的工伤待遇争议，常常是以这个程序来解决的。对职工来讲，尤其要注意使用协商的方式解决纠纷，因为发生工伤的职工，往往还要在该用人单位工作，如果过分强调用诉讼的方式解决问题，可能会为今后的工作带来不便。当然，我们并不是说要对用人单位作不恰当的妥协，而是想要强调，协商是双方最易接受，效果也最好的方式。不愿协商可以申请调解。

（2）调解

调解就是企业调解委员会对本单位发生的劳动争议进行调解。从法律、法规的规定看，这并不是必经的程序。但它对于劳动争议的解决却起到很大作用，特别是对希望继续留在本单位工作的职工来说，能够通过调解来解决劳动争议，也不失为一种理想的选择。

（3）仲裁

劳动争议调解不成的，当事人可以向劳动争议仲裁委员会申请仲裁。当事人也可以不经调解直接向劳动争议仲裁委员会申请仲裁。根据规定，当事人从知道或应当知道其权利被侵害之日起60日内，以书面形式向仲裁委员会申请仲裁。仲裁委员会应当自收到申请书之日起7日内作出受理或不予受理的决定。仲裁庭处理劳动争议自组成仲裁庭之日起60日内结束。对于案情复杂需要延期的，经报仲裁委员会批准，可以适当延期，但延长的期限不得超过30日。

需要强调的是，仲裁是劳动争议处理的必经程序。就是说，当事人未经仲裁程序不得直接向人民法院起诉，否则，人民法院不予受理。

（4）诉讼

当事人对仲裁裁决不服的，可以自收到仲裁裁决书之日起15日内向人民法院起诉。人民法院民事审判庭则依据民事诉讼法和劳动法等的规定，受理和审理劳动争议案件。审理期限为6个月，如果有特殊情况需要延长的，经院长批准可以延长。当事人如果对人民法院的一审判决不服，可以提起上诉，二审判决是终审判决，当事人必须执行。

（二）常见的求职陷阱

1. 高校大学生就业陷阱的表现特征

高校大学生就业陷阱是指招聘单位、其他机构或个人，利用高校大学生择业过程中的弱势地位（如社会经验不足、自我保护意识差、就业竞争激烈等），以提供就业机会为诱因，采用违法悖德的手段，与高校大学生达成权利与义务不对等的各类就业意向（协议），以期侵害高校大学生合法权益的现象。当前高校大学生就业陷阱主要表现出以下四个方面的典型特征：

第一，欺骗性。主要表现为招聘单位以攻势强劲的虚假宣传、信誓旦旦的不实承诺、热情有加的伪善行为等来取得高校大学生的信任和期望，然后在协议中提出苛刻条件，隐藏各种不法目的。

第二，诱惑性。主要表现为招聘单位着力包装，夸大事实，并以单位各种招牌、荣誉、待遇和发展前景蛊惑高校大学生。

第三，隐蔽性。违法用人单位的各种伎俩都有十分华丽的诱人说辞，听起来入情入理，面面俱到，句句都令人心动，其实处处布下陷阱。涉世不深的高校大学生由于难辨真伪，极易成为猎取的对象。

第四，违法性。用人单位在招聘中的违法目的各有不同。一类是违法违规留人才。有些为留住人才而扣留高校大学生的户口、学历证件等使高校大学生欲走难行；有些甚至迫使高校大学生签下"卖身契"；有些则软硬兼施，一方面大开空头支票，另一方面强迫工作，迫使高校大学生逐渐接受不公平、不合理的现实。另一类是坑蒙拐骗，诱使高校大学生掉进事先设置的高薪陷阱、培训陷阱、中介陷阱，或者诱骗高校大学生入股、推销、传销等。

2. 常见的就业陷阱

（1）感情陷阱

有人会打着同乡、同学、战友甚至亲戚的幌子，招聘你去工作，不签合同、不办手续，稍有不慎，就将你一脚"踢"出。

（2）抵押陷阱

有人在招聘时要求你出资抵押、缴纳报名费和培训费，或将身份证、毕业证等证件收去，给你带上"紧箍咒"。

（3）高薪陷阱

有人在招聘时只讲高薪，不讲具体工作，一旦应聘就让你去从事超重、超时、危险，甚至"三陪"等违法工作。

（4）合伙陷阱

有人"热心"与你办厂、经商、跑运输，从中取巧，或趁你不备携款外逃。

（5）试用陷阱

有人在招聘时标明"试用期半年、工资减半，试用合格、工资补发"，结果，不等试用期满就借故将你辞退。

（6）介绍陷阱

有人专门以为国外、外地企业介绍招聘人员为"业"，从中收取服务费后就逃之夭夭。因此，对私人办的职业介绍所应特别小心。

（7）地点陷阱

很多大企业在全国许多地方有分部，而参加招聘会的往往是总部的人力资源部门。因此，毕业生在应聘时容易产生错觉，以为工作地点就在总部所在的大城市，结果上岗后被分到偏远地区。对此，毕业生在面谈时必须咨询清楚，必要时在合同上写明相关条款。

3. 常见的合同陷阱

（1）口头合同

一些用人单位与求职者就责、权、利达成口头约定，并不签订书面正式文本。一些求职心切、涉世未深的大学毕业生极易相信用人单位种种"许诺"。其实，这种口头"合同"是最靠不住的，一有"风吹草动"，这些口头许诺就会化为泡影。

（2）格式合同

用人单位按照国家有关法律规定和劳动部门规定的合同示范文本事先打印好聘用合同，从表面上看，这种合同似乎无可挑剔，可是具体条款却表述含糊，甚至有多种解释，一旦发生劳务纠纷，用人方总会按照"合同"为自己辩护，最终吃亏的还是应聘者。

（3）单方合同

一些用人单位利用应聘者求职心切的心理，只约定应聘方有哪些义务，违反约定要承担怎样的责任，毁约要缴纳违约金等，而合同上关于应聘者的权利几乎一字不提。

（4）生死合同

一些危险行业用人单位为逃避应该承担的责任，常常在签订合同时，要求应聘方接受合同中的"生死协议"，即一旦发生意外，企业不承担任何责任。如果签订这种合同，真的发生意外事故后，恐怕交涉起来会有更多的麻烦。

（5）"两张皮"合同

有些用人单位鉴于有关部门的监督检查，往往与应聘者签订两份合同，一份合同用来应付劳动部门的检查，另一份合同才是双方真正履行的合同，而这份合同是不能暴露在阳光下的。遇到这种情况，应聘者一定要当心，认真对比两份合同的异同，防止陷入只利于用人单位而侵犯自己合法权益的不平等合同的陷阱。

第五章　高校大学生的职场适应与职业发展教育

挥手告别大学校园，昂首步入社会舞台，是每一个高校大学生人生历程中的一次重大转折。在这个重要的转折阶段，高校大学生最关心的莫过于更科学、更完善、更合理、更有价值地安排或优化自己新的人生旅程，最需要的莫过于迅速适应新的环境。实践表明，由学生到社会职业角色转换比较快的人，容易更早地获得单位的认可，更快地寻找到新的起点，也就更容易享受到事业成功和生活幸福的喜悦。本章主要阐述了高校大学生的职场适应与职业发展教育，内容包括完成角色转换、适应社会与职业发展三部分。

第一节　完成角色转换

角色转换，是指个人因社会任务和职业生涯的变迁，从一个角色进入另一个角色的过程，其根本的变化是社会权利和义务的变化。每一位即将开始或刚刚开始工作的大学毕业生都希望自己能够在崭新的工作岗位上很快就有优秀的表现，做出自己的一番事业与成就。但是我们所看到的更多现实情况是，很多高校大学生们会发现自己不能很好地适应与高校大学生活截然不同的全新环境，不能很好地融入组织中来，以致工作难于开展。其实，这些问题的出现都与毕业生的角色转换有关，只有真正认识到自己已经不再是一名生活在象牙塔中的学生，并且重新对自己进行正确的定位，了解作为一名职业人应当做什么和怎样做，才能在新的生活中很好地立足与发展。

一、学生角色和职业角色的不同

（一）学生角色

高校大学生多处在 18~24 岁这一年龄阶段，是人生中增长知识、发展智力、求学成才的关键阶段。高校大学生的中心任务是努力学习以专业知识为主的多方面知识，培养以专业能力为主的各种能力。因此，这是一个接受教育、储备知识、培养能力的重要阶段。另外，由于高校大学生以学习为主，经济上主要依靠家庭，所以，可以这样界定学生角色：在社会教育环境的保证下和家庭经济的资助下，学习知识、培养能力、全面提高自身素质、努力使自己成长为社会合格的人才。

（二）职业角色

职业角色的个性表现得非常具体，但是千差万别的职业角色却有其共性的抽象：职业角色扮演者具有自己的社会职位和一定职权；相应的职业规范；一定的基础知识和业务能力；履行一定的义务；经济独立。因此，可以这样定义职业角色；在某一职位上，以特定的身份，依靠自身知识和能力并按照一定的规范具体地展开工作，在行使职权、履行义务为社会做出贡献的同时取得相应的报酬。

（三）学生角色与职业角色的差异

毕业生要尽快适应社会职业角色，首先要了解学生角色与职业角色的差异，其差异主要表现在如下几个方面：

1. 社会角色不同

学生角色是受教育，储备知识，掌握本领，接受经济供给和资助，逐步完善自己的过程；职业角色则是用自己掌握的本领，通过具体工作为社会付出，独立作业，具有一定的权利和义务，以自己的行为承担责任的过程。两者的区别表现在：

（1）社会责任不同

学生角色的主要责任是努力吸取知识，使自己在德、智、体等方面全面发展。责任履行得如何，主要关系到本人知识掌握的多少和能力培养的程度。而职业角色的责任是以特定的身份去履行自己的职责，依靠自己的本领或技能去工作，去服务社会，去完成某个事项。责任履行得如何，不仅影响到个人价值的实现，还会影响到单位、行业的声誉。

（2）社会规范不同

学生角色规范主要是从教育的角度出发，遵守学生规范，使之培养成为合格的人才。职业角色的规范则是社会提供的从业者的行为模式，因职业的不同而不同。这些规范既具体又严格，违背了就要承担一定的责任，甚至是法律责任。

（3）社会权利不同

学生角色的权利主要是依法接受教育，并取得经济生活的保证或资助。职业角色的权利则是依法行使职权，开展工作，并在履行义务的同时得到报酬。

2. 人际关系不同

现代的人际关系，即人与人之间相互交往的关系。学习是学生的主要任务，能否学好科学文化知识，提高自身的素质和能力，主要取决于学生本身。竞争只是促进学习的手段，并未从根本上影响学生的利益，因此决定了学生的人际关系是比较简单的。成为从业者以后，竞争是不可避免的，谁能迅速转换角色，谁的能力、素质高，谁就能在竞争中取胜，并获得相应的收益，竞争的胜败关系到利益的分配，由此决定了从业者的人际关系是较为复杂的。

3. 生活管理方式不同

学生的学习生活是一种集体生活，住的是学生公寓，若干人同一间宿舍，在集体饭堂用餐。学校实行统一的生活作息制度，对学生提出统一的行为规范，违反了纪律还要受到处罚。在社会上，单位只在工作时间内对员工提出要求，其他时间主要由员工自行支配。在遵守国家法律法规和社会公德的前提下，员工在生活上享有很大的自由度，没有严格统一的管理方式来约束。

4. 对社会认识的内容、途径不同

学生是受教育者，他们对社会的认识、了解主要来自书本，来自课堂的学习，认识的途径主要是间接的，认识的内容主要是理论性的。他们对社会的期望值很高，有完美的理想，充满着浪漫的色彩。从业者则通过亲身的实践加深对社会的认识、了解，认识的途径是直接的，认识的内容是实践性的、具体的，带有现实主义的。理想与现实总是存在着一定的差距，有的毕业生走向社会后，习惯用在学校时的思维方式去认识社会，因此，遇到现实矛盾容易产生困惑、迷茫、彷徨，甚至失望，无法适应工作环境，难于转换角色。有的毕业生则能正确认识这一差距，通过艰苦的努力拼搏，最终实现了理想。

二、角色转换中容易出现的问题

大学阶段是职业角色的准备期，所学专业只对应某一职业群，具体职业岗位还有待选择，因而大学阶段的职业角色准备往往有一定的模糊性。高校大学生在走向工作岗位之初对职业角色难免会有些不适应，从近年来社会反馈的信息来看，主要存在以下问题：

（一）高校大学生自身与社会存在的矛盾

身居高等学府的大学毕业生，习惯了十余年的校园生活，投身社会后，常常会感觉自身与社会之间存在一些矛盾，主要包括：

1. 主观愿望和社会现实的矛盾

高校大学生毕业之前接受的都是健康、正面的教育，常以理想的思维方式看待社会、规划人生。刚刚毕业，往往踌躇满志、一腔热血，带着个人的"计划""想法"，准备到岗位上大显身手。但一接触到社会的消极面，如复杂的人际关系、落后的管理方式、低下的办事效率等等，就会从理想的巅峰一下跌入谷底，难以使自己的思维与社会现实相协调，反映出对社会现实的不适应。

2. 习惯行为与社会角色要求的矛盾

十余年的寒窗苦读使每个学生都形成了一些习惯行为，都有自己特有的学习、生活习惯和思维方式，步入职场后一时还难以适应角色转换的要求，常常在扮演角色时惯性地表现出与职业人角色不相符合的、带有明显学生气的习惯行为。

3. 社会需要与自我完善的矛盾

当今社会是改革的社会、竞争的社会、高速发展的社会。社会不仅需要基础知识扎实、动手能力强、综合素质较高的高校大学生，更需要具有开拓精神、勇于创造的高校大学生。大多数学生工作一段时间便会发现，自己或者知识结构不完善，思维死板，信息不灵，或者理论与实际脱节，在某些方面的能力还比较欠缺，适应工作比较困难。

（二）高校大学生在角色转换中容易出现的心理问题

大学阶段是职业角色的准备期，所学专业只对应某一职业群，具体职业岗位还有待选择，因而大学阶段的职业角色准备往往有一定的模糊性。高校大学生在走向工作岗位之初对职业角色难免会有些不适应，从近年来社会反馈的信息来看，主要表现在：

1. 怀旧性

高校大学生刚走上工作岗位，在角色转换中易出现怀旧心态。多年的学生生活所养成的学习、生活和思维方式一时不容易改变，常常会自觉或不自觉地将自己置身于学生角色的位置，表现出对学生角色的依恋，以学生角色来要求自己和对待工作，以学生角色的习惯方式观察事物、分析事物。面对与同事、领导新的复杂的人际关系及职业责任的压力，不禁留恋相对单纯的学生时代。

2. 畏惧性

面对新的环境，有的学生不知工作应如何入手，缺乏自信心，缩手缩脚，担心犯错误和承担责任，在工作中放不开手脚。

3. 自傲性

有些毕业生常以文凭、学位或毕业于名牌学校而自居，自我评价过高、不尊重他人、不虚心的情况在毕业生中时有发生。有些大学毕业生自以为接受了正规教育，已经学到了不少知识，已经是人才了，因此，轻视实践，放不下架子，看不起基层工作和基层工作人员，甚至认为一个堂堂的大学毕业生干一些不起眼的事是大材小用，有失身份，实际上是眼高手低，大事做不了，小事又不做。

4. 浮躁性

一些毕业生在角色转换中表现出不踏实、不稳定的特点，对本职工作坚持不下去，缺乏敬业精神，不能深入到具体工作中，就职较长时间仍然未能以稳定的心态来进入新的角色。

5. 被动性

很多学生在校期间都忙着应付考试、应付作业，形成了草草应付就万事大吉的做事习惯。上班以后居然也将这种习惯带到工作中，只想应付工作，不去主动思考，工作缺乏主动性。

随着时间的推移，毕业生对所处的环境就会渐渐适应，工作和心理的节奏会与周围的一切逐步合拍，可以自然地融入职业群体之中，这需要一个过程，我们称为职业适应期。

三、完成角色转换的过程

高校大学生步入社会后，要实现从学生角色到职业角色的过渡，必须尽快建立新的社会角色意识，在此过程中，可能会出现角色冲突，面对冲突必须进行自我调整，按照职业岗位对角色的要求不断地塑造自己，只有这样才能获得职业社会对其所担任的职业角色的认同。

由于每个毕业生的生活经历、心理素质、知识结构、学习能力、社交能力等存在差异，每个人由学生角色向职业角色过渡、实现角色转换的适应期长短也不同，但整个角色转换的过程大致经历以下三个阶段。

（一）兴奋阶段

高校大学生步入社会，开始进入职业角色的最初阶段是兴奋阶段。在这一阶段，由于他们刚参加工作，对于新的生活、新的工作环境、新的人际关系有着一种好奇心与新鲜感，这种新鲜感和迫不及待在工作中大展拳脚的冲动转化成了兴奋的情绪。在兴奋阶段，毕业生的表现是在新工作中积极向上，干劲十足，他们认真接受培训，严格遵守工作纪律，认真完成每一项工作，并且毫无怨言。而并不像一般人认为的那样，当高校大学生刚参加工作，由于角色转变大，会立即出现角色冲突，产生困惑、迷惘、彷徨、颓废沮丧的心理状态。但是，在这个时期内，也有部分毕业生把在校时的优越感带入工作之中，常常以文凭、学位取人或者以毕业于名校自居，看不起基层工作和基层的工作人员，不能虚心地向有经验的同事学习，工作中表现为浮躁、冲动、不切实际，大事做不了，小事不愿做。

（二）冲突阶段

当毕业生对新的环境逐步了解，初始的兴奋感、好奇心逐渐减退，此时毕业生的心理开始进入到了一个新的冲突阶段，困惑、迷惘、彷徨，颓废沮丧等心理状态在此阶段开始产生。具体表现为毕业生逐渐发现职业理想和职业现实的落差较大，开始感觉所学知识与处理现实问题能力的差距，感觉明显的学生与职员的角色差异。概括起来有以下几点原因：

第一，知识结构不完整，我国的高校大学生培养是按专业划分，大部分学生只对专业知识有一点理论知识的积累，普遍存在知识结构单一，知识面狭窄，出现适应不了全面工作的需要的现象，很多学生工作后发现，自己需要学习的知识太多了，后悔没有充分利用大学时间。

第二，创造能力不强，在学校，学生习惯于单向地吸收、接纳知识，惯性思考问题，当面对具体现实问题时，缺乏灵活运用知识的能力，分析问题和创造性思维能力不强。

第三，社交能力和处理人际关系能力较差。参加社会工作之后，毕业生发觉面对的是复杂且有利益冲突的微妙的人际关系，以往教师的谆谆教诲，同学的互相帮助，变成了现时同事间的"各自为政"，说话"点到为止"，使初涉职场的毕业生感到难以把握，无所适从。有人就此产生了社交恐惧感，影响了与同事的正常交往。如果毕业生长期处于极不和谐的人际关系之中，必然难以正常开展工作和学习，社会交往也将受到影响。

（三）适应阶段

作为职场新人，出现角色冲突是职场适应的必经阶段。这种冲突通常会产生两种结果：一些人不能正确对待生活角色的转变，接受不了职业角色的规范和行为模式，从而选择逃避现实，工作中失去动力，不再积极进取，或者选择跳槽。在这种情况下选择跳槽，并不是发现自己对目前工作不感兴趣，而是因为没有做好角色转换的准备，想换个环境回避现实。因此，毕业生应对刚开始工作在磨合期就想跳槽的行为谨慎选择。另一些人则能在面临矛盾冲突的情况下，调节自己的心理状态，重新认识并协调与现实的关系，主动适应新的生活，进入到职场适应阶段。在职场适应阶段，毕业生可以从以下五个方面进行协调适应：一是调节生活节奏与工作保持一致。毕业生参加工作后，生活范围扩大了，社交活动增多了，要学会分清轻重缓急，注意到时间的合理分配以及业余生活的合理安排，保证有充沛的精力投入到工作中去。二是正确认识自己、认识社会，加速自身的社会化。调整自己对社会与职业的期望值，与组织建立共同愿景，学会以包容的心态看待社会现象，处理社会问题。三是努力学习，完善自己的知识结构，有针对性地拓展自己的专业领域。四是积极参加社会实践，努力提高自己的创造能力。五是培养良好的性格形象，注意职场礼仪、礼节。

当毕业生经过努力，实现了从学生到从业者角色的转换，认清自己承担的工作角色后，就会很快适应工作环境，在自己的职业岗位上找到自己的用武之地，并使自己的思想、行为逐步适应社会的步伐，最终实现职业上的更大发展。

四、实现从高校大学生到职业人角色转换的有效途径

大学毕业生从"学生"到"职业人"的角色转换，在缺乏系统指导情况下，一般都是"摸着石头过河"，导致不少大学毕业生难以迅速适应职场生活，延误了发展机会。目前，帮助高校大学生毕业后缩短其社会职业人角色的适应期，顺利完成其社会角色转变，已是社会对高校提出的新要求。各高校越来越重视：提高高校大学生对社会角色转变问题的认识，加强了高校大学生职业角色意识培养，使高校大学生尽早了解未来职场要求；加强校园文化氛围建设，提高高校大学生职业角色适应能力；加强社会实践教育，提高高校大学生综合素质和生涯发展能力。但归根结底，高校大学生能否顺利实现角色转换，还是要靠自身的力量。大学毕业生应发挥主观能动性，开发自我潜能，做好进入职业角色的准备，积极主动地适应职业角色，加快角色转换的速度。

（一）岗位适应

1. 安心本职工作，甘于吃苦

安心本职工作是角色转换的基础。刚走上工作岗位的高校大学生，应尽快从学生学习生活的模式中脱离出来，全身心地投入工作中去。如果"身在曹营心在汉"，经过几个月甚至一年的时间还不能静下心来，那么不仅不利于角色转换，而且还会影响职业兴趣的培养和工作成绩的取得。甘于吃苦是角色转换的重要条件，付出更多的时间和精力，才能及时进入工作角色。

2. 认真观察，虚心学习

高校大学生虽然在理论方面有一定的积累，但在具体实践活动中还是新手。刚到新单位，往往会发现学过的知识用不上，而工作所需的知识又学得不够深入，甚至完全没学过。这就要求大学毕业生必须向有丰富实践经验、业务技能的领导和同事虚心请教和学习，掌握第一手资料，在工作中边学边干、认真观察、勤加思考、积累经验。

3. 互相配合，善于协作

走上工作岗位后，毕业生将成为社会认可的具有独立资格的真正意义的社会人，在工作上要能独当一面。但在人们社会关系高度紧密的今天，一项大型工程的开展，一项科研项目的完成，一个生产过程的组织与管理，必须是人人共同劳动、互相配合、互相协作才能完成的。高校大学生应有意识地培养自己的协作意识，处理好独立工作和与人协作的关系，以便更快更好地适应职场的工作方式。

4. 熟悉环境，融入集体

尽快与同事们熟悉起来，获得同事的认同，会减轻对陌生工作的无所适从，培养自己的归属感。大学毕业生应抓住机会多参加集体活动，自然地与同事融为一体，增进交流和友谊，善于发现同事的长处并虚心向他们学习。

5. 勤于工作，乐于奉献

工作之初，就应严格要求自己，树立高度的主人翁意识和主动奉献的精神，认认真真，勤勤勉勉，少计较个人得失，努力承担岗位责任，以主人翁的姿态全身心地投入到工作当中去。树立为自己奋斗、为他人奋斗、为社会和集体乐于奉献自己青春的信念。

（二）心理适应

1. 做好从基层做起的心理准备

大学毕业生刚跨入职场时，一般要从基层做起。俗话说，"良好的开端是成功的一半"。高校大学毕业生首先要做好适应艰苦、紧张而又有节奏的基层生活的心理准备，克服对校园生活的依恋心理，保持工作热情。面对崭新的工作制度和工作方式，应学会入乡随俗，适应新的环境，而不是不愿改变自己，甚至试图用以前的习惯去改变新环境。

2. 做好"受挫"的心理准备

工作过程一般不会是一帆风顺的，如果在这方面心理准备不足，就会产生过激情绪，不仅影响工作，而且在愤世嫉俗的言行中使得自己的才华泯灭。因此，大学毕业生要调整心态，充分做好心理上的"受挫"准备，培养较强的心理承受能力。

3. 克服自卑和自负的心理

大学毕业生要提高自己战胜挫折和困难的勇气，就要克服自卑心理，要对自己充满信心，用一种乐观豁达的心态来处理工作中的问题。在刚开始参加工作的时候，每个人都可能会做错事情，这也是难免的。只要能够不断总结经验，纠正错误，积极进取，就能不断进步。当然，大学毕业生也不能有自负心理，要知道"强中更有强中手，能人背后有能人"的道理。过于自负不但不能使人进步，还会在人际关系上和工作上带来不良后果。

（三）生理适应

步入职场的高校大学生应该积极适应"职业人"的生活习惯和生活模式。校园里养成的生活习惯可能需要做些改变。在学校的时候，有些学生喜欢睡懒觉，经常上课迟到或者频繁地请病假。这也许不会给高校大学生活带来严重的后果。可是，在工作期间，如果经常犯懒病、娇病、馋病，每一件都可能带来非常严重的后果。所以，为了自己的职业前途，高校大学生应调整生活规律。爱睡懒觉的，应该提早上床休息；爱吃零嘴的，一定要分清场合；爱抽烟的，也许需要戒烟等。有时候，工作环境的一些不成文的规定更是需要遵守。高校大学生若想要在事业上得到很好的发展，一定要快速地在身体上、思想上适应职场生活。

另外，走上工作岗位后，适应新的人际关系是适应环境的关键。只要高校大学生努力实践和锻炼，积极主动地适应职业角色，就可以不断进步，使自己早日走出迷茫的"过渡期"，踏上成功的人生之旅。

五、高职教育形成性技能评价体系的构建

（一）问题的提出

近年来，我国产业升级调整步伐明显加快，对员工技能的要求也在不断提高，与此同时，各职业学校也顺应历史潮流，在政府的带动和组织下，积极展开教育教学改革。在充分借鉴了德国、英国、澳大利亚等国的经验后，我国教育专家逐步形成共识，即"现代学徒制"是有效的人才培养方式。

"现代学徒制"是指以学校为主体，学校教师、企业师傅的分工指导开展的校企合作

新模式。成功地实现了学校理论教育和企业一线培训两者的优势互补,实现了校企"双赢"。

在现代学徒制中,学生的评价分为两个部分,即校内教师的评价和企业师傅的评价。校内是学生技能形成的最重要过程,其评价应考虑各方面的影响因素,必须与传统的校内评价做出调整,以适应人才培养的新方式。笔者认为,校内对学生的评价应该是全面的、发展的、可持续性的,应该贯穿学生校内技能形成的全过程,因此,本文中将这一评价定义为"形成性技能评价"。

(二)形成性技能评价的必要性

1. 传统评价方法的局限性

由于我国根深蒂固的应试教育的影响,高职学校对学生传统的评价仍然是以考试或以考证为主的评价制度,为终结性评价,与企业、社会对人才的评价严重脱钩,教师眼中的"好学生"并不是雇主眼中的"好员工"。这种评价的局限性首先在于过分强调对理论知识的背诵和对考试技巧的运用,学生往往考前用功记忆,及格过后便弃之一边,遗忘殆尽;其次,只注重最终的成绩,学生的学习过程被忽视;最后,这种评价的主体为教师,容易受教师个人偏好的影响。总之,传统的评价难以全面、系统、准确地对每个学生的发展状况进行跟踪评价和持续改进,不能体现学生的动态发展变化,也不能反馈出真正存在的问题。

2. 学生全面、可持续发展的需要

高职学生在学校正是学习生存技能的关键时期,也是人生观、价值观逐步形成的时期。在形成性技能评价过程中,必须以学生为中心,全面衡量和评价。

当今社会,无论是个人的发展,还是社会的发展,必须是全面可持续的发展,企业对员工的要求也越来越全面。学校的任务,不仅仅是要让学生找到工作,不仅仅是能快速上手操作,而是要用前瞻性的眼光,去引导、去鼓励学生,用科学的评价方法,即能发现自身的不足,又建立学习,工作的自信,以适应不断更新的技术、设备等多方面的要求。

3. 教师自我提高、自我成长的需要

作为高职学生成长的导师和引路人,教师的个人发展能够更好地带动、影响学生的成长和发展。对学生形成性技能评价的过程,不单是发现学生存在的问题,并加以鼓励、改进的过程,同时也是教师通过深入探讨、研究,发现自身在理论教学、实训教学、技能教学等方面存在问题的良好手段,并针对发现的问题,有效地进行自我提升和教育教学方法改革,也是不断丰富自身的过程。

4. 增强学校竞争力的需要

学生的技能水平、职业发展能力、社会适应能力、可持续发展能力构成了学生的核心竞争力,教师的理论水平、技能水平、教学科研能力、自我发展能力构成了教师的核心竞争力,学校的核心竞争力则在于通过合理高效的管理手段,在学生技能形成过程中,给予

上述两者动力和实现条件。

学校之间的竞争体现在学生的社会发展和教师的综合素质方面，在形成性技能评价的过程中，教师和学生能够共同进步，共同发现问题，从而能够在评价的过程中不断提升自我，最后增强专业在企业、行业中的影响力，增强学校在教育领域的核心竞争力。

（三）形成性技能评价的原则

1. 客观性原则

形成性技能评价要求对所评价的学生、教师以及其他方面都能体现出客观、真实的结果，只有这样，才能体现评价的价值所在。客观性原则是在设计形成性技能评价体系的各条目时能全面、真实地反映学生、教师等各个对象的本质和评价的目标，要求所设计的指标体系既能反映整体，又能针对个体，既不遗漏，又不重复，紧紧围绕目标进行分解。

形成性技能评价的标准必须以客观事实为基础，不能以教师个人或固有的经验作为唯一标准，这样，评价结果才能反映真实情况，更不能采用不经过调查而臆想出来的"标准"来作为衡量依据。

2. 发展性原则

学生的可持续发展意味着学生目前掌握的知识和技能，不仅仅是为了找到合适的工作，更是谋生的基础，还要适应不断发展变化的知识、技能、设备等的改革和更新。发展性原则要求在进行形成技能评价的过程中，既要对学生当前的知识和技能水平等进行评价，又要对学生的发展潜力进行综合评价。

在设计评价指标体系时，还应该让学生在技能形成的过程中对自身的优缺点有明确的认识，让教师对自身的理论教学、技能教学、实训教学等有新的认识，促使学生、教师在整个过程中，不断认识自我、评价自我、完善自我、发展自我，共同完成既定目标，并制定更高目标，逐步发展自我。

3. "档案袋"原则

"档案袋"原则是指在形成性技能评价过程中，不能简单围绕通过率、合格率等群体目标，而应该重视每一位学生，即每一个学生都是中心，不单一地以"好学生""差学生""获奖学生""未获奖学生"等来给学生分级别。在形成性技能评价的过程中，要为每个学生设计独立的"档案袋"来记录学生在技能形成过程中的各级指标，这些记录，应该是可追溯的，并要科学对待学生之间的差异性。

4. 可比性原则

可比性原则是在进行形成性技能评价体系设计时重点关注的方面，如果评价的指标不具有可比性，则评价就失去了效用，不能体现技能形成过程中的优劣要素。可比性原则要求不同学生在同一要素面前要有相应的差异性和可操作性，并且在体系设计时对不同的评价要素要具有一定的精度，尽量避免只是"通过"和"不通过""及格"和"不及格"等简单粗糙的比较。

可比性原则还要求在形成性技能评价过程中的指标及要素相互之间既具有相关性，也能够比较，在一定条件下还要求对一定的指标及要素进行淘汰，并采用新的指标及要素进行替换。

5. 过程性原则

形成性技能评价是体现学生在技能形成和发展过程中的各方面表现的评价过程，同时也是教师自我检验其教学效果的评价过程，所以评价必须以遵循过程性原则。评价结果应综合整个过程中的各个要素，评价结果也应该是动态的，最大限度地发挥评价的导向、反馈、诊断、激励等功能。

（四）评价体系的构建

1. 形成性技能评价的基本步骤

形成性机能评价的基本步骤如图 5-1 所示。

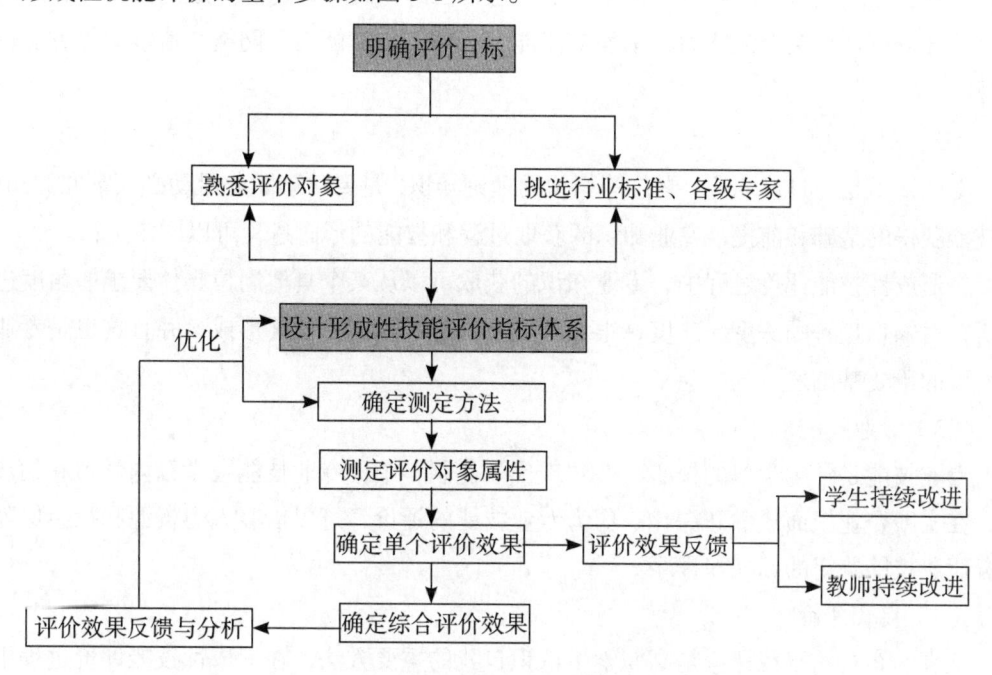

图 5-1 形成性技能评价的基本步骤

2. 明确评价目标

评价目标就是评价的目的、意向、预期的目标，这是形成性技能评价中最关键的要素，如果没有明确的目标，那么评价将是盲目的。对形成性技能评价目标的确定应包含学生当前职业技能的掌握与职业发展能力、个人社会发展能力、教师项目综合能力等方面。

3. 熟悉评价对象

对于高职学生而言，评价对象的选择应为刚进入二年级的学生，这部分学生刚接触专业知识，并开始接受专业教师的指导，逐步形成自己的技能，自己对行业、对专业的看法也在形成过程中。应该对评价对象的年龄、家庭状况、基础学科情况、班主任管理情况、学生之间交往情况等进行全面调查和了解，以便有针对性地加强指导。

4. 形成性技能评价指标体系的设计

评价指标体系就是衡量学生技能形成过程的标准尺，由指标条目、标准、权重组成，评价指标体系的建立是评价工作的关键，是评价系统的关键因素。高职学生由于专业种类繁多，其指标条目、标准、权重等对不同专业应有所区别，总体来说，评价指标条目可以包含以下几点：

（1）交流能力

形成性技能评价中的交流能力包括社交能力，但不仅仅是社交能力，指的是在技能形成过程中的以及锻炼出来的各种沟通能力。即在交流过程中，双方都能正确领会对方的意思、能够合理表达自己的观点，甚至恰当表达自己的不满等，这些都是交流能力的体现。

此部分可从口头交流能力、书面交流能力、外语交流能力、网络交流能力等方面进行设计。

（2）专业知识

专业知识是与具体职业、岗位等相关的理论知识，是要从事职业活动必须掌握的知识，是技能获得的基础和前提，专业知识的获取过程和技能的形成过程可以同步进行。

在形成性技能评价过程中，专业知识的获取可以从某个具体岗位具体要求的角度进行分析，对知识理解的深度与广度，很大程度上决定了技能的最终形成，并且这也是专业持续发展的重要基础之一。

（3）专业技能

专业技能是学生学习的核心，在"现代学徒制"中，专业技能在学校内学习和初步形成，在实践企业里面成熟和深化。作为专业技能的评价，可以借鉴人力资源和社会保障部部分职业技能鉴定的标准和程序。

（4）自我评价

认真、客观的自我评价是高职学生认识自我的重要方法，在形成性技能评价过程中，教师应该以身作则，形成客观的标准和尺度，以避免学生在自我评价的过程出现偏差。

（5）小组评价

在技能形成的过程中，有很多任务是采用分组的方法完成的，采用小组内部组员自评的指标体系，可以让学生在小组完成任务时，注意与组内其他人员的分工协作，同时也注意与组内人员的沟通和交流，锻炼学生的团队意识与合作能力。

（6）态度评价

端正的态度是企业衡量员工的重要标准，在技能形成过程中，对学生态度的评价有助于让学生形成良好的敬业态度和学习态度。

（7）家长评价

家庭在孩子成才的过程中，始终是处在首要位置的，高职学生处在学习生存技能的关键时期，对于某些项目，引入家长评价，可以让家庭更好地参与到孩子的学习过程中，并与孩子一起分享孩子在技能形成过程中的乐趣。同时，教师也可以通过家长评价，更全面地了解学生，并且也能发现教师自身存在的不足，家庭和学校分工协作，相互促进地完成学生的培养工作。

（8）职业发展评价

在技能形成过程中，教师不应仅仅着眼于基础岗位技能的形成，还应该有选择地（也可以让学生选择）引入更高一级岗位的知识、技能等方面的内容，以及管理等方面的知识，作为学生岗位递进的重要方面来进行展开。

第二节 适应社会

刚刚走上工作岗位的大学毕业生，由相对单纯宁静的校园步入纷繁复杂的社会，难免会产生种种的惶恐和不适应之处。在这段时期内，尤其要注意树立良好的第一印象，努力建立和谐的人际关系，积极主动地适应社会。这对顺利度过适应期和今后的迅速成长与发展无疑是有重要意义的。

一、树立良好的第一印象

毕业生初到一个实习单位，其外在形象、谈吐、待人接物的方式都会给单位领导和同事留下印象。第一印象好坏对今后事业的发展有重要意义，毕业生切莫忽视。那么，如何树立良好的第一印象呢？

（一）仪表、举止大方

仪表是个人形象的基本外在特征，端庄大方的仪表会给人留下良好的第一印象。

1. 装饰得体

初到实习单位，要注意衣着打扮。衣服不一定要讲究高档、时髦，追求名牌，只要符合自己的经济状况和实习生身份即可。男生切忌穿得太随意（如穿着短裤、背心，甚至拖鞋），女生不要穿得过于暴露。女生一是不能浓妆艳抹，二是不能素面朝天，学生味十足。

有些商业服务业在妆容上有要求，例如银行柜员、商场收银员等都要适当化淡妆，实习生也要遵守此项规定，该化妆时就得化妆。

2. 面带微笑

如何更快地融入新的环境？我们不能被动等待别人关心，而是要主动交往，最好的方法就是面带微笑地向同事问好。此外，微笑还是亲和力的标志。要想在一个团队中人际和谐、心情愉快，就要微笑面对一切。如果毕业生不善微笑，那么从现在起，每天对着镜子微笑50次吧。

3. 举止文明

要保持积极向上的精神面貌，不要哈欠连天，一副睡不醒的样子。要注意在同事、领导面前说话落落大方，女生不要有吐舌头、扭身子等小气、扭捏的动作，男生不要嬉皮笑脸、大大咧咧，显得过于松散。做事要注意细节。例如，当部门领导向他人介绍自己时，一定要起身微微鞠躬，并表示请多指教和多关照之意。

（二）工作踏实勤奋

毕业生到实习单位后，领导分配的工作不一定与专业有关，即使与专业有关，作为实习生的我们可能不会马上上手操作。那么，在工作中要注意什么呢？

1. 要主动找活

实习生到单位，首先是眼里有活，主动承担扫地打水、清洁桌面、擦拭窗台等小事。在实习初期，有时领导没有给自己安排工作，或者安排一些算不上活的"小活"，就是在考察自己是否有主动的工作意识。此时，实习生一定要一丝不苟地做好"小活"，并主动询问领导需要自己做些什么。

2. 要甘做小事

到了实习岗位，每个学生都想多学点，希望所做的事和自己的专业直接挂钩。但是实习生一定要避免有好高骛远的想法，把一件小事做得尽善尽美，就是最大的收获。例如，很多学财会的实习生必须从最外围的财会业务做起，如在店内收银，或者跑银行，去税务工商送报表等。实习生要踏实地做好类似于这样的小事，尽快适应工作环境，认清工作性质，熟悉工作程序。最好能够运用所学知识，提高办理小事的业务能力（例如优化流程，提高速度），以求做出工作成绩。这是赢得同事赞美和领导信任的基本条件。

3. 尽快熟悉工作环境

实习的第一天要大致了解一下办公的环境，以及本部门、本单位的同事。领导给安排具体工作时，要弄清自己的职责、工作内容，尽快进入工作角色。

在实习中,不要局限于与一个部门的同事打交道,要多利用单位团体活动的机会,认识不同部门的同事。这样做,既可以拓展人际关系,也可以了解其他部门的职能与角色,遇到问题时可以获得别人的有力外援。再就是利用午餐的机会,了解同事间、同事和上级相处的模式,公司中人际关系,公司有哪些约定俗成的规则,公司的组织架构。

4. 要及时汇报

领导、师父交代的事,一定要及时完成并反馈情况,这既是工作要求,也是沟通技巧。遇到不会做的事,及时求助同事。当天不能办完当天的事,原因有很多,如场地没有联系好,该找的人没有找到……毕业生要及时向交办人汇报、沟通,让他了解你的困难和问题,帮助你进行协调和解决。

(三)敢于承担责任

许多学生在实习时,还是习惯拿自己当学生看,总是自己原谅自己,以至于抱怨单位的规定没有人情味。

小孙在一家大型国有商场实习,商场 10:00 营业,早班的员工应当 9:30 到岗。2012 年 12 月下旬,北京下了一场大雪,小孙刚好在大雪的第二天上早班。大雪导致交通堵塞,平时花费 1 个多小时就能到单位,那天她用了 2 个小时,9:50 才到单位,迟到了,不仅受到批评,还被扣 50 元。小孙觉得非常委屈,她找到单位领导,强调下雪是不可抗力,自己是在商场开门前到达的,没有影响工作,而且作为实习生,不能按照正式员工处罚。领导告诉她,实习生遵守实习单位的规矩是不容置疑的,在上班的第一周培训中,商场已将工作纪律、处罚规定明确地告诉了大家。实习生违反了规定,就要承担责任,这没什么好商量的。而且考虑到实习生的实习工资低,我们的处罚也低,正式员工迟到了,要扣 100 元。

实习单位对于员工和实习生违反规定的处罚措施,只要不违反《劳动法》,是可以按照规定实施处罚的。实习单位接纳实习生,严格要求实习生,让学生树立责任意识、自律意识,具有强烈的纪律观念,是单位承担社会责任的一种方式。所以,当高职学生踏上实习岗位时,一定要遵守单位的各项规章制度,服从单位的管理,把在实习单位的经历看成学习、进步和获得职业能力的过程。

总而言之,良好的第一印象是在自己的内在品质和相应的工作技巧共同作用下树立的。尽管它具有暂时性和浅表性的特征,但是它有利于培养高校大学生的职业意识,有利于强化自己的工作纪律和职业道德。当然,我们不能仅仅满足于良好的第一印象,而应当通过长期的不懈努力,以自己良好的内在气质、正直的为人和出色的工作成绩建立赢得领导和同事的认可。

二、建立和谐的人际关系

人际关系是人与人之间心理上的距离，是以一定的群体为背景，在互相交往的基础上，经过认识的调节、感情的体验、行为交往等手段而形成的，是人们长期交往的结果。在现代市场经济社会中，衡量一个人素质的标准之一，就是社交能力。如果不擅交际，不能建立起和谐的人际关系，既有损身心健康，也影响工作前途。

（一）建立和谐人际关系的意义

在社会生活和工作环境中，和谐的人际关系，使人感到生活在文明、温暖的群体中，可以不断地从中得到锻炼、充实，汲取营养，健康成长。没有良好的人际关系，会使你在社会上"立足不稳"。对于刚刚走上工作岗位的高校大学生来说，建立和谐的人际关系的意义主要体现在以下几个方面。

1. 消除孤独和陌生感

高校大学生毕业以后初到新的单位，走进完全陌生的天地，生活和工作环境一下发生了根本的变化，对身边的同事不了解，对周围的环境不熟悉，一切都感到陌生，因而容易觉得寂寞、孤独。如果高校大学生一开始就能注意建立和谐的人际关系，尽快与周围的人融为一体，便可以顺利打开局面，融入新的环境。

2. 保持身心健康

有些高校大学生走上工作岗位后，会出现工作不顺心、心情不愉快、思想包袱沉重的现象，大多都是人际关系难于应付造成的。建立和谐的人际关系，可以消除隔阂，增进理解，改变氛围，这有利于促进身心健康，以良好的心境投身工作和生活。

3. 促进工作和生活的顺利进行

和谐的人际关系，可以使人感到工作顺心，生活惬意。当你对工作不熟悉，大家会给你热情指导；工作出现失误，人们会给你理解和安慰；当你在工作中需要同事的配合，人们也会积极响应；当你生活遇到困难时，人们会给予热心帮助；当你取得成绩时，人们会告诫你戒骄戒躁，继续努力。

（二）影响人际关系的心理因素

人际关系有不同的内容和色彩，随着时间的推移和环境的变迁以及各种主、客观因素的影响而发生变化，时代、社会、经济、政治、文化、宗教等因素从宏观上、客观上影响着人际关系。除了客观环境、个人地位、生态距离等因素会影响人际交往的进行外，还有以下几种心理因素会影响到人们的相互理解，相互认知。

1. 优先效应

优先效应也称为第一印象或最初印象，它是指人们在与陌生人交往时感受到的最初印象。研究表明，这种初次对人知觉所形成的印象往往最为深刻，并对以后的人际知觉和交往起定向作用。人们初次相遇，总是首先观察对方的衣着、相貌、举止及其他可察觉到的动作反应，然后根据观察到的印象对对方做出一个初步的评价。虽然第一印象是人们在很短的时间内根据有限的、表面的观察资料所得出来的，但它却能在人的脑海中留下深刻的烙印。第一印象有时和一个人的气质相吻合，有时和一个人的气质大相径庭。不同的人会对同一个人产生不同的第一印象，如对一个留长发和胡须的男青年，有的人认为他流里流气，有的人却觉得他很时髦，很有"派"。因此，我们在交往中要尽量避免受第一印象的影响，要把第一印象作为一种信息储存在脑子里，不要急于对一个人做出什么结论。要想对一个人理解得更准确，还有待交往的进一步深入。

2. 晕轮效应

晕轮效应也称月晕效应，是指人们在人际知觉的过程中，常从对方所具有的某个特征而泛化（扩大）到对他一系列特征的知觉中，把已经知觉到的特征泛化到未知的特征中，从而以偏概全，就好像月晕一样，把月亮的光扩大化了。产生晕轮效应是由于在人际交往中掌握有关对方信息资料很少的情况下做出总体判断的结果。晕轮效应往往会影响到人们的相互交往。如在一个集体里，当你对某人印象好时就觉得他处处顺眼，"爱屋及乌"，甚至他的缺点错误也会觉得可爱；当你对某人印象不好时，就觉得他处处不顺眼，"憎人及物"，对其优点成绩也视而不见。这种心理状态必然会影响到人际关系的融洽与和谐。

3. 刻板效应

是指社会上对于某一类事物或人所持有的一种比较固定、概括而笼统的看法，也叫定型化效应。一般来说，定型的产生是以过去有限的经验为基础的，源于对人的群体归类。如在人们脑子里，知识分子书生气十足，工人粗犷豪放，会计师都精打细算，教授必然白发苍苍。方下巴是坚强意志的标志，宽大的前额象征着智慧，胖人则心地善良，厚嘴唇则忠厚老实，等等。社会刻板印象在人际交往中有利有弊。一方面，它会导致在认识别人过程中的某种程度的简化，有助于人们对他人作概括的了解；另一方面，倘若在群体特征方面做出概括而忽视了人的个别差异，就会形成偏见，做出错误的判断。在人际交往中必须克服上述心理偏见，要辩证地、发展地、全面地、历史地观察了解一个人，要加强相互间的交往，提高对人对事认识的广度和深度，从而提高交往的水平。

4. 定势效应

定势是指人在认识特定对象时的心理准备状态。反映在人际关系中，当我们认知他人时，常常不自觉地有一种准备的心理状态，并按一种固定的印象对他进行认知和评价，从而使我们的知觉反应更迅速，更有方向性，但也会使人从主观状态出发来歪曲客观信息，从而使客观事物带上了主观色彩。

（三）如何处理好与同事的关系

同事之间是天然的合作者，又是客观的竞争者。这种微妙的关系，必然使人产生既渴望合作又警觉竞争的复杂心理。要想与同事建立良好的人际关系，需注意以下几点。

1. 尊重他人

尊重他人就是尊重他人的人格、习惯与价值，承认人际交往双方的地位平等。尊重是相互的，只有尊重他人的人，才能得到他人的尊重。毕业生到了新单位，尽管每个人秉性各异，爱好不同，但每个人都是自己的老师，因为他们有丰富的工作经验和娴熟的业务技能，因此，要像尊重老师那样尊重他们，尊重他们的劳动和劳动成果，尊重他们的人格和感情，尊重他们的习惯和价值。

对人的尊重，不以财富的多少、年龄的大小、分工的不同而有所区别。不嘲笑歧视他人，不以己之长比他人之短，谦虚待人。如果自满自大，轻视他人，就会损伤他人的自尊心，造成人际关系的疏远。尊重他人的同时也尊重自己，才容易建立和谐的人际关系。

2. 平等待人

人们在职务、能力、才学、气质、性格等方面的差别是客观存在的，但人们在人格地位上是平等的。在工作单位中，应当以平等的态度对待每一个同事。不要以职务的高低、权力的大小来决定对待他人的态度；不要亲近一部分人，故意疏远另一部分人；不要认为某人对自己有用就打得火热，暂时无用就避而远之；不要见了领导就低三下四，满脸堆笑，见了群众就"置之不理，冷若冰霜"；不要拉帮结派搞小团体，而应该尽力与所有同事发展平等互助的友好关系。

3. 诚实守信

诚实就是真心实意，实事求是，表里如一，不三心二意、口是心非，不当面一套、背后一套。诚实是做人的基本要求，也是建立良好人际关系的重要条件。守信，就是恪守信用，言行一致，说到做到，不做语言的巨人，行动的侏儒。

在人际交往中，只有诚实守信，才能相互理解、接纳、信任，在感情上引起共鸣，使交往得到巩固和发展。即使发生了一些误会和矛盾，只要诚实守信，彼此真诚意善，误解也会烟消云散，矛盾也能冰雪消融，互相谅解，和好如初。

4. 律己宽人

律己，就是以各种道德规范和行为准则严格要求自己。宽人，就是宽以待人、宽厚包容。在现实交往中，确立了平等友好的人际关系，但仍然存在着许多矛盾和不和谐的地方。"金无足赤，人无完人"，我们正确地对待自己和他人，坚持以严格的规范要求自己、宽容的态度对待别人，就一定能建立和谐的人际关系。当自己受到委屈或误解时，要胸怀宽广，克制自己的感情，冷静处理。当工作出现失误或过错时，更要勇于剖析自己，承担责任。别人做错了事或造成一些失误，要善意地指出，多给些帮助、关心，少一些指责。

（四）如何处理好与领导的关系

领导对下属的职业发展和职位升迁有裁决权、评判权，处理好与领导的关系是十分重要的。与领导相处，不要单单为"套近乎""留好印象"而与之交往，要以建立正常的工作关系为目的。对领导既要尊重坦诚、实事求是，又要不亢不卑、交往得当。对领导庸俗地巴结奉承，一味地讨好献媚，不但有损于人格，而且会引起同事的反感和厌恶；但敬而远之，我行我素，或冷眼相对、傲慢无礼，甚至顶撞不尊、锋芒毕露等都是不应有的态度。

在任何时候，都要想到将工作干好，在工作方面与领导形成"共识"，学会适应领导，保持与领导同步。工作中注意正确领会领导的意图，对领导安排的工作兢兢业业，努力完成，这样也就具备了与领导建立良好关系的基本条件。

此外，还要注意维护领导的权威，不在背后贬低领导，不当众指责领导，愿意接受领导的批评指正，对他的工作只能补台不能拆台。对同一单位领导，不要有亲疏远近之分，巴结一个、疏远其他，有时会给自己的工作和生活带来麻烦。

三、疏导初入职场的压力

李华在大学期间学习的是工商管理专业，毕业后经过自己的努力和优秀的表现进入一家外资企业工作。公司的待遇福利非常好，李华成了同学们羡慕的对象。但他每天不但应付领导、同事以及客户方方面面的压力，还需要花上成倍的时间和精力对工作内容进行学习掌握。此外，因为在一个新的城市中工作，李华身边没有亲人和朋友，公司里的同事又因为不够熟悉或因为利益关系彼此都比较疏远。来自工作与生活中的种种不悦压得李华透不过气，完全体会不到毕业和工作给自己带来的满足感。许多毕业生和李华一样，虽然得到了一份理想的工作，却因为社会竞争激烈、职场压力过大，自己又不懂得释放和解压，而变得焦虑抑郁。

对于每一位初入职场的高校大学生来说，没有压力是不现实的，适当的压力会成为督促进步的原动力。但是，当压力过度而又无法释放时则容易出现各种各样的情绪问题，而带着不良的情绪工作，必然会影响前途发展。因此，当毕业生踏入职场后出现各方面的不适应时，应当采取措施释放压力，而非逃避压力。

寻求好的解压方式非常重要，有效的解压方式能够很好地缓解各种压力带来的负面情绪。其中，自我放松就是一种比较理想的解压途径。当心理压力过大难以承受时，可以试图每天给自己一点空隙用以放松。放松的形式非常多，如深呼吸、慢跑、听音乐，甚至睡眠等。例如，每天晚上在工作之余花一点时间记录自己今天的状况，进行一下自我反思和鼓励，将不良情绪转化为明天继续奋斗的动力。也可以在临睡前听一些舒缓的轻音乐或者是自己喜欢的音乐。床头放上一本最喜欢看的书，一方面可以促进睡眠，另一方面可以通过读书抛开白天工作上的烦恼。

除了放松的方式，倾诉也是一种很好的解压途径。当心情烦躁难以自控时，可以立刻记录下来此时此刻的感受与烦恼，先以第一人称"我"写下当时的情形和内心感受，再以第二人称"你"和第三人称"他"重新续写，很多时候能够在书写的过程中逐渐冷静下来，甚至发现一些本质的问题。除了可以自我倾诉，还可以选择身边的好友或家人倾诉，及时化解不愉快的情绪，获得别人的情感支持。因此，紧张工作之余一定不要将自己封闭起来，朋友往往能成为缓解自身压力的一剂良药。

放松和倾诉都是疏导压力的好途径，但更重要的是要从根本上查找问题，也就是寻找压力源，改变认知观念。压力一方面来自外界的客观原因，另一方面则是个体的认知偏差所导致的。例如，完美主义者总是以过高的标准要求他人和自己，一旦事情发展不足以达到其过分的要求时就会产生不良的情绪。而消极主义则是因为很难发现事物的多面性，总是将认知局限于最糟糕的状况，因此也很容易在情绪上受到影响。事实上，任何事情都不是绝对的好与坏，如果能够真正认识到这一点，将消极的思维转换为积极的思维，那么导致压力的因素自然也就不复存在了。只要我们以一种新的角度或有利视角来看待同一个情况，借力使力，更好地发挥潜能，就能不断地超越，自我释然。

四、办公室的黄金定律

办公室是个小社会，不像学校或家庭那么单纯，职场中固然充满着世俗的体面和晋升的诱惑，但也充满了人际的诡谲、攀爬的艰辛和竞争的陷阱。所以，不少当初满腔热忱跻身职场的人，欲壮志凌云，大干一番时，经过一番"厮杀"之后，却像落汤鸡一样败下阵来甚至有的人连一招都没接，就弃"城"而逃，这是什么原因呢？

关键是你没懂得办公室内的黄金定律。纵观职场上那些活得体面、升得快捷的人，一般都能把握办事的黄金定律，这样也就能在职场游刃有余了。

（一）该闭嘴时就闭嘴

有时候，你会突然发现自己身处颇为微妙的境况。当两个或更多的彼此看不顺眼的人几乎就要起言语冲突时，你刚好就在"现场"。对未经训练的耳朵来说，他们似乎是在争论有关工作上的小事。但是，你知道这只是表面的现象，根本原因在于这两个人根本就彼此讨厌对方。你一定要克服你想插嘴的渴望，紧紧地闭上你的嘴唇。基本上，无论你说什么都将是错的，不是因为你缺乏解决方案或是社交技巧，而是因为没有人会在这时候喜欢裁判员。事实上，当裁判员挡"路"时，还会被揍呢。在这个多变的人际关系"化学世界"中，请等到酸碱完全中和，而酸碱值也回到正常时，再有所"动作"。

（二）避免完成别人的句子

我们了解这样的冲动，你想要向别人展示你是如何与他们的思路契合。但是，假如你真的与他们的思路相契合，那么你就该知道，他们多喜欢听自己说话。从在你的手机上留下一长串的信息，再到在一个会议中，把同样一件事情用不同的方法讲 5 遍，人们似乎永远都不会厌倦自己。假如你够聪明，你就该让他们得偿所愿。假如你需要让别人知道你仍然醒着，只要不时简单地发出"嗯"或"对"就可以了。你将会被称赞是个不只会听人说话，而且还了解别人的人，就算你根本就不是。避开麻烦、困难且不必要的工作以及窘境，别像个喜好挑战的参赛者一样跟别人斗来斗去。

（三）寻找一个容易解决的难题

你天生具有实现自我价值的冲动。但是，你就是懒惰。因此，最好的办法是去找一个容易解决的难题，并且把它给解决了，而不是在现实生活中寻找一个真正而且难以驾驭的难题。这个难题要么是你恰巧碰上，或是无意间已经尝试过了的；也许就是在你已经准备好的一份电脑文件上，再做点小变动；或者只是为特定市场找到现成的普查资料。先请求你的老板提供协助，但是要在他有机会回应之前，就把问题给"解决"了。以这种方式，你将会在投入最小努力的同时，也建立起善于应变、自觉、自发的名声。再巧妙地填上你所建立的"空格"后，你将被视为一个上进的特别人物。

（四）别兴风作浪

除非你正在海滨，或是在一场球赛当中，否则，你千万要把"兴风作浪"给忘了。在海滨时，你可以冲浪；在球赛中，你可以加入啦啦队的行列，尽情地发挥；但是在办公室，却要耐住性子，别去掺和，更不能兴风作浪，推波助澜，否则你将会被淹没在其中。虽然有时会有意外，但是不能冒着被呛水的危险去"游泳"。

第三节　职业发展

职业不是一成不变的，个体职业生涯都是一个循序渐进的发展过程，是个体在职业领域中不断学习与进步的过程。在职业发展的过程中，个体要想进步，就要不断学习，为实现职业顺利发展创造条件，要加强自我职业生涯规划管理，保持职业发展有一个良好的方向。

一、职业生涯发展

（一）职业生涯的开发

职业生涯，简单地说，就是一个人的职业经历；具体地说，是以心理开发、生理开发、智力开发、技能开发、伦理观念开发等人的潜能开发为基础，以工作内容的确定和变化、工作业绩的评价、工资待遇、职称职务的变动为标志，以满足需求为目标的工作经历和内心体验的经历。对高校大学生而言，由于还没有完全进入社会，其职业生涯的开发主要是职业锚的早期开发。职业锚是个人早期在职业生涯中确立的职业定位。因此，对职业锚的早期开发就是培养和发展自身，使自己的能力、素质与职业相适应，使个人的需要与价值目标相融合。

1. 技术、智能型职业锚的早期开发

这一类型个体的发展都是围绕着他所擅长的技术能力或特定的职能工作而发展的。因此，作为学生，一要注重专业基本理论的学习与钻研，注重知识的广博性与精深性；二要大力培养自己的专业技能，使之日臻完善。作为教师，要在课业、专业方面给予他们重点指导，并提供各种机会帮助他们提高专业知识和技能。

2. 管理型职业锚的早期开发

持这种职业锚的学生将管理作为重要目标。因此，这些学生要有意识地培养和锻炼自己的管理能力：一要积极承担社会工作，大力开展社会活动，增强为同学服务的意识；二要争取担任院系学生工作助理，以培养自己的组织协调能力；三要积极组织学生社团，开展各类社会实践活动；四要加强管理专业理论的学习，寻找机会参与学校的管理工作。作为教师，要向他们介绍多种管理理论知识，尽可能提供多种实践机会，让他们在实践中锻炼自己，提高自己的管理能力和水平。

3. 安全、稳定型职业锚的早期开发

此类型个体追求稳定安全的前途，同时相信组织对他们能力认同及安排。该类型学生早期开发：一要着重培养自己的优势，或是管理上的，或是技术上的，只有这样，才能保持自己职业的稳定；二要有知足常乐的心态，更要有不断进取的精神。

4. 自主、独立型职业锚的早期开发

此类型个体希望最大限度地摆脱组织约束，追求自由自在地施展个人能力的职业生活环境。对这类职业锚的开发，就学生而言，一要主动培养自己独立思考问题、独立解决问题的能力；二要学会时间管理，锻炼、提高自己统筹规划的能力，正确处理学习与休闲、自由与约束的关系；三要增强自理和自控能力。作为教师，要着重指导他们掌握自由的度，

以便将来使他们真正适应独立型职业锚的定位。

5. 创造型职业锚的早期开发

此类型个体追求创造完全属于自己的成就。他们意志坚定，敢为人先，善于创建新的组织。这类职业锚的早期开发，一要在深入钻研专业知识的基础上，培养创新精神、质疑精神，善于发现问题；二要增强探索未知的勇气，顽强拼搏的意志，克服困难的毅力；三要积极申报学生科研项目，参与教师科研团队，提高创新能力。与此同时，作为教师要多鼓励、多支持他们创新能力和探索精神的培养。

就个体而言，早期形成的职业锚为自己将来的职业生涯发展确定了方向，对人生的成功有着决定性的影响。因此，高校要指导高校大学生尽早认定自己的职业锚，并进行早期开发，帮助他们合理就业，为祖国建设做出更大的贡献。

（二）职业生涯发展的策略

1. 要有竞争意识和创新能力

具有竞争意识和创新能力是适应现代社会不可缺少的。由于竞争是各种事物在优胜劣汰法则面前对生存权利的争取，因而竞争必然会给人造成巨大的压力，任何置身于竞争环境中的人总是要争取优胜，避免淘汰。竞争还必然推动优化，使参与竞争的个体相互学习，取长补短。竞争意识是推动个体努力学习，自觉提高职业素质的动力。

创新能力是毕业生应重点培养的能力和必备的素质。开拓创新能力的实质是一种综合能力，它是各种智力因素和能力品质在新的层面上融为一体而形成的一种合力。毕业生如果只能熟悉、背诵前人的定义，而不思开拓创新，那他所学的知识就没有多大的意义。社会的进步需要创新，市场需要能解决问题的人才。著名物理学家温柏格说过"不要安于书本上给你的答案，要去尝试发现与书本上不同的东西，这种素质可能比智力更重要，往往是最好的学生和次好的学生的分水岭"。

2. 具有适应变化的能力

职业内容的不断更新和新型职业的不断产生决定了现代职业对人的素质提出了更高的要求。新资源的开发、新技术的发明与应用、生产工具的革新、生产组织的改革和管理水平的提高，要求人们不仅具备更高的科学技术知识和操作技能，而且要打破旧的传统观念，解放思想，开阔思路，树立时间观念、效率观念和合作观念，摒弃"一次选择定终身"的传统的职业选择观，适时地调整自己与外界的关系，不断地提高自己的职业素质，以适应不断发展的职业要求。

3. 培养广泛的兴趣

兴趣是人们活动的心理动力之一。作为个性倾向的重要内容，它创设一种积极进取、主动热情的心境，支持人们去探索和参加各种活动。人们一旦产生某种兴趣，便会聚精会神地投入其中，克服一切困难，直到最后取得成功。一个人只有对自己所选择的职业有兴趣，他才能敬业、乐业，并在职业岗位上全身心地投入学习和工作，才能充分发挥自己的聪明才智，从而在事业上做出成绩。

4. 重视能力补偿

所谓能力的补偿效应，是指在个体身上发生的不同能力之间的相互替代或补偿作用，从而保持或维持活动的正常进行。在职业活动中，要重视能力补偿，通过能力的补偿效应来增进人的职业适应性。

增加个人对组织的价值，保住现有工作，为个人职业目标实现奠定基础。如果你决心在本组织内发展，那么首要的一步是保住现有工作。为此，在个人职业计划中，要预期在哪里、哪个岗位或哪项工作上能为组织增加价值，而且不是一次性的或几次性的，并且要不断地为组织的事业做出贡献，增加对组织的价值。

请求担当更繁重或责任更大的工作，并切实完成好工作任务。制订个人计划时，关于承担责任的设计要谨慎行事。一是要正确估价自己的能力，所担负的工作任务是自己力所能及的；二是请缨担当的重任，必须有充分把握能够圆满完成甚至出色完成，否则宁可不请缨。

预计未来目标成功将需要什么知识和技能，并设计以何种方式来获得这些知识和技能。这是个人职业计划中的核心内容，是职业成功的决定性因素。

5. 培养良好的职业品格

职业道德作为人们从事职业活动过程中必须遵守的准则和规范，是社会主义道德在职业活动中的具体体现，它直接影响人们的工作态度、工作热情和行为方式。

高校大学生要想在事业上取得成功，就必须树立正确的职业理想、职业价值观和人生观；具有忠于职守、献身事业的乐业和敬业精神；具有实事求是、严肃认真的工作态度；具有刻苦钻研、精益求精的工作作风以及在职业活动中团结协作和全心全意为人民服务的精神。在职业活动中，无私、正直、勤奋、诚实、守信、坚定、勇敢等优秀职业品质是人们在工作上做出成绩的必要条件。

良好的职业品质同时也是处理好各种人际关系所不可缺少的。比如，一个对人热情友好、乐于助人的人能得到同事的好感；一个具有强烈事业心和责任感的人能得到领导的赏识；一个谦虚好学、踏实肯干的人能得到师傅的赞扬。但很难想象，一个不讲奉献、自私自利、贪图安逸的人，能得到领导、同事的青睐。

6. 提高身心健康水平

现代社会是一个充满竞争的社会。现代科技的高速发展造就了一个紧张的社会环境，这种环境给人类社会带来了巨大的心理压力。加上工作的繁重，从而导致人们精力不足、体质较弱和许多心理疾病发病率的提高。一个身体羸弱、心境烦闷、情绪低落的人不可能有高昂的兴致及充沛的精力去胜任自己的工作，适应激烈竞争的职业世界。因此，提高身心健康水平是现代社会对职业人的基本要求。

7. 尽快找到职业锚

职业锚是在工作经验之中习得的，通过工作经验的积累产生并形成的职业锚，能够清楚反映个人的价值观与才干，也能反映个人进入成年期的潜在需求和动机。个人抛锚对于某一职业工作的过程，实际上就是个人自我真正认知的过程，认识自己具有什么样的能力、才干，需要什么。通过对职业锚的认识，找到自己长期稳定的职业贡献区，从而决定自己将来的主要生活与职业选择。

职业锚清楚地反映个人的职业追求与抱负。例如：技术/功能型职业锚的雇员，其志向和抱负在于专业技术方面的事业有成，有所贡献。同时，根据职业锚可以判断个人达到职业成功的标准，例如抛锚于管理型的雇员来说，其职业成功在于升迁至更高的职位，获得更大的管理机会。因此明确自己的职业锚，可以帮助确定自己职业成功的标准、职业成功要求的环境，从而确定职业目标及职业角色。

职业锚是个人经过长期寻找所形成的职业工作的定位，是个人的长期贡献区。职业锚形成后，个人便会相对稳定地从事某种职业。这样必然会积累工作经验、知识与技能，个人职业竞争力也会随之增加。

8. 充分认识内外职业生涯

外职业生涯指的是从事一种职业的工作时间、工作地点、工作单位、工作内容、工作职务与职称、工资待遇、荣誉称号等因素的组合及其变化过程，也就是通过我们的名片，通过我们的证书，通过我们的工资单去表现出来的东西。

内职业生涯是从事一种职业时的知识、观念、经验、能力、心理素质、内心感受等因素的组合及其变化过程。

内职业生涯是我们职业生涯之树的根，内职业生涯的发展程度决定了外职业生涯的发展程度。当你给自己打工的时候，你的眼光就从外职业生涯自然而然地转向内职业生涯，为了使你的职业生涯之树常青，请你一定要把职业生涯之根扎深、扎牢。因为只有根深蒂固，才会枝繁叶茂、硕果累累。

外职业生涯通常是由别人决定、给予、认可，也很容易被别人否定、收回或剥夺。内职业生涯主要靠自己的不断努力而获得，不随外职业生涯而获得，而自动具备，也不会因为外职业生涯的失去而自动丧失。在职业生涯发展中，应该紧紧地把关注点放在内职业生涯的发展上。内职业生涯的发展是外职业生涯发展的前提；内职业生涯的发展带动外职业生涯的发展；外职业生涯的发展促进内职业生涯发展。

高校大学生要把目光先放在内职业生涯上，企业需要什么样的人才，需要具备什么样的观念和能力，我能争取到什么样的锻炼机会，我用多长时间可以达到公司对我的要求。把焦点放在这里，也就是放在扎根上。这样就更容易得到领导和企业的赏识。就如同一棵树,当根扎得越深越广的时候,可以吸收更多的营养和水分,它自然会长出很多的枝芽、很多的花蕾,很多的果实。

内职业生涯的发展是以外职业生涯发展来体现和展示的,内职业生涯的匮乏是以外职业生涯的停滞或失败呈现的。如果你的内职业生涯跟不上,即使有一个很好的岗位与职务,也做不好。可以说,内外职业生涯的关系不仅仅是打基础和盖大楼的关系这么简单,它们就像树根与树冠的关系,共同成长,互相促进,不能简单地分割开来。

二、职业发展决策

(一)含义

职业发展决策(career decision making)又称为职业决策或职业决定,它有广义和狭义之分。广义的职业决策是指一个完整职业规划的过程,狭义的职业决策是指职业规划过程中的一个环节。

对于高校大学生而言,职业发展决策是指个人在职业发展规划过程中,通过自我探索和对工作世界的探求,综合两个方面的信息,进行初步的职业抉择,设立职业发展目标,选择职业发展方向,从而进行的科学决策过程。具体来说,职业发展决策就是我们为规划自身职业发展所经过的问题提出、资料搜集、方案拟定、分析评价、最终选定、反馈调整等一系列活动的过程。因此,职业指导不是帮助高校大学生作决定,而是引导他们理顺个人思路,制定出最合适的决策。

(二)影响职业发展决策的因素

职业发展决策是个复杂的过程,影响它的因素有很多,既有外在的,也有内在的。

1. 个人条件的影响

(1)健康

健康是最具影响力的一项,几乎所有的职业都需要健康的身体。张三是位学舞蹈的学生,因某种原因造成残疾,于是他再也不可能从事其所喜爱的舞蹈职业了。当然,也有人因为与厄运做斗争而变得更加坚强,如霍金、张海迪等。

(2)个性特征

不同气质、性格、能力的人适合不同类别的工作。如多血质的人较适合做管理、记者、外交官等,不适合做过细的、单调的机械性的工作。如果做与自己个性特征不相吻合的工作,容易觉得自己的活力被束缚,思想被禁锢。

(3)兴趣爱好

与职业选择有关的兴趣称为职业兴趣。不同职业兴趣要求对应的职业不同。如喜欢具体工作的,相应的职业有室内装饰、园林、美容、机械维修等;喜欢抽象和创造性工作的,相应的职业有经济分析师、新产品开发、社会调查、各类科研工作等。

（4）负担

负担是指对别人（多为家人和朋友）、对社会及对财务状况所承担的义务。成人必定会受各种义务的束缚，选择职业也绝不可能毫不考虑个人的生活状态。

（5）性别

虽然法律规定男女平等，但性别因素仍然在职业发展中扮演着重要的角色。职业性别隔离严重存在，很少有人能漠视性别问题。当然，如果你坚信男女两性在智慧和能力上基本相同，那么你的性别应该不会影响你的事业选择和事业成功。

（6）年龄

对工作的看法和态度、对机会尝试的勇气、对胜任任务的能力和经验，不同年龄的表现都有所不同。

（7）所受的教育

一个人所受到的教育程度和水平，直接影响他的职业选择方向和获得他喜欢的职业的概率。

2. 家庭的影响

每个人所生长的家庭环境，对他们的就业大有影响。首先，家庭教育方式的不同，造成他们认知世界的方法不同；其次，父母的职业是孩子最早观察模仿的角色，孩子必然会得到父母职业技能的熏陶；最后，父母的价值观、态度、行为、人际关系等对个人的职业选择起到直接和间接的影响。因而，我们常常看到艺术世家、教育世家、商贾世家等。

3. 朋友、同龄群体的影响

朋友、同龄群体的工作价值观、工作态度、行为特点等不可避免地会影响到个人对职业的偏好、选择从事某一类职业的机会和变换职业的可能性等方面。

4. 社会环境的影响

社会环境中流行的工作价值观、政治经济形势、产业结构的变动等因素，无疑都在个人职业选择上留下深深的烙印。"50年代的兵，70年代的工人，90年代的个体户，21世纪的IT业商人"，每年的职业地位排序都对高考志愿的选择和就业选择起到不可低估的影响。不同的社会环境所给予个人的职业信息是不同的。

不能否认，一个人的职业生涯决策的决定因素中也有称为机遇的随机性的成分，但完全让命运摆布的人毕竟是少数，多数人对自己未来的发展能够从内外因素进行理性分析，从而有效地进行职业生涯的选择。

（三）职业发展决策方法

职业发展决策可参考如下方法：

1. 经验法

经验法是运用比较多的方法，往往是找一些有经验的人，提供支持。比如教师过去指导过许多学生填报志愿，成年人在经历了漫长的职业生涯道路后，往往有许多经验，可以借助这些经验来辅助决策。这种方法的问题是主观性强，精确性差。

2. 直觉法

直觉法则主要借助个人的内在感情和感觉，运用想象力，辅之以过去的知识和背景来作决定。优点是简单、迅速；缺点是主观、武断，缺乏科学依据，比较感性。

3. 平衡单在职业生涯决策中的运用

在实施生涯决策的过程中，一般人感到最困难的是涉及对不同选择方案如何评估。平衡单技术是帮助人生涯决策的好方法。平衡单技术既可以自己应用，也可以在生涯辅导老师的指导下应用。

现在人们普遍采用的平衡单是由詹尼斯和曼（Janis 和 Mann）设计，经台湾生涯辅导专家金树人进一步完善而成的。它是用来帮助我们具体分析每一个可能的选择方案，考虑实施各种方案的利弊得失，最后排定优先顺序，择一而行的一种方法。根据高校大学生的特点，我们对这一方法作了修改。这种方法要求将所选择方案的思考方向集中到四个主题上：①自我物质方面的得失；②家人物质方面的得失；③自我精神方面的得失；④家人精神方面的得失。

三、职业生涯决策中的不合理信念

在面对职业决策的时候，高校大学生往往感觉无所适从，举棋不定。如有同学说："在自己挑来挑去、难以确定的时候，真希望父母、老师或朋友来替我拿主意。"有同学说："没有兴趣的工作，我宁愿不去。"有同学则一副无所谓的样子："先随便干着，以后再说吧。"我们仔细分析就可以发现，在学生择业的表象后面隐藏着一些不合理的信念。在重建一个比较理性的信念前，先要知道不合理的信念究竟问题出在哪里，为什么不合理。

（一）选定一个职业或专业就不再回头了

持有这种观念的学生容易出现决策时的犹豫不决和决策后遇到挫折时的颓废和沮丧。事实上，美国的若干研究发现，有 30% 的高校大学生，在大学四年中改变他们的主修专业。学生也经常出现转专业、转学校甚至又回去上高中的情况。因此"改变念头""另起炉灶"已不属于少数特例，而是颇为普遍的现象。一个人选定了某一专业或职业之所以有"从一而终，一锤定终身"的观念，原因之一是惋惜过去曾经投注下去的时间、精力与金钱，而又害怕对新专业或职业"投资"会冒若干风险。然而停留在一个不满意的专业或职业上，其所隐含的损失可能远超过对于新方向"投资"的收获；这些损失还包括个人长期的压抑与压力，工作或学业的不振，动机与表现的低落等。这些精神上的损失比物质上的损失更大，长痛不如短痛，应该尽早调整从业方向。

较合理信念：不管你多么仔细地去计划选择专业或职业，总是不可避免地要冒一点令人不满意的风险，因为人在各种变动因素的影响下不可能把握所有未来可能发生的结果。在这种情况下，必须要培养前瞻性的眼光，时时注意自己的需要和长处在哪些方面。一个重要的信念是，决定方向的承诺与行动远胜于犹豫不决。应随时观察自己在某一个决定上的进程与成长，保持必要时重新检讨与调整方向的警觉与灵活性。

（二）总是有那么一份测验或一位专家能告诉我将来能做什么

持有这种观念的学生总是希望父母、老师、朋友替自己做主，有很强的依赖性。事实上，在各种职业种类中，择业前的测验取样非常少，即使国外的职业兴趣和能力倾向测验的取样也很有限，因此测验只能协助我们找出大致的探索方向，但绝不可能斩钉截铁地算定我们适合哪一种特定的职业。据统计数据告诉我们，一个人要做什么职业，决定者不是测验的结果，而是个人自己判断的结果。专家所能做的，是帮助我们找出个人职业的取向，指导我们如何正确收集最新的生涯资料，如何根据这些来自己做决定，所以，决定权在自己，自然责任也归于自己。亲密的人可提意见供参考，但不能代替自己做决定。

较合理的信念：我的选择决定了我的生活方式和生涯历程。我可以从别人或测验那里得到有关个人兴趣与才华的意见和资料，以做进一步的探索。但我如何根据这些资料做决定，那是我的事，别人可以提供建议，重要的是"我"要为自己的决定负责。

（三）只要有兴趣，我就一定能成功

事实上，有这种想法的人，是把兴趣（喜欢做什么）和能力倾向（能做什么）混为一谈，认为兴趣所产生的动机能补偿能力上的缺陷。虽然，对于少数的工作而言，强烈的成就动机或许可以弥补能力的不足，但兴趣与能力倾向无法画等号。有兴趣没有能力往往是挫折与失败的根源。

较合理的信念：追求未来和考虑近期的教育或职业目标时，应该牢牢记住，满意的职业综合了个人兴趣与能力最优秀的部分。如果只以其一为考虑的标准，日后难免会懊悔。

（四）这个世界变化太快了，"计划未来"简直是痴人梦话

事实上，虽然我们不能完全地控制这个世界，我们并未失去控制的能力。当我们注意着"变化"的连续轨迹，也就更能增加这种控制能力。纵然有的职业会因社会或时代的变迁而消失，但职业世界的结构还是雷同的。一个优秀的冲浪者永远能把握最佳的角度与时机在浪花里表现出最优美的平衡姿势，纵使波涛的翻腾是千变万化的。

较合理的信念：自主的行动比"不动"或"被动"要好。让自己与这个多变的世界一起阔步前进，才能对变迁做最好的准备和回应。

（五）我现在逃避作决定，也许将来能做更好的决定

事实上，有时候把一个棘手的问题放在一边，可以把问题看得更清楚。但是仅仅消极等待，问题还是无法解决。时间能提供我们的是"机会"，使我们能充裕地去探索自我和职业。

较合理的信念：如果我能积极搜集与做决定相关资料，暂时避开做决定的压力，倒可以提供一个充裕的时间再做思考，但不能逃避问题。

（六）一项和性别有关的非理性想法

男人该做什么，女人该做什么，应按照"男主外，女主内"的原则。男人适合做管理、决策、富有挑战性的工作，女人适合做耐心、细致、较为平稳的工作等。这种观念对女生的影响较大。有的女生认为家庭和事业我只能选择其一，更多的还是选择家庭；有的女生认为自己主要适合做一些细致耐心的工作而不适合做管理、决策、有风险的工作。

事实上，生理上客观的限制，对于男性与女性在某些工作上的表现的确会有影响，而社会上对男女性别角色在职业上的偏见，也容易对人们的社会角色定位产生影响。但是，现在的社会正在改变之中，男性凭着自己的手艺与才能，也能从事烹饪、服装设计、舞蹈等行业，女性同样也能从事管理、导演等传统观念上逻辑性较强的行业。

较合理的信念：男人该做什么，女人该做什么，应该按自己的能力和兴趣去考虑。当世俗的眼光怀疑和反对我走入一个原本不属于我性别的行业时，世俗的偏见必须纠正。我也必须为我的成功与幸福负责任。

四、专本融合的高职课程体系建设探讨

没有创新的教育只是模仿。随着高等职业教育的吸引力逐渐改善，越来越多的学生进入职业院校进行深造，如何在教育中满足不同基础、不同层次学生的需要，在培养学生职业技能、形成职业素养的同时，让学生具备创新的基础和能力是当前职业教育要考虑的深层问题。

国家中长期教育改革和发展规划纲要（2010—2020年）指出："职业教育要面向人人、面向社会，着力培养学生的职业道德、职业技能和就业创业能力。到2020年，形成适应经济发展方式转变和产业结构调整要求、体现终身教育理念、中等和高等职业教育协调发展的现代职业教育体系。"

教育要为经济社会服务，并始终以学生的需求为核心，学生的可持续发展是"终身教育理念"的重要体现，如何满足学生发展的需求是高职教育首先解决的问题。同时，创新是经济社会发展的重要基石，如何科学构建课程体系，让学生在高职教育中具备创新的基础和能力，既是社会经济发展的需要，也是学生发展的需要。

（一）当前高职课程体系建设存在的问题

1. 学生定位单一

绝大多数的高职院校将学生定位于"高素质技术技能型人才"，这一定位是在高职教育未受社会认可，吸引力不够，且招生的学生"高考分数低，基础差"的背景下提出的，虽然比较符合社会对人才培养的需求，但仍存在"高考一考定终身"的思想，将所有学生定位于这一层次，不符合"因材施教"的教育理念。

2. 忽视创新创业

再就业压力日益增大的今天，重视就业是必需的，在课程体系建设中，就业能力的培养也必须放在首位。但是，在当前的经济形势下，"大众创新，万众创业"成为国家战略，创新创业能力是国家和社会发展对人才的新需要。当前，有很多专业也开设了创新创业类课程，而这些课程往往仅是"创新创业"理论课程，没有和学生所学专业内容相融合。

3. 过度关注于当前"岗位"与"技能"

在高职课程体系建设中，面向岗位，形成职业技能，大大提高了教育的有效性和针对性，学生的操作技能和一线岗位对接，使高职教育更受企业和社会欢迎。但是，在课程体系构建过程中，往往侧重于对当前岗位、工作任务的分析，而容易忽略产业升级、流程革新的因素，使学生的发展受限。

4. 模糊地将理论知识定位于"够用"

在课程体系建设过程中，存在一个矛盾，即"理论教学"和"实践教学"孰轻孰重的问题，甚至不考虑专业特点，硬性将两者固定成一个比例，这个比例，往往是倾向于实践教学，而理论知识被非常模糊地描述成"够用"。对于学生而言，理论知识的学习是智识追求，是思维养成的必经之路，是人生发展的重要基石，对理论知识的定位，必须准确。

（二）专本融合课程体系建设的必要性

1. 专本融合的含义

专本融合，即在高职课程体系构建中，充分考虑学生职业发展和人生发展，将学生进一步发展（本科学习、创新创业）所需的基础知识融入课程体系中。

专本融合的课程体系建设，不是单一地增加本科课程，而是在形成课程的过程中，将本科学习基础、创新创业的内容科学导入。

2. 专本融合的必要性

（1）专本融合不是"专升本"

区别于传统的"专升本"，专本融合的理念是学生的发展，而非单一地为了获取本科文凭或学习本科知识。

（2）专本融合有利于学生的分层发展

在专本融合的课程体系构建中，仍然以职业素养的形成为主线，并充分考虑到各个层次学生发展的需要，在形成职业素养的基础上，学生根据自身定位与目标，将岗位发展、行业发展与个人发展等有机融合，因材施教，从而达到系统目标最优。

（3）专本融合有利于教师教学科研水平的提高

专业课程是课程体系建设的中坚力量，在专本融合的课程体系建设中，除了需要教师关注于学生职业技能的养成外，更加需要教师关注于行业前沿，深入研究现场的发展以及遇到的问题，并且能对现场的问题提出一系列解决方案，在课程体系建设和实施过程中，对教师的要求更高，教师的教学和科研水平也将进一步提高。

（4）专本融合有助于提高高职教育吸引力

专本融合的课程体系实施过程中，一方面，学生不但形成了职业素养，而且对未来行业、企业、岗位的发展变化有了较深的认识，并且对发展变化有了一定的知识技能储备，具备创新的基础和能力；另一方面，学生具备学习本科知识的基础，可以参加本科自考、网络本科等的学习，使得学生的选择更加多元化，让高考不再"一考定终身"，提高了高职教育的吸引力。

（三）专本融合课程体系建设原则

1. 学生的可持续发展

信息技术和人工智能的发展，新技术、新工艺、新流程等更新速度加快，在课程体系设计中，不能仅仅局限于当前的工作过程，而是要把握行业发展趋势，如高铁等新技术的发展，要以学生为核心进行设计。

2. 工作过程系统化

运用工作过程系统化的职业教育教学理论，结合工作岗位，提炼典型任务，合理设置学习情境，力求职业素养的科学养成。

3. 知识储备层次化

目前铁路和铁路运输企业，将专科层次的员工，定位于基层操作和管理人员，隶属于"劳资科"进行管理；本科及以上学历，定位于"技术干部"，隶属于"技术干部科"进行管理。针对铁路一线的情况和学生个人发展的需要，设置部分本科内容，为学生更高层次的学习打下基础，并将创新创业能力的培养贯穿始终，为学生将来创造更广阔的职业发展空间。

4. 能力锻炼多元化

课程体系建设过程中，将职业道德的培养，态度、情感的锻炼融为一体，将专业能力、方法能力、社会能力科学引入，鼓励创新，融合发展。

（四）专本融合课程体系搭建过程

课程体系搭建过程是一个动态的过程，在搭建过程中，既需要专业课教师基于对铁路一线工作的仔细把握，也需要有教师对现场工艺、流程的深入研究，当然，企业的配合与合作更是密不可分。其建设过程如图 5-2 所示。

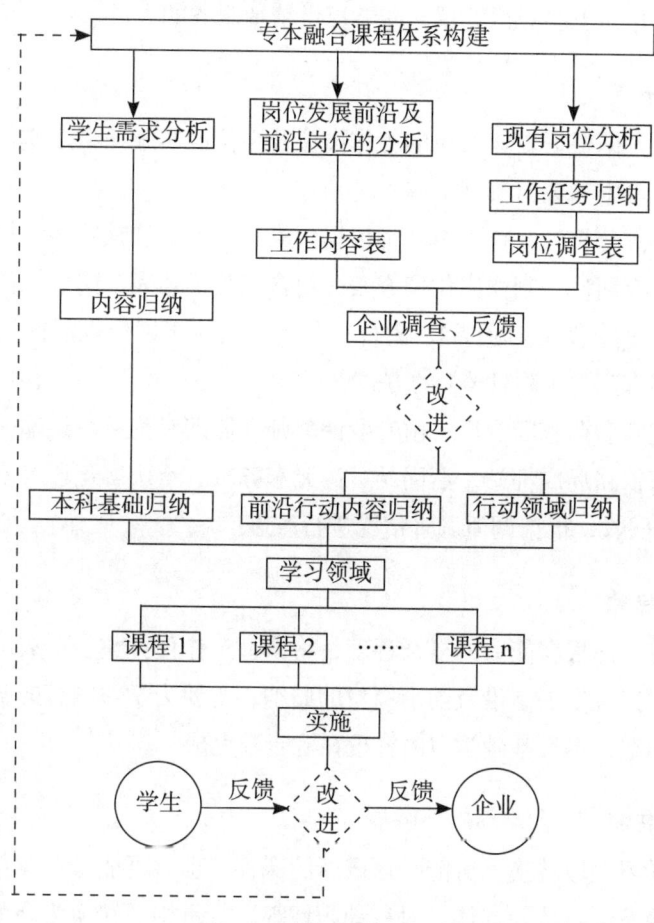

图 5-2 专本融合课程体系建设流程

1. 课程体系构建准备

在课程体系构建过程中，需首先对学生需求、铁道交通运营管理岗位发展前沿及前沿岗位、现有岗位进行梳理和分析。

学生需求方面，在进入二年级阶段学习时，部分学生已经有意愿报考西南交通大学交通运输专业本科自考,且进入铁路企业工作后,约有80%的毕业生会选择进行网络本科的学习。

现有岗位,主要是通过专科课程教师对教学、现场实践中的积累进行分析,铁道运营类主要有售票员、货运员、调车员等20个相关岗位。

对岗位发展前沿及前沿岗位的分析,主要基于教师对铁路运营的研究,结合高速铁路的快速发展展开。经过综合分析,铁道运营一线相关岗位的发展方向主要有:一是行车自动化的方向,特别是高速铁路,随着中国列车运行控制系统(Chinese Train Control System,CTCS)的广泛应用,铁路行车组织将向无人化、自动化方向发展,但是依然需要懂得应急处理的人员;二是货运物流化,需要懂得物流管理知识的营销、管理等人员;三是客运服务精细化,需要懂得礼仪,能够提供精细服务的人员。

2. 工作任务分析

工作任务分析,即根据专业对应的工作岗位及岗位群实施典型工作任务分析,目的是从大量的工作任务之中筛选出典型工作。

在实施工作任务分析时,首先由教师根据国家职业标准和铁路职业技能鉴定规范,以及现场实际,对已有岗位,制作岗位调查表,包含岗位描述表、岗位工作流程、工作任务描述表三个部分,如附件1、附件2、附件3所示。而对于岗位发展前沿及前沿岗位,采用制定岗位趋势调查问卷(附件4)的方式进行。

制定完成调查表和调查问卷后,由专业课教师在假期专程赶往运输一线单位进行发放和调研,共向成都铁路局成都站、燕岗站、广元车务段、重庆客运段等发放调查表、问卷100余份,并全部回收,根据调研调查情况进行改进。

3. 行动领域归纳

整合典型工作,即根据能力的复杂程度,将典型工作任务整合形成综合能力领域。如附件5所示。而对岗位发展前沿及前沿岗位的归纳,主要为学习内容的归纳,此外,根据学生需求的内容归纳,本科基础学习内容也在此步骤完成。

4. 学习领域转换

专本融合的学习领域转换,可能是形成新的课程,也有可能是对课程内容的重构。即根据职业成长规律及学习认知规律,对行动领域等进行重构后转换为课程体系。专本融合的课程体系中,学习领域的转换,不仅要考虑典型工作任务和综合能力领域,还要考虑本科基础学习以及岗位发展前沿及前沿岗位的内容学习。如表5-1所示铁路客运组织的学习领域转换。

表 5-1 学习领域转换实例

序号	岗位	典型工作任务	前沿内容	本科学习基础	学习领域
1	铁路售票员	售票服务	车站综合监控	旅客运输需求理论（交通运输经济）	铁路客运组织
2		退票服务	旅游综合服务	客流波动分析（运筹学）	
3		……	……	……	
4	铁路客运员	候车服务			
5		站台服务			
6		……			

5. 实施与改进

专本融合课程体系的建设是一个动态的过程，需要学校、行业、社会的有效配合，也需要教师、企业、学生的及时反馈。

教师是课程体系建设的核心力量，在进行建设时，需充分发挥教师的作用。

努力提高教育质量，是当前各职业院校正在进行的重要课题，作为人才培养质量的核心，课程体系建设是学生人生发展、教师职业发展、专业竞争力提高的重要方面。探索专本融合的高职课程体系，体现了"以人为本"的教育思想，也符合我国教育改革和发展的大潮。

第六章　高校大学生的创业创新分析

自1999年我国高校大规模扩招以来,毕业生人数逐年递增,从2000年的107万增加到2013年的699万,13年间增长了553%,而2014年全国高校毕业生总数将达到727万人,相比"史上最难就业季"的2013年增加28万人,将创下新高。随着高校毕业生数量急剧上升,大学生就业难问题变得越来越严峻。据教育部有关统计数据显示,近年来全国高校毕业生就业率为70%左右。在就业形势如此严峻的情况下,对大学生进行创新创业教育,引导、鼓励大学生改变传统的就业观念,树立全新的择业理念,增强就业竞争力,拓展就业机会具有很强的现实意义。

第一节　创业类型和机会研究

在商品经济日渐发达、创业环境不断改善的今天,创业机会很多。对于高校大学生来说,能够很快估计某种机会是否存在商业潜力,以及决定该在上面花费多少时间和精力是一项重要的技能。对于创业者来说,目标是创业的航标,要创业首先就要明确创业的动机。

一、创业者的类型与动机

（一）创业者的类型

在"大众创业、万众创新"的时代背景下,大学生创业被寄予厚望。那么,大学生创业的起点在哪里？选择适合的创业类型,是他们创业的第一步。大学创业教育的着力点又在哪里？围绕适合大学生创业的类型开展创业教育,是大学创业教育的重点。现有创业分类不能有效满足创业教育的需求,创业教育起于创业的内涵与类型,而内涵与类型又是紧密联系在一起的,因为类型的划分是基于对内涵的理解。但是相较大学生创业的研究,对大学生创业类型的研究少之又少。2016年8月21日,在中国知网上搜索篇名包含关键词"大学生创业"的论文有7490篇,而搜索包含关键词"创业类型"的论文仅有20篇。

1. 生存型创业者

主要是迫于生存的压力或为了改善自己的生活条件，从创办一个规模较小的实体开始。这类创业者大多数是下岗工人、失去土地或因种种原因不愿守乡的农民，以及刚刚毕业找不到工作的高校大学生。这是目前中国数量最大的一批创业人群。他们创业的范围主要局限于商业贸易和规模较小的加工业。

2. 投资型创业者

投资型创业者是已经拥有了一定的经济基础和实力，为了获得更多的财富而进行创业的人群。这类创业者一般是创业之前在行政、事业单位掌握一定的权力，或者在国有企业、民营企业当经理人期间聚拢了大量资源的人。他们在适当的机会创业，实际上是将过去的权力和市场关系变现，将无形资源变现为有形的货币。

3. 事业型创业者

事业型创业者是为了实现自己的人生价值，寻求更好的发展机会把创业当成是自己毕生的事业来做。这类创业者是创业者中的精华，其特点是谋定而后动，不打无准备之仗。他们或是掌握资源，或是拥有技术，更关键的是他们把创业当作是自己的人生理想，从不轻言放弃。

（二）高校大学生创业的动机

根据 Erkko Autio 等人的研究结果，影响高校大学生创业动机的大概有四个因素：对成就的需要、对独立性的偏好、控制的欲望、改变家庭和个人的经济状况。高校大学生创业是适宜的创业环境与做好创业准备的高校大学生相结合的产物。高校大学生的创业动机主要包括以下四种：

1. 生存的需要

首先是部分家庭经济困难或出身农村的同学为了顺利完成学业，利用课余时间打工来维持正常的学习和生活。打工的过程中，有些具有创业素质的人会发现商机，并且去把握它，开始走上了创业的道路。其次，当前我国高校学生中城镇生源的 95% 均是独生子女，培养他们的独立性已经成为当务之急。目前已有部分学生开始独立承担自己的学习、生活费用，也有一定数量的创业先行者，以学习为主要目的，从事一些投入时间和精力较少的行业，对经济回报要求较低。

2. 积累的需要

按照奥尔德弗（Clayton Alderfer）的人本主义需要理论（ERG 理论），人的需要分为生存（existence）的需要、相互关系（relatedness）的需要、成长发展（growth）的需要。这三种需要并不一定按照严格的由低向高的顺序发展，可以越级。当代高校大学生随着年龄的增长，对于相互关系和成长的需要会逐渐强烈。一部分高校大学生为了增加自己的实践经验，丰富自己的社会阅历，或者为了自己以后的发展或实现自己的某个目标做好经济上的准备，在条件成熟的情况下也会利用课余时间走上创业道路。这个类型的创业者往往以锻炼为目的，承受失败的能力较强。同时由于压力较小，失败和半途而废的比例比较高。

3. 自我实现的需要

调查中我们发现69%的同学认为进行创业是实现理想的一个途径。心理学研究表明：25~29岁是创造力最为活跃的时期，这个年龄段的青年正处于创造能力的觉醒时期，对创新充满了渴望和憧憬。他们思维活跃，创新意识强烈，同时，所受的约束和束缚较少，对成长的需要也更强烈。再者，由于高校大学生所处的环境，他们往往更容易接触一些新的发明和学术上的新成果，或者他们中的一部分人本身已有了自主知识产权的科研成果。为了能早日实现自己的目标，他们中的一部分人改变了自己的成功观念，开始了自己的创业生涯。

4. 就业的需要

当前，我国高校大学生就业形势相当严峻，一方面表现为需求不足，另一方面表现为大学毕业生的工资待遇降低。在这种情况下，为了找到一份自己满意的工作，有一部分高校大学生也开始了创业。

二、高校大学生创业常见模式

创业模式是指创业者为实现创业理想，保障自身权益，而对各种创业要素进行合理搭配。创业的组织形式、方式确定、行业选择组成了创业模式。

高校大学生初次创业，选择一个适合自己的创业模式非常重要。好的创业模式不一定需要大笔的创业资金，甚至不一定需要正式的办公场所。目前有高校大学生参加了不同形式的创业，其创业模式主要集中在四大类，每一类都有自己的特点，高校大学生可以根据自己的实际情况，选择适合的创业模式。

（一）个体经营创业

这种创业模式常常由高校大学生个人独资或以合伙制开个小店面，是个人或两至三人的"办公室型小企业"。这种创业模式主要涉及的是科技含量比较低的服务行业。在高校大学生创业活动中所占的比例非常高，该模式对创业者的要求不高。

从选择此模式的高校大学生来看，主要有以下几种情况：

（1）立足于校园以及周边市场，为广大的学生消费群体服务。来源于学生服务于学生，基于自身对学生消费需求等了解清楚以便更好地挖掘学生这个特殊的消费市场。

（2）勤工俭学。我国高校学生约有20%贫困学生，单靠学校的贫困补助以及有限的勤工助学的岗位是比较难解决的。

（3）高校大学生将新颖构想、创意、点子、想法等，植入艺术、装饰、培训，通过制造、设计、包装创新抢占行业的市场先机。

这种创业模式常常由高校大学生本身条件所决定，比如资金、创意、时间、学业压力等。其特点是可从事的行业比较多，启动资金低，进入和退出都比较自由灵活。高校大学生完全可依靠学生消费群体来确定行业，降低了创业风险。

（二）网络创业

互联网在不断改变人们的生活方式，给生活带来便利和快捷的同时，也提供了全新的创业工具。目前，高校大学生网络创业主要有两种形式：一是网上开店，在网上注册成立网络商店，通过远程虚拟商店出售商品；二是网上加盟，以某个电子商务网站门店的形式经营，利用母体网站的货源和销售渠道。这两种方式都是利用网络媒介进行创业。

网络创业最大的优势就是门槛低、成本少、风险小、方式灵活。对于高校大学生来说，它不存在高额的初始投资周转的困惑。比较典型的网络创业就是越来越多的高校大学生在淘宝网上注册了自己的小店，经营着各色的商品。

（三）大赛后创业

很多高校都有自己的科技园区或创业园区，园区中的科技创业基金中心或高校大学生创业投资公司，会根据高校大学生创业计划大赛、科技创新大赛的结果，评估优秀的参赛项目进行股权形式的投资，建立股份制公司，对项目进行创业催化。高校大学生可以通过参加比赛，吸引投资方对自己的技术、专利和其他智力成果进行资产和投资评估。

这种创业模式的特点是可以得到政府政策的支持和创业园区的各项帮助。对高校大学生来说，可以凭借专业创业，使理论联系实际，加速知识向生产的转化。风险相对较小，但各个细节需要周密考虑。

（四）连锁加盟创业

连锁加盟不需要自己创立品牌就可以直接分享到加盟品牌的效益以及加盟企业的资源支持。根据一般的经营权限，连锁加盟可分为直营、委托加盟、特许加盟等形式。这些加盟连锁形式的投资金额在几千元到几百万不等，这样的投资标准可满足不同需求、不同行业的高校大学生创业者。

加盟创业的特点是可从事的行业有很多，高校大学生在缺乏专业知识和技术的情况下，可以从加盟商那里得到长期专业指导和配套服务，大大降低了创业风险。但这种创业模式常常需要投入较多的精力。

三、高校大学生创业的基本步骤

创业是一个实现目标的过程，只要方向对路，剩下的就是执行步骤和调整。谈到创业，几乎人人都有一套可以高谈阔论的生意经，然而真正付诸执行的个案实在是屈指可数。原因在于，害怕创业的人总是多过愿意承受创业压力的人。其实，创业的想法并不是那么可怕的。在这里将创业过程分成以下八个步骤：

（一）从三百六十行中选择你的最爱

人人都可以创业，但不是人人都可以创业成功的。其间有着许许多多成功创业的小秘诀，而这些秘诀并非都来自创业成功个案的经验，很多是从失败的案例中去反省、领悟而来的。综合这些经验，创业者首先必须做的便是决定要从事哪一种行业，哪一类项目。在下决定之前，最好先为自己做个小小的测验，了解自己在哪方面较有创意和潜力；哪方面的事业较能吸引自己的注意力、并鞭策自己勇往直前等。一旦做好选择，接下来的许多课题便需要创业者一步步地去执行，才能逐渐地迈向成功之路。

（二）持续自我成长与学习

有了完整的创业点子，下一步便是尽量让自己多接触各种信息与资源渠道，诸如专业协会及团体等组织机构，这些团体、组织不仅可以帮助评估个人的创业机会与潜力，并可以尽早让创业计划到位。

其他有效的资源有：创业者的自传、创业丛书、商业杂志等；或是专业的商业组织，如中小企业管理局的计划书和顾问群等，也都可以提供许多的好材料给创业者参考。创业者也可主动出击，把公司信息告知当地的商业组织、团体等来增加公司曝光率。即使有可能遭受到地区性竞争者的妒忌，还是可以试着与其他地区的同行业交换创业心得、征询适宜的忠告。有很多成功的创业者都有这种相同的经验，差别只是解决方法不同而已，所以别太早死心、枉送别人的美意。

（三）慎选你的品牌或公司名称

最佳的品牌或公司名称是要能够充分反映产品或服务与众不同的特色及单一性。基本上，品牌或公司名称与产品之间的关系是成正比的；亦即要能在消费者或顾客群的心目中产生一种紧密的联想力。具有创意的品牌或公司名称不仅有助于建立品牌的形象，同时也能让顾客产生购买欲。选择的品牌或公司名称时应该具有前瞻性与远见；所选择的品牌或公司名称要能很有弹性地将自己推荐给消费者。最后要对注册公司名称做调查，确定所选择的名称仍然还未被登记或已在公司商标法的保护中。切记，别取一个过于冗长的名称，那样的话消费者不容易记住。

（四）决定公司的合法组织与法律架构

在开始计划营运前必须选择适合自己创业大计的法定组织架构。简而言之，是必须决定要自己创业，还是合伙创业。如果选择合伙创业，公司的起始资本额要如何分配。

合伙创业的模式可以是有限股份公司制或是以一集团公司名称方式创业。这中间并没有一套可依循的准则来分析各种可能的状况以区分孰优孰劣。因此，必须先了解各种公司组织形态的利弊及运筹方式，再选择最适合的组合模式配合自己的创业计划方式。

尽管各种公司营运架构有些细微的差异性，但是最需要注意的焦点是一旦公司营运出状况时，公司内部将由谁负起最后法律上的财务责任。举例来说，以独资或合伙人形态创业，公司组织法要求个人自行负担公司的债务归属问题。也就是说，一旦公司因牵连上财物官司而败诉，则个人名下所属财产及不动产等都会受到法院的扣押、拍卖以偿还债务。无论一开始选择的是哪一种经营模式，都不代表公司的经营体制已经定型不变，还是可以依据公司的发展与未来潜力做适时的变更。

（五）评估一份具体的预算报告

经营一项有利润的新事业必须要有充分的流动资金，并且要能与实际经营运作时所需的开销相平衡。因此，草拟一份年度预算表是必要且马虎不得的。要草拟一份精确的年度预算表并不容易，即使是一位最有预算概念的大师来编列预算表，还是多少会低估预算，或遗漏些小细节，这些小细节常常是发生在预算表中的杂支及超支项目。另外，有时公司成长太快也会出现些小麻烦。总之在开始编列预算时必须注意的是公司草创第一年的年度预算应该包括公司首次营运费用及持续营运的每个月开销。

不管公司状况如何，一份理想的预算报告最好在编列预算时，稍微调高所需预算比例，直到公司可以负担营运成本以及本已低估的获利能力。最好是听听其他同业的意见，并在编列具体的预算评估表时能按照专家建议，把最好和最坏的财务评估案例折中试算，然后把预算设定于两者之间。专家则建议去一趟会计师事务所，将会对公司的开销、营收及流动资本运作计划更了解。

（六）选对地址

在决定了自主创业也选好了项目之后，接下来最重要的就是选址的问题了。选址对于办公司开店铺的重要性，专家的看法是：不论创立任何企业，地点的选择都是决定成败的一大要素，尤其是以门市为主的零售、餐饮等服务业，店面的选择，往往是成败的关键，店铺未开张，就先决定了成功与否的命运。可以说，好的选址等于成功了一半。

尽管在选择经营场地时，各行业的考虑重点不尽相同，但是有两项因素是绝对不可忽略的。即租金给付的能力和租约的条件。经营场地租金是最固定的营运成本之一，即使休息不营业，都照样得支出，尤其在房价狂飙后，租金往往是经营者的一大负担，不能不好好"计较"。有些货品流通迅速、体积小而又不占空间的行业，如精品店、高级时装店、餐厅等，负担得起高房租，可以设于高租金区；而家具店、旧货店等，因为需要较大的空间，最好设置在低租金区。租约有固定价格及百分比两种，前者租金固定不变，后者租金较低，可以跟业主分享总收入的百分比，类似以店面来投资做股东。租期可以定为不同时限，但对于初次创业者来说，最划算的方式是定一年或两年租期，以预备是否有更新的选择。

（七）募集充足的创业资金

俗话说得好："用钱创造财富！"在众多创业失败的案例中，资金的不足经常是最后让创业者黯然退场的主要原因。因此，信心满满的创业者别忘了在公司正式营运前，一定得先把资金募集充足；换言之，创业者必须明白公司在草创期的第一年内可能无法赚到一毛钱，创业者因而要有所警悟及万全的准备，以渡过难关。

创业者在筹措创业资金时，必须是以能支付公司创业第一年内所有的营运开销为目标。一般而言，创业者最简单、最方便的募集资金方式便是从每月的薪资中节省下来。如果这方式对自己而言并不是个好办法，向外募款的办法也是最普遍的资金来源。

创业者募集创业资金的来源相当多，简单来说，亲戚、朋友、银行、房屋抵押、退休金，甚至是信用卡借贷也能派上用场。但是，创业者必须谨记在心的是，一位成功的创业者总是知道如何善用各种渠道去募集充足的资金，来作为创业的坚强后盾，千万不可只从单一渠道取得资金，以免一旦资金紧张时找不到后路来救急。

（八）完成公司登记及了解各种法律相关规定

就在开始营业之前，必须去了解所有与商业法规相关的条文规定、执照或许可证申请的细节与表格。切记，各县市政府对营利事业单位的规定可能有所差异，因此别忘了询问在自己工作室或办公室所在县市区域内，有哪些是该特别注意的法律规范条文。通常，可以在各地的中小企业协会或商会获得这些信息。同时，记得留意营业执照相关申请规定及办法。

四、创业机会分析

（一）创业机会的来源

创业机会多数来源于创意，创意有的来源于意外发现，有的来源于深思熟虑的结果，有的来源于业余爱好，有的从职业中产生，等等。如果创意只是依赖改良设计现有产品、追随趋势潮流以及机缘巧合等，则其来源仍然是相对有限的。因此，管理大师德鲁克主张可以透过系统的研究分析，来发掘可供创业的新点子。

德鲁克在《创新与企业家精神》一书中认为机会来自以下七个方面。

1. 意料之外的事件

意外事件包括意外的成功、意外的失败和意外的外在事件。有些人常常感叹自己没有遇上很好的机会，其实不过是自己并没有真正理解和把握机会。阿基米德发现流体静力学原理，不是因为他有洗澡的机会；牛顿发现万有引力定律，也不是只有他有机会坐在苹果树下。关键在于出现意外时，能否引起我们的注意，认真的分析与思考，这样才能把握机会，发掘商机。尼龙就是工业产品创新的典型代表。1928年，杜邦公司的研究员无意间让炉火烧了整整一个周末，结果发现容器中出现了他们梦寐以求的聚合物，尼龙就此诞生。

2. 不协调

所谓不协调是指事物的状态与"应该"所处的状态之间的，或者事物的状态与人们想象的状态之间的不一致、不合拍。例如，一般认为老年人的服装主要是价廉物美，不需要时装化。事实是，随着老年人身体健康状况的改善，经济压力的减小，很多老年人也需要能展现自己风采的服装。

3. 基于程序需要的创新

程序需要是存在于一个企业、一个产业或服务领域中，能够引发创新的环节或程序。如物流业的发展就是对流通程序的深入研究和开发的结果。

4. 产业和市场结构变化

当一个新兴产业出现，或产业和市场结构发生变化或瓦解时，必然提供许多创业机会。

5. 人口变化

经分析人口统计资料的变化趋势发现商机。如机器人的研究开发就是由于西方一些国家人口下降，劳动力减少，希望通过机器人来代替人完成一些简单的、重复的劳动。我国实行计划生育政策后，独生子女的出现就提供了很大的创业市场。

6. 认知、情绪及意义上的改变

这是从价值观和认知的变化中发现商机。如人们对于饮食需求的认知发生变化，造就了美食市场；中国年轻人对手机意义的理解是时尚的代表，造就了手机美容市场。

7. 新知识

新知识带来对新领域的开发。信息产业的出现和发展可以说是20世纪末最大的创新，这种创新是许多知识积累和相互作用的结果。2006年，一位拥有100项发明和3项国家专利的女高校大学生成为媒体镜头追逐的焦点。她就是被美国高科技企业Top Coder公司聘为亚洲区副总裁的北京师范大学2003级心理学院本科生吴莹莹。21岁的小吴成为该公司在亚洲的最高执行官。据介绍，从第一项发明"自吸水花盆"算起，吴莹莹已经创造了100项发明，而"OPEN书系快速检索装帧技术""速查字典及其检索方法"和"动态计数印章"3项发明已获得国家专利。发明成就了小吴的事业，她将继续在"人工智能"和"人为因素"领域继续努力。

德鲁克对机会来源的归纳，前四项是存在于企业之内，可能是存在于一个产业或一个服务部门之内,是那些已发生的改变的非常可靠的指针。后三项来源于企业或产业外部的改变,一般来说,这些改变都是已经发生或正在进行中的。可以说绝大多数成功的创新都是利用改变达成的。

(二)获得创业机会的方法

创业机会是一种渴望状态,一种带来盈利的可能性,它对有盈利需求的人具有巨大的吸引力。机会绝不是主动送上门的,需要我们积极地寻找和把握。

1. 最大范围地搜集信息

成功的创业并不要求创业者自己一定要有创新成果,有时我们只需要大量地分析信息,就能从中捕获商机,获得成功。信息的获取方法很多,有时可能来源于一个偶然的机会,有时我们要专门去寻找。建议高校大学生坚持关注有关经济发展的财经报告,致富栏目,创新思维等方面的信息总会发现能引起自己创业兴趣的信息点。浙江的一名高校大学生就是在看新闻时,听到一组报道说,中国手机的消费对于年轻人来说主要是一种时尚消费。抓住这条信息,这名高校大学生和他的一个朋友在繁华的商业街开了一家手机美容的小店,专为年轻时尚的"青春族"美化手机。业务包括手机装饰、换手机外壳,专门定制独特的手机铃声,下载精美屏幕图片等。小店一开业,生意就异常火爆,两名高校大学生也由此走出了他们创业的第一步。

2. 从专业的咨询机构获得创业商机

信息擦肩而过或视而不见对于嗅觉不敏感的人并不少见。如果我们在一定的时间内不能"遇到"合适的商机,也许注定我们只能成为职员,而不是创业者。所以,如果有创业的激情,苦于没有商机光临,我们可以主动到专业的咨询机构寻求帮助。

3. 从小事做起的职业定位

目前很多高校大学生在就业观念上还是没有放开,认为大学毕业就要找份安稳的工作或做公务员,或者对自己的职业定位相对较高。这样很多同学一边在感叹人生缺少激情,一边在荒废自己的高校大学生涯。而那些有明确目标的同学,却收获了经验和成功。云南大学的马关帅同学,在大学二年级时,就开始和同学一起到一二一大街电脑城做电脑销售员,经过一年的磨炼,积累了一定的销售经验,并建立了自己的社会人际关系网。进入大三,为了减轻家庭负担,经过理性的市场分析和较为完善的创业计划后,马关帅果断行动,和一位同学注册成立了一个电脑经营部。虽然启动经费仅是几千元,还都是向亲戚朋友借的,但凭着要做一番事业的执着,他的经营部慢慢发展成为昆明亚满福科技有限公司圆西路分公司。由于在服务态度和质量方面做得认真出色,每月的盈利近万元。

第二节　评估创业机会与制订创业计划

成功与失败之间，除了不可控因素之外，显然有一些必然的因素在创业之初就决定了未来成败的命运。因此，高校大学生在有了目标和远大的理想之后，还应自问几个问题：我的创业优势是什么？我有多少创业资源？我能承担多大的创业风险？这样经过精心的准备和机会评估，创业成功的机会就可以大大提高了。

一、评估创业机会

（一）创业机会评估原则

1. 市场目标原则

市场经济社会中。一切都围绕着市场的需求、市场的变化来运作，市场是指挥经济活动的一面旗帜。创业项目的选择要迎合市场需求，保持持久的市场支持力和市场接纳力。因此。在选择创业项目时。要遵循市场效益原则，尽可能选择市场前景较为广阔的创业项目。这就需要创业者在创业前做好如下工作：

（1）市场调研，包括目标市场现有状况、现实消费者和潜在消费者数量、购买力、消费方向等。

（2）市场定位，包括市场进入障碍、市场内部竞争程度、市场占有率等。

（3）市场成长力，包括上下游产业的延伸性、产品线的衍生及可持续性、利润空间的大小等。

（4）市场容纳度，主要是指现有市场的饱和度、可拓展程度以及创办企业与所在地域的匹配融合适应能力等。

2. 效益优化原则

效益是衡量一个企业是否成功的关键性指标，也是评估创业机会是否合理恰当的重要因素。一般而言，效益优化原则主要包括市场效益、财务效益、社会效益三方面。

（1）市场效益。所谓市场效益是指创业机会与市场动态变化的适应程度以及长远的市场发展空间。其衡量指标主要包括市场占有率、市场渗透力和产品成本结构等。

（2）财务效益。盈利是企业存在的目的，要衡量创业机会是否可行，盈利和盈利的可观性就是衡量创业机会是否具有吸引力的标准。一个相对较好的创业机会，主要应关注其投资回报率、税后净利、投资回收周期、毛利率、资本需求、市场的退出机制和策略等。

（3）社会效益。企业存在于社会大环境中，与周围的社会子系统息息相关。创业者所选择的创业机会对社会的作用，在一定程度上对创业成功的难易度有影响。

国家的创业政策指引着市场产业结构调整以及社会资金的投资流向，因此选择国家政策所倡导的创业项目，有利于得到国家税收、投资资金等方面的扶持。例如，环保节能创业项目的选择迎合了我国"生态中国、美丽中国"的大发展方向，此类创业项目可得到一定的免税优惠和政府补贴，这对于资金不充足、市场根基不牢固的初创企业来说至关重要。

（二）创业机会的评估标准

了解创业机会的评估标准有助于高校大学生认识和理解创业机会的特性，对创业机会及时地把握、有效地实施和企业可能产生的效益之间的关系形成系统的认识。结合以上内容可以形成切实可行的创业计划，为创业的成功提供可靠的保障。

1. 创业机会所处的行业市场状态

第一是进入行业市场的障碍。主要是看竞争对手是否容易进入这个行业，如规模、成本、政策法规等方面的限制。如果行业市场有越来越多的人进入，就说明该市场是有潜力的，但同时给自己带来了竞争压力，竞争对手不容易进入当然对自己有利。市场规模大，则进入障碍相对低，市场竞争激烈程度也相对低，但如果市场没有较明显的前景，利润空间又较小，并不值得进入。第二是行业市场供应商。与供应商建立良好的合作关系，尽可能地开拓多元化的进货渠道，这是在行业市场中立足并取得发展的一个根本保证。第三是行业市场的消费者。如果一个行业市场里的消费者讨价还价能力增强，导致竞争者互相争斗，那么这个行业市场就没有吸引力了。创业机会是要提供消费者无法拒绝的好产品或者是新服务。第四是行业市场替代竞争产品的威胁。如果替代产品种类多，质量较不宜进入。第五是市场渗透力。这是一个最难评估的指标，一般情况下，当市场需求年增长率达到30%~50%时，该市场属于高速增长时期，是创业者的最佳进入时机。第六是行业市场占有率。创业者有必要在创业前预估企业的市场占有率，以考量企业未来的市场竞争力。市场占有率根据市场潜力和容量来预计，通常低于5%是不适合进入的市场。第七是行业市场产品的成本结构。如果企业的产品成本低于竞争对手，这样的创业机会就比较合适。

2. 创业机会隐含的企业盈利能力

好的创业机会至少要创造15%的净利润。初创企业的创业者要特别谨慎，一般在企业开办4个月时要保证有一定的净利润，而且要保证企业的净利润呈明显上升趋势，1年内足以维持企业的生存。相对全年总投入成本而言，要有10%以上的回报利润率，损益平衡应该在2年时间内达到。考虑到创业将面临诸多风险，企业运营到第3年，投资回报率应达到25%，而且企业后期持续投入资金、资产的额度与投资回报率成正比，这样才能真正体现好的创业机会，值得利用。根据有关行业调查结果显示，技术型和知识型创业者创办的企业，投资额度较小但投资回报率却较高。所以一般创业者事先需要制订并完善切实可行的创业计划，最大限度地降低创业风险，提高创业成功率。

3. 创业机会的竞争优势

首先是行业市场的控制能力，如果企业能够在产品（商品或者是服务）的价格、投入成本和销售渠道等方面实现强有力的控制，那么竞争者就占据了行业市场的先机比如拥有40%以上行业市场份额的企业，就可以实现对行业市场的控制。通常只有创新型企业才有可能具备这样的优势。其次是阻挡其他企业介入的能力，一个行业市场内的企业数量越少，那么企业的利润越多，但这是极少数垄断性行业才具备的特征。最后是创业企业自身拥有的独特优势。企业优势是行业市场内唯一的、企业内部存在的、有利于促进企业发展壮大的、能够提高企业生产力和竞争力的企业特色因素或资源，如企业的某项专利或授权许可、创业者的远见卓识、企业人才储备充分、企业技术力量雄厚、企业市场营销能力强、企业文化先进、企业生产设备先进、企业管理机制前卫、企业员工队伍整体素质较高、企业拥有大批高质量的人才等。优势就是资源，有资源才具备竞争力，有资源才能适时有效地利用创业机会。

4. 创业机会的利用能力

创业者捕捉创业机会的目的是把握和利用，为创办企业获得准确的切入点而实现创业的动机，最终将创业机会转化为企业利润。这就对创业者利用创业机会的能力提出了更高的要求。第一是创业者的资金调配能力。创业资金的来源是创业者面临的一大问题。有的创业者选择自己的积蓄，他们最大的优点就是精打细算，这是创业者的一个优势；有的创业者选择从朋友或亲戚处筹借，也有选择高利贷形式的，在这里特别提醒创业者注意，除非你有足够的把握有能力偿还，否则务必谨慎；有的创业者选择先从供货商处赊购，这是理性的创业思路；有的创业者选择从银行或金融机构贷款，国家制定了为创业者提供小额担保贷款等扶持政策。在此，建议创业者尽可能选择科技含量较高、投资成本较少、低风险资金调配方法的项目。第二是创业者的果敢精神。创业者捕捉到创业机会之后，首先要对这些创业机会做出正确的判断，一旦肯定了这些创业机会的价值，就需要及时地做出创业行为的决策，这正是创业者果敢精神的体现。每一个能产生企业利润的创业机会都将存在着激烈的竞争，这时创业者的果敢精神就决定了谁能够在行业市场竞争中占得先机、取得优势。此外，创业者的果敢精神还表现在对行业市场中的新技术新产品开发、融资渠道的拓展以及企业组织形式革新等方面的利用，同时创业者还需要在各个创业步骤抓住恰当的实施时机，因为果敢是保证创业成功的首要能力。第三是创业者的管理能力。创业者的管理能力直接决定着创业的成败。企业管理主要内容包括人事管理、财务管理、业务管理和企业战略管理。总的说来，创业者的管理能力表现在对企业资源的合理支配上，这些资源包括创业者的个人知识结构和社会认知度、创业者的社会关系资源、企业的人力资源和其他战略资源。创业者的综合管理能力是其企业能否保持持续竞争优势的关键，也是创业者利用创业机会的关键。

（三）创业机会的评估方法

分析创业机会一般可以采用定性分析和定量分析两种方法。

1. 定性分析

一些学者提出了对创业机会的定性分析的评价内容。斯蒂文森等（1994）指出要充分评价创业机会，需要认真考虑以下五个问题：机会的大小、存在的时间跨度和随时间成长的速度；潜在收益是否超过所有的投资，且利润较有吸引力；机会是否开辟了额外的市场；收益能否持久；产品或服务是否真正满足了真实的顾客需求。

荣纳克等（1998）认为应用以下五项基本指标：对创业机会进行评价；对产品有明确界定的市场需求，并且推出时机也恰当；投资的项目必须能够获得持续竞争优势；投资必须有较高的回报；创业者必须适合创业机会的需要；创业机会中不存在致命的缺陷。

2. 定量分析

对创业机会的定量分析有多种方法：通过专家对创业机会进行打分评价的标准打分评价法；利用一些关键指标计算并比较创业机会的优先级法；针对不同因素进行评分，预先给定好权值，通过所有因素得分的相加得到最后的总分，以评估其成功的潜力；还可以通过设定一些因素来对创业机会进行判断等。而从财务上对创业机会进行量本利分析是比较好的定量分析方法。

量本利分析首先要根据一系列的相关资料对市场需求量做出精确预测，确定企业产品或服务的定价及销售量，这样就确定了企业的销售额；接下来要对企业的总成本进行分析，成本包括采购成本、生产成本、销售成本等固定成本和可变成本；最后在了解了总销售额和总成本之后，就可计算出未来企业可获得的利润，如果利润达到了创业者的预期目标，那么这种创业机会就具有较大吸引力，反之，创业机会没有吸引力。

二、制订创业计划

（一）创业计划的概念

1. 创业计划的含义

创业计划是对特定创业活动的具体筹划的系统描述。这种描述既包括特定创业活动的所有相关的外部条件，也包括特定创业活动的所有内部要素。

创业计划通常是各项职能计划如市场营销、人力资源计划等的集成，它将会回答这样的问题：我们现在在哪里，我们将要干什么，我们的目标是什么，我们将怎样实现这些目标等。创业计划不仅是企业融资的重要工具，而且是开展创业活动,提高成功率的重要手段。

2. 创业计划的类型

创业计划可以从不同角度区分为不同的类型，根据编写创业计划的目的、创业计划的结构和篇幅，大致可以分成以下四种类型：

（1）争取风险资金投资的创业计划

创业者申请风险投资时，可能已经建立一家公司，也可能是在得到风险投资后建立一家新公司。这类创业计划应该让风险投资人充分了解创业项目的商业价值、创业方案的可行性、创业团队的实力等，因此创业计划应包括以下内容：一是计划概述；二是产业背景和公司概述；三是市场调查和分析；四是公司战略；五是项目总体进度安排；六是关键风险和问题；七是管理团队的组成；八是企业经济状况；九是财务预测；十是假定公司能够提供的利益。

（2）争取他人合伙的创业计划

要争取他人合伙就必须将自己的创业思路告诉给他人，达到心理上的高度信任与沟通，这类创业计划一般包括以下八个部分：一是创业机会及其商业价值描述；二是新创企业拟提供的产品或服务以及可能的用户群；三是可能的市场竞争与拟采取的市场策略；四是可能的市场收益；五是可能遇到的风险及对策；六是希望别人以怎样的方式参与；七是将给新进入者哪些利益；八是有待与新进入者讨论的问题。

（3）争取政府支持的创业计划

某项商业化开发或产业化活动，如果符合政府产业政策，就有可能得到政府支持。为此，需要向政府有关机构提供可行性报告即创业计划。它一般应包括以下十个部分：一是总论；二是团队情况；三是产品的市场需求预测；四是项目的技术可行性；五是项目实施方案；六是投资估算与资金筹措；七是项目效益分析；八是项目风险及不确定性分析；九是关于项目可行性的综合结论；十是希望政府给予的具体支持。

（4）简略式创业计划

简略式创业计划又称为概括式创业计划，是一种比较简明、短小的计划，它包括企业的重要信息、发展方向以及少部分重要的辅助性材料。简略式计划的篇幅通常有10～30页。一般来说，简略式创业计划主要适用于以下情况：一是申请银行贷款；二是创业者享有盛名；三是试探投资商的兴趣；四是竞争激烈、时间紧迫。

3. 创业计划的作用

制订创业计划书的目的是寻找战略合作者或者风险投资人。作为投资人，他们每天都会接收到很多创业计划书。他们对一个企业或项目投资的最主要信息来源也是创业计划书。于是计划书的质量和专业性就成为企业需求投资的重点。所以，在申请风险投资之初，应该将创业计划书的制作列为头等大事。其作用具体表现为以下几个方面：

第一是保证创业工作循序渐进地开展。创业计划反映了创业者的经营思想和经营策略，反映了创业者对企业的心智投入。创业过程中先做什么，后做什么，若是按计划要求进行，可以保证创业工作有序地进行。

第二是可以极大地提高创业成功率。创业计划应该包括创业目标和实现目标的措施等。创业的过程实际上是实施计划的过程，制定创业计划可以进一步明确创业目标，落实创业措施，减少失误，增加创业的成功率。

第三是展示创业者的能力和决心。一份好的创业计划，也是一份创业的可行性报告。计划的制定是建立在创业者对企业的了解和调查研究的基础上的，也是建立在对自身创业条件和能力分析的基础上的。

（二）创业计划的内容

一份完善的创业计划应该详细描述公司的目标以及为实现目标将采取的战略、公司的组织结构、公司运营需要的资金。

1. 创业计划摘要

为了吸引战略伙伴与风险投资人的注意，将创业计划的核心提炼出来，列在创业计划的最前面，这就是摘要。它是整个创业计划的精华。

摘要虽然列在创业计划的最前面，但它是在其他部分定稿之后才撰写的。摘要涵盖了计划的要点，应简明扼要、条理清晰地阐明创业的基本思路、目标及其优势，一般限于两页纸的内容。对于摘要，创业者要反复推敲、精益求精，使摘要结构完美、语句清晰、流畅且富有感染力，便于读者在最短的时间内一目了然地评审计划，并做出判断。在摘要中，创业者一般要突出以下重要内容：

（1）企业简介。企业简介包括企业理念的简单描述以及企业的名称、联系方法和重要联系人，简要介绍企业类型和法律形式、企业业务范畴和经营目标。

（2）产品或服务介绍。该项目包括产品或服务的开发情况，产品或服务的特点等。

（3）目标市场。该项应列出将要进入的目标市场及选择这一目标市场的原因、市场发展趋势，同时还要提供市场调查和研究分析的结果。

（4）营销策略。该项是说明如何进入目标市场，主要的营销策略是什么。

（5）竞争优势。该项是描述有关市场的竞争状况，分析企业能够在竞争中成功的原因，阐明企业产品或服务的优势。

（6）管理团队。该项是说明管理团队的背景和能力，特别是企业创始人和主要决策人的情况。

（7）生产管理计划。该项是重点介绍如何组织和开发生产能力，包括生产制造的方式、生产设备、工艺流程等。

（8）财务计划。该项是包括未来3年的预期销售额和利润，项目所需资金的总数、来源、筹资方式，资金运用计划及投资者的回报等。

（9）企业长期发展目标。该项主要介绍企业未来3～5年发展的计划。

2. 企业介绍

首先，要说明创办新企业的思路、创意的形成和发展过程以及企业的目标和发展战略。其次，要客观描述企业现状、过去的背景和企业的经营范围，应突出经验和优势，同时不应回避失误，而是要中肯地分析并说明补救措施，这往往更能赢得信任，使战略伙伴或投资人对你有一定了解，从而为今后的合作打下基础。这一部分的主要内容包括以下三方面：

（1）企业理念。描述企业理念，让人们相信你的企业能为客户带来利益，满足客户要求，这是创业者的经营理念。

（2）企业的基本情况。简要介绍企业名称、成立时间、注册地点、经营场所、公司的法律形式、法人代表、注册资本、主要股东、股份比例等。重点介绍企业未来发展的详尽规划，企业近期及未来 3~5 年的发展方向、发展战略和要实现的目标。

（3）企业的发展阶段。说明企业创立时的情况；早期发展情况；稳定发展期的情况；扩张期的情况；企业合并、重组或稳固地占领市场等情况。

3. 产品与服务

具有市场前景的产品或服务是公司利润的源泉，而且战略伙伴和投资人最关心的问题之一就是新创企业的产品、技术或服务能在多大程度上解决现实生活中的问题；或者是其产品（服务）能否帮助顾客节约开支、增加收入。在进行投资项目评估时，他们会提出相当多的问题，创业者一定要对所有可能发生的情况进行充分的考虑并给予合理的答复，应该非常详尽、准确地描述其产品或服务项目，特别是产品的技术特点。如果产品或服务项目特别多，不必面面俱到，可以把它们分成几类分别描述。描述也要通俗易懂，使非专业技术人员的投资者也能明白。通常，产品介绍应包括以下 6 个方面的内容：

（1）产品的基本描述。该项主要介绍产品或服务的性能和用途，尤其是介绍产品的新颖性、先进性和独特性，旨在说明企业的产品能解决什么问题，顾客能从企业的产品中获得什么好处。

（2）产品的竞争优势。该项阐明企业的产品与竞争对手的产品相比较有哪些优缺点，顾客为什么会选择本企业的产品。

（3）产品的研究和开发情况。这部分主要包括企业或技术骨干以往的研究与开发成果及其技术先进性（包括技术鉴定情况，获国际、国家、省、市级有关部门和机构奖励情况）；参与制定产品或技术的行业标准和质量检测标准情况；在技术与产品开发方面同国内外竞争对手的比较情况以及企业为提高竞争力拟采取的措施等。

（4）开发新产品的计划和成本分析。这部分分析包括：在技术开发方面，已经投入的资金总额是多少，计划再投入多少开发资金（列表说明每年购置开发设备、开发人员工资、试验检测费用以及与开发有关的其他费用）；企业今后的开发方向、开发重点和正在开发的技术和产品；企业现有技术开发资源以及技术储备情况；企业寻求技术开发依托（如大学、研究所等）情况以及合作方式；企业将采取怎样的激励机制和措施，以保持关键技术人员和技术队伍的稳定。

（5）产品的市场前景预测。该项是说明为什么企业的产品定价可以使企业产生足够的利润，为什么用户会大批量地购买企业的产品。

（6）产品的品牌和专利。该项说明企业为自己的产品采取了何种保护措施，拥有哪些专利、许可证，或与已申请专利的厂家达成了哪些协议，如拥有的专门技术、版权、配方、品牌、销售网络、专营权、特许经营权等。

4. 市场分析预测与营销策略

当企业要开发一种新产品或向新的市场扩展时，首先要进行市场分析和预测，然后针对目标市场制定营销策略。

（1）市场分析预测的内容。市场分析预测主要包括：目标顾客和目标市场；市场容量和未来市场的发展趋势；企业在市场竞争中的地位、竞争对手的情况、各自的竞争优势；预计的市场份额和销售额。

（2）营销策略的内容。营销策略主要包括：市场机构和营销渠道的选择；价格、促销、建立销售网络等各方面拟采取的策略。

5. 产品制造

经营计划中的生产制造计划，一般要回答有关生产方式、生产设备、质量保证等方面的问题，其主要内容包括以下三方面：

（1）产品生产制造方式。该项主要说明是自己建厂生产产品还是通过委托或其他方式生产。如果自己建厂，是购买厂房还是租用厂房，厂房面积及生产面积是多少，厂房地点及其交通、运输、通信条件如何。

（2）生产设备情况。该项说明现有生产设备是专用设备还是通用设备，先进程度如何，价值是多少，是否投保，最大生产能力是多少，能否满足公司产品销售增长的要求。如果需要增加设备，采购计划、采购周期及安装调试周期如何。如果设备操作需要特殊技能的员工，如何解决这一问题。

（3）质量控制。该项描述产品的生产制造过程、工艺流程，说明如何保证主要原材料、元器件、配件以及关键零部件等生产必需品的进货渠道的稳定性、可靠性、质量及进货周期。正常生产状态下，成品率、返修率、废品率控制在怎样的范围内，生产过程中产品的质量保证体系及其运转模式。

6. 管理团队

一个企业的成功与否最终取决于该企业是否拥有一个高效、团结的管理队伍，一个企业必须具备有负责产品设计与开发、市场营销、生产作业管理、企业理财等方面的专门人才。企业管理的好坏直接决定了企业经营风险的大小，而高素质的管理人员和良好的组织结构则是管理好企业的重要保证。在创业计划中，必须阐明企业的管理结构及主要管理人员的相关情况，重点展示管理团队的凝聚力和战斗力，使战略伙伴或风险投资人了解企业的管理团队是由一批具有丰富的管理经验和较高的职业道德的人士组成的。优秀的管理团队将确保企业紧紧抓住好的商业机会，以有效的方式实现企业的经营目标。

（1）管理机构。创业者要全面介绍企业管理团队的主要情况，包括公司的主要股东及他们的股权结构，董事和其他一些高级职员、关键雇员以及公司管理人员的职权分配和薪金情况。

（2）关键管理人员。该项详细介绍公司的重要成员，包括他们的职务、工作经历和经营业绩、受教育程度等，特别是有关专业知识、技能和成就，描述管理团队中每个关键人员的确切职责。

（3）激励和约束机制。该项说明企业准备设立哪些机构，各机构配备多少人员，人员年收入情况；是否考虑员工持股问题；企业如何加强对员工的持久激励；阐明企业的内部约束机制和外部约束机制。

7. 财务管理

战略伙伴和创业投资者最关心企业经营的财务损益情况，从中判断自己的投资能否获得预期的回报，这是决定战略合伙人是否加盟、创业投资者是否投资的关键因素。这方面包括：①企业过去3年的财务情况；②今后3年的发展预测；③融资计划。这部分是创业计划的关键部分，是创业投资者十分关心的问题，内容包括：第一，资金需求量及资本结构。为保证项目实施，需要新增投资是多少；新增投资中，需投资方投入多少，对外借贷多少，公司自身投入多少；有对外借贷，抵押或担保措施是什么。第二，如何使用这些资金。说明投入资金的用途和使用计划。第三，投资人可以得到的回报。包括未来3~5年预计平均每年净资产回报率，投资方以何种方式收回投资，具体方式和执行时间。

8. 附录

一般来说，附录的内容可分为附件、附图和附表三部分：

（1）附件。包括：①营业执照副本；②董事会名单及简历；③公司章程；④产品说明书；⑤市场调查资料；⑥专利证书、鉴定报告；⑦注册商标。

（2）附图。包括：①企业的组织结构图；②工艺流程图；③产品展示图；④产品销售预测图；⑤项目选址图。

（3）附表包括：①主要产品目录；②主要客户名单；③主要供应商和经销商名单；④主要设备清单；⑤市场调查表；⑥现金流量预测表；⑦资产负债预测表；⑧损益预测表。

（三）怎样写好创业计划书

那些既不能给投资者以充分的信息也不给投资者激情的创业计划书，其最终结果只能是被扔进垃圾箱里。为了确保创业计划书能"击中目标"，创业者应做到以下几点：

1. 关注产品

在创业计划书中，应提供所有与企业的产品或服务有关的细节，包括企业所实施的所有调查。这些问题包括：产品正处于什么样的发展阶段；它的独特性怎样；企业分销产品的方法是什么；谁会使用企业的产品；产品的生产成本是多少；售价是多少；企业发展新的现代化产品的计划是什么等。把出资者拉到企业的产品或服务中来，这样出资者就会和创业者一样对产品有兴趣。在创业计划书中，企业家应尽量用简单的词语来描述每件事——商品及其属性的定义对企业家来说是非常明确的，但其他人却不一定清楚它们的含义。制订创业计划书的目的不仅是要出资者相信企业的产品会在社会上产生革命性的影响，同时也要使他们相信企业有证明它的论据。创业计划书对产品的阐述，要让出资者感到："这种产品一定会为我带来巨额利润的！"

2. 敢于竞争

在创业计划书中，创业者应细致分析竞争对手的情况。竞争对手都是谁，他们的产品是如何工作的，竞争对手的产品与本企业的产品相比有哪些相同点和不同点，竞争对手所采用的营销策略是什么等。要明确每个竞争者的销售额、毛利润、收入以及市场份额，然后再讨论本企业相对于每个竞争者所具有的竞争优势，要向投资者展示，顾客偏爱本企业的原因是：本企业的产品质量好、送货迅速、定位适中、价格合适等等。创业计划书要使它的读者相信，本企业不仅是行业中的有力竞争者，而且将来还会是确定行业标准的领先者。在创业计划书中，企业家还应阐明竞争者给本企业带来的风险以及本企业所采取的对策。

3. 了解市场

创业计划书要给投资者提供企业对目标市场的深入分析和理解。要细致分析经济、地理、职业以及心理等因素对消费者选择购买本企业产品这一行为带来的影响，以及各个因素所起的作用。创业计划书中还应包括一个主要的营销计划，计划中应列出本企业打算开展广告、促销以及公共关系活动的地区，明确每一项活动的预算和收益。创业计划书中还应简述一下企业的销售战略：企业是使用外面的销售代表还是使用内部职员；企业是使用转卖商、分销商还是特许商；企业将提供何种类型的销售培训。此外，创业计划书还应特别关注一下销售中的细节问题。

4. 表明行动的方针

企业的行动计划应该是无懈可击的。创业计划书中需要明确下列问题：企业如何把产品推向市场；如何设计生产线；如何组装产品；企业生产需要哪些原料；企业拥有哪些生产资源；还需要什么生产资源；生产和设备的成本是多少；企业是买设备还是租设备；与产品组装、储存以及发送有关的固定成本和变动成本的情况。

5. 展示管理队伍

一个企业能够成功地把思想转化为现实,其关键的因素就是要有一支强有力的管理队伍。这支队伍的成员必须有较高的专业技术知识、管理才能和多年工作经验,要给投资者这样一种感觉:"这支队伍里有各个方面的人才。如果这个公司是一支足球队的话,他们就会一直杀入世界杯决赛!"管理者的职能就是计划、组织、控制和指导公司实现目标的行动。在创业计划书中,应首先描述一下整个管理队伍及其职责,然而再分别介绍每位管理人员的特殊才能、特点和造诣,细致描述每个管理者会对公司所做的贡献。创业计划书中还应明确管理目标以及组织机构图。

6. 出色的计划摘要

创业计划书中的计划摘要也十分重要。它必须能让读者有兴趣并渴望得到更多的信息,它将给读者留下长久的印象。计划摘要将是创业者所写的最后一部分内容,但却是出资者首先要看的内容,它将从计划中摘录出与筹集资金最相关的细节:包括对公司内部的基本情况、公司的能力以及局限性、公司的竞争对手、营销和财务战略、公司的管理队伍等情况的简明而生动的概括。如果公司是一本书,它就是这本书的封面,做得好就可以把投资者吸引住。它要给风险投资家这样的印象:"这个公司将会成为行业中的巨人,我已等不及要去读计划的其余部分了。"

第三节　汇聚创业资源

"巧妇难为无米之炊。"在创业过程之中,如果没有足够的创业资源,即使出现了大好的创业机会,创业者也难以迅速抓住并利用这个机会,只有眼睁睁地坐失良机。优秀的创业者需要了解创业资源的重要作用,需要不断地开发和积累创业资源,还要借助企业内外部的力量对各种创业资源进行组织和整合。

一、创业资源概述

(一)创业资源的内涵

《辞海》中关于"资源"一词的定义是生产资料和生活资料的天然来源,也就是供人们从事生产和经济活动的有用之物。资源就是企业作为一个经济主体,在向社会提供产品或服务的过程中,所拥有或者所能够支配的能够实现企业战略目标的各种要素以及要素组合。巴尼(Barney)认为创业资源是指企业在创业的整个过程中先后投入和使用的企业内外各种有形的和无形的资源总和。林强认为创业资源是企业创立以及成长过程中所需要的各种生产要素和支撑条件。阿尔瓦兹（Alvarez）和布森尼兹（Busenitz）认为创业本身也是一种资源的重新整合。简单地说，"创业资源"就是创业者所需具备的一些创业条件。布里（Birley）认为企业创业过程中筹集的财务、人力等物质资源和搜集的信息、观点、建议等非物质资源都是创业资源。综合上述观点，创业资源是创业者在创业过程中运用的所有资源的总称。其中，政策资源、信息资源、资金资源、人才资源、管理资源、科技资源等是创业资源的重要方面。

总之，创业资源是新企业在创业的过程中所投入和利用的各种资源的总和，包括人力资源、物质资源、信息资料、社会化服务体系等有形和无形的资源。

（二）创业资源的作用

创业者可以用来创建新企业的资源主要有两种：财务资源、人力资源。财务资源是指企业采取现金形式或易于变现形式流通的资源；人力资源是指企业的各类人员以及他们奉献于企业的努力、知识、技能和洞察力等。另外还有一种资源被称作经营性资源，指的是人们能够工作的设施，包括建筑物、运输工具、办公设备、机器和原材料等，这类资源往往通过财务资源获得，因此可以看作是一种特殊的财务资源。创业者要获得创业的成功，就必须积极努力去获取上述这些资源。

1. 财务资源的作用

财务资源是创业者创业成功所必备的物质基础，如果没有财务资源做后盾，创业只能停留在梦想和计划的阶段，永远无法实施，创业也只是一句空话。财务资源主要分为6种：现金、贷款、应收账款、投资资本、在其他企业的投资以及透支工具。一个创业者将致力于获得各种不同资源以推进创业企业的发展，但是钱往往是创业者最先考虑的，因为钱是最具有流通性的资源，通过它可以很方便地获得企业所需要的其他经营性资源。

财务资源是新创企业成长的重要"营养液"。如果财务资源不足，就会导致"婴儿期"的新创企业营养不良。轻则使企业因资金不足而丧失赢利能力，重则可能导致企业因现金流枯竭而夭折。在创业实践中，我们经常看到，有些创业者守着很有发展前景的项目，却苦于财务资源不充足而只能望洋兴叹。显而易见，这类事情的发生说明，靠绝妙的商业创意打造出的新创企业有可能因为财务资源的不足半途而废，因此，创业资源的获取是一件非常重要的前期工作。

2. 人力资源的作用

人是一种特殊的资源。人力资源是新企业成功的关键要素，财务资源和经营资产资源本身并不能为企业提供竞争优势，它们必须由组成企业的人以其独特的创新方式并利用其才能为企业提供竞争优势。

创业者代表着创业的起点，是创业企业首要的最有价值的人力资源。创业者要想取得成功，必须正确地分析自己的优缺点和确定自己的技能差距。创业者能够在多大程度上为其企业做出专门贡献依赖于企业的规模、工作人员的数量和素质。

如果企业只依赖于财务资源和经营资产资源将什么也得不到，这些资本必须由人来使用才能推进企业的发展。创业企业的成功，是企业人力资源运用获得的财务资本创造性工作的结果。

（三）创业资源的种类

下列是常用创业资源分类方法。

1. 创业资源按性质划分

创业资源按性质可以分为人力资源、财务资源、物质资源、技术资源和组织资源五种。

人力资源是创业时期最为关键的因素，不仅包括创业者及创业团队的知识、能力和经验等，也包括团队成员的专业智慧、判断力、视野和愿景，甚至包括创业者本身的人际关系网络，它会影响到整个创业过程的开始与成功。

财务资源是以货币形式存在的资源。通常是新创企业筹集的负债资金、权益资金和留存资金。在创业初期，创业者要考虑尽量以不高于市场平均水平的资本成本及时筹集到足额的财务资源，为企业的成功创办和顺利经营打下基础。

物质资源是创业和企业经营时期所需要的有形资源，如建筑物、设施、机器和办公设备、原材料等。初期创业者物质资源一般比较简单，如租用创业场所购买简单设备，用易货方式取得原材料等。

技术资源包括关键技术、制造流程、作业系统、专用生产设备等。在企业初创时期，专门的知识技能往往掌握在创业者等少数人手中，因而此时的技术资源在事实上和人力资源紧密结合，它们可能共同成为企业竞争优势的重要来源。

组织资源一般指企业的正式管理系统，包括企业的组织结构、作业流程、工作规范、信息沟通、决策体系、质量系统以及正式或非正式的计划活动等，有时候组织资源也可以表现为个人的技能或能力。

2. 创业资源按存在形态划分

创业资源按其存在的形态可以分为有形资源和无形资源。

有形资源是具有物质形态的、价值可用货币度量的资源，如创业赖以生存的自然资源以及建筑物、机器设备、原材料、产品、资金等。

无形资源是具有非物质形态的、价值难以用货币精确度量的资源，如信息资源、技术资源、社会关系资源、权力资源以及企业的信誉等。

无形资源往往是撬动有形资源、使有形资源更好地发挥作用的重要杠杆。

3. 创业资源按利用方式划分

按照资源要素对新创企业战略规划过程的参与程度，创业资源可以分为直接资源和间接资源。

直接资源是直接参与新创企业战略规划的资源要素，如财务资源、管理资源、市场资源、人才资源等。这里的财务资源、人才资源等概念与按性质分类基本相同。市场资源则包括营销网络与客户资源、行业经验资源、人脉等。管理资源则包括管理能力、管理制度、管理方法等。

间接资源是不直接参与创业战略的制定和执行的资源，如政策资源、信息资源、科技资源等，它们对创业的影响更多的是提供便利和支持，对创业战略的规划起一种间接作用。政策资源包括政府制定的各种政策，例如准入政策、鼓励政策、扶持政策或者优惠等。信息资源包括信息的来源、获取等。科技资源表现为企业技术基础和技术来源，从而体现市场竞争能力及提供的产品和服务先进性。

二、创业资源的获取途径

（一）获取技术资源的途径

获取起步项目所依赖技术的途径方式有：

（1）吸引技术持有者加入创业团队。

（2）购买他人的成熟技术，并进行技术市场寿命分析等。

（3）购买他人的前景型技术，再通过后续的完善开发，使之达到商业化要求。

（4）同时购买技术和技术持有者。

（5）自己研发，但这种方式需要时间长，耗资大。

我们应该随时关注各高校实验室、老师或者学生的研发成果，定期去国家专利局去查阅各种申请专利，养成及时关注科技信息，浏览各种科技报道，留意科技成果，从中发现巨大商机技术的习惯。政府机构、同行创业者或同行企业、专业信息机构、图书馆、大学研究机构、新闻媒体、会议及互联网等，都是我们获取这些信息的渠道，可以根据自己的实际情况与各种方式的特点，选择一种或多种方式，尽可能获取有效的需要的信息。

（二）获取人力资源的途径

这里的人力资源不是指创业企业成立以后需要招募的员工，而是指创业者及其团队拥有的知识、技能、经验、人际关系、商务网络等。创业前，如果有可能，可以在读书期间做一些产品的校园或者地区代理，不管是热水袋、拖鞋、牛奶、化妆品，还是手机卡、数码产品、婚纱店、美容店、家教中心等，都可以去尝试。这个过程中既能赚些钱，增长关于市场的知识，还可以锻炼组织能力——因为往往要组织2到3人的小团队（团队人数切忌太多，2到3个人就可以了，至多别超过5个）。也可以考虑进入一个企业为别人工作，通过打工的经历学习行业知识，建立客户资源渠道，了解企业运作的经验，学习开拓市场的方法，认识盈利模式。为了创业而到一个公司工作，应该选择什么样的公司呢？是世界

500强之类的大公司还是小公司呢？在这一点上，迪士尼公司总裁加里·威尔逊·沃特的观点是："在一个小公司的资深层任职，可给你一种广阔的视野并向你提供更具创意的机会，小公司承受不了机构臃肿的压力，我了解发薪水时没有足够的现金情况如何，我了解贷款付息20%时的情况如何。我涉猎范围广泛，为我在大公司发展经营战略打下了良好的基础。"

（三）获取营销网络的途径

营销网络将帮助新创企业产品或者服务走向市场，换回用户的"货币选票"。一般情况下，新创企业可通过以下途径拥有未来的营销网络：

（1）借用他人已有的营销网络，使用公共流通渠道。

（2）自建的营销网络与借用他人营销网络相结合，扬长避短，使营销网络更适应于新创企业的要求。

（四）获取外部资金资源的途径

对于外部资金的获取，一般可通过以下五种途径获得：

（1）依靠亲朋好友筹集资金，双方形成债权债务关系。

（2）抵押、银行贷款或企业贷款。

（3）争取政府某个计划的资金支持。

（4）所有权融资，包括吸引新的拥有资金的创业同盟者加入创业团队，吸引现有企业以股东身份向新企业投资、参与创业活动，以及吸引企业孵化器或创业投资者的股权资金投入等。

（5）一个详细可行的创业计划，以吸引一些高校大学生创业基金甚至风险投资基金的目光。

在获取外部资源之前，记住一个企业家曾经说过的一段话："创业首先要用自己的钱干起来，你自己的钱不先投进去，凭什么让别人为你投钱？"

三、创业资源获取的技能

创业者获取创业资源的技能主要有：

（一）合作

要获取创业资源，首先要寻找到可以提供资源的对象。对此，一种办法是找到少数的拥有丰富资源的资源提供者，另一种办法是尽量多找潜在的资源提供者。商业活动强调利益，要获取资源，需要认真分析潜在资源提供者关心的利益所在。一旦不同诉求的组织或个人之间存在共同利益，或能够建立起紧密的利益联系，就成了利益相关者。利益相关者应当合作，合作需要双赢甚至是共赢。合作总要有一个开始，在没有合作基础的前提下，一开始就双赢不容易。

（二）用人

创业资源获取显然和用人技能密切相关。创业者要善于识人和敢于用人，这是任何成功事业千古不变的真谛。人力资本在创业资源中的决定性作用要求创业者必须充分重视人力资源的获取。创业者一方面应努力增强自身能力的培养，另一方面应充分重视创业团队的建设。一支知己知彼、才华各异、能力互补、互相一致、彼此信任的团队是创业资源中最为重要的资源，也是创业成功必不可少的保证。

（三）沟通

具有较强沟通能力是创业者成功获取资源的关键因素。创业企业的资源获取，在很大程度上就是通过企业与内外部的沟通来实现的。与外部的沟通，主要包括与投资者、银行、政府部门、媒体、业界、客户、供应商等，通过沟通建立联系，获得信任，与对方达成共识，强化了创业者的社会网络，争取多方的支持或帮助，取得一个共赢的结果。在企业内部，通过有效的沟通，凝聚了员工人心，聚合了自有资源，降低了内部冲突，提升了整个企业的效率和业绩。

四、创业资源的整合

（一）资源整合的含义及其特征

所谓的资源整合是指企业对不同类型资源进行识别与选择、汲取与配置、激活和融合，使之具有较强的柔性、条理性、系统性和价值性，并创造出新的资源的一个复杂的动态过程，是指企业对不同来源、不同层次、不同结构、不同内容的资源进行选择、汲取、激活和有机融合，使之具有较强的柔性、条理性、系统性和价值性，并对原有的资源体系进行重构，摒弃无价值的资源，以形成新的核心资源体系。企业在创业过程中，要想取得好的成效，就要对资源的利用进行优化配置，达到资源利用效率的最大化。

资源整合是一个复杂的动态过程，它具有以下四大特征：

（1）资源整合的激活特征。资源若不能被激活，就难以发挥其效益和效能，也不会产生新的资源。

（2）资源整合的动态特征。资源结构是随着环境的变化而变化的，环境变化引起企业资源结构体系的变化，从而导致资源整合方式、方法的改变，因此，资源整合必须要保持与环境充分的互动。

（3）资源整合的系统特征。资源整合，要以企业所有资源作为一个整体。

（4）资源整合的价值增值特征。资源整合并不是单项资源的简单加总，而是各类资源的有机结合和相互作用方式的综合，使其实现"1+1>2"的放大效应。

（二）创业资源整合的方法

1. 善用资源整合技巧

创业总是和创新、创造及创富联系在一起。一位创业者结合自身创业经历提出了这样的观点：缺少资金、设备、雇员等资源，实际上是一个巨大的优势。因为这会迫使创业者把有限的资源集中于销售，进而为企业带来现金。为了确保公司持续发展，创业者在每个阶段都要问自己，怎样才能用有限的资源获得更多的价值创造？

（1）学会拼凑

很多创业者都是拼凑高手，通过加入一些新元素，与已有的元素重新组合，形成在资源利用方面的创新行为，进而可能带来意想不到的惊喜。创业者通常利用身边能够找到的一切资源进行创业活动，有些资源对他人来说也许是无用的、废弃的，但创业者可以通过自己的独有经验和技巧加以整合创造。例如，很多高新技术企业的创业者并不是专业科班出身，可能是出于兴趣或其他原因，对某个领域的技术略知一二，却凭借略知的"一二"敏锐地发现了机会，并迅速实现了相关资源的整合。

整合已有的资源，快速应对新情况，是创业的利器之一。拼凑者善于用发现的眼光，洞悉身边各种资源的属性。将它们创造性地整合起来。这种整合很多时候甚至不是事前仔细计划好的。而往往是具体情况具体分析、"摸着石头过河"的产物。而这也正体现了创业的不确定的特性，并考验创业者的资源整合能力。

（2）步步为营

创业者分多个阶段投入资源并在每个阶段投入最有限的资源，这种做法被称为"步步为营"。步步为营的策略首先表现为节俭，设法降低资源的使用量，降低管理成本。但过分强调降低成本，会影响产品和服务质量，甚至会制约企业发展。例如，为了求生存和发展，有的创业者不注重环境保护，或者盗用别人的知识产权，甚至以次充好。这样的创业活动尽管短期可能赚取利润，但长期而言，发展潜力有限。所以，需要"有原则地保持节俭"。

步步为营策略表现为自力更生，减少对外部资源的依赖，目的是降低经营风险，加强对所创事业的控制。很多时候，步步为营不仅是一种做事较经济的方法，也是创业者在资源受限的情况下寻找实现企业理想目的和目标的途径，更是在有限资源的约束下获取满意收益的方法。习惯于步步为营的创业者会形成一种审慎控制和管理的价值理念，这对创业型企业的成长与向稳健成熟发展期的过渡而言尤其重要。

2. 发挥资源杠杆效应

尽管存在资源约束，但创业者并不会被当前控制或支配的资源所限制，成功的创业者善于利用关键资源的杠杆效应，利用他人或者别的企业的资源来完成自己创业的目的：用一种资源补足另一种资源，产生更高的复合价值，或者利用一种资源撬动和获得其他资源。其实，大公司也不只是一味地积累资源，他们更擅长于资源互换，进行资源结构更新和调整，积累战略性资源，这是创业者需要学习的经验。

对创业者来说，容易产生杠杆效应的资源，主要包括人力资本和社会资本等非物质资源。创业者的人力资本由一般人力资本与特殊人力资本构成，一般人力资本包括受教育背景、以往的工作经验及个性品质特征等。特殊人力资本包括产业人力资本（与特定产业相关的知识、技能和经验）与创业人力资本（如先前的创业经验或创业背景）。调查显示，特殊人力资本会直接作用于资源获取，有产业相关经验和先前创业经验的创业者能够更快地整合资源，更快地实施市场交易行为。而一般人力资本使创业者具有知识、技能、资格认证、名誉等资源，也提供了同窗、校友、老师以及其他连带的社会资本。

相比之下，社会资本有别于物质资本、人力资本，是社会成员从各种不同的社会结构中获得的利益，是一种根植于社会关系网络的优势。在个体分析层面，社会资本是嵌入、来自并浮现在个体关系网络之中的真实或潜在资源的总和，它有助于个体开展目的性行动，并为个体带来行为优势。外部联系人之间社会交往频繁的创业者所获取的相关商业信息更加丰裕，从而有助于提升创业者对特定商业活动的深入认识和理解，使创业者更容易识别出常规商业活动中难以被其他人发现的顾客需求，进而更容易获得财务和物质资源——这正是其杠杆作用所在。

3. 设置合理利益机制

资源通常与利益相关，创业者之所以能够从家庭成员那里获得支持，就因为家庭成员之间不仅是利益相关者，更是利益整体。既然资源与利益相关，创业者在整合资源时，就一定要设计好有助于资源整合的利益机制，借助利益机制，把包括潜在的和非直接的资源提供者整合起来，借力发展。因此，整合资源需要关注有利益关系的组织或个人，要尽可能多地找到利益相关者。同时，分析清楚这些组织或个体和自己以及自己想做的事情的利益关系，利益关系越强、越直接，整合到资源的可能性就越大，这是资源整合的基本前提。

利益关系者之间的利益关系有时是直接的，有时是间接的，有时是显性的，有时是隐性的，有时甚至还需要在没有的情况下创造出来。另外，有利益关系也并不意味着能够实现资源整合，还需要找到或发展共同的利益，或者说是利益共同点。为此，识别到利益相关者后，逐一认真分析每一个利益相关者所关注的利益非常重要，多数情况下，将相对弱的利益关系变强，更有利于资源整合。

然而，有了共同的利益或利益共同点，并不意味着就可以顺利实现资源整合。资源整合是多方面的合作，切实的合作需要有各方面利益真正能够实现的预期加以保证，这就要求寻找和设计出多方共赢的机制。对于在长期合作中获益，彼此建立起信任关系的合作，双赢和共赢的机制已经形成，进一步的合作并不很难。但对于首次合作，建立共赢机制尤其需要智慧，要让对方看到潜在的收益，为了获取收益而愿意投入资源。因此，创业者在计共赢机制时，既要帮助对方扩大收益，也要帮助对方降低风险，降低风险本身也是扩大收益。在此基础上，还需要考虑如何建立稳定的信任关系，并加以维护、管理。

4. 大学创业资源整合

当前，高校大学生创业热情高涨，但由于创业资源匮乏，造成成功创业者寥寥无几。对初创企业来说，创业资源不可能是"万事俱备"的，但也不是一成不变的。而使有限的资源发挥出最大效用，则需要科学地整合和管理。构建资源整合、资源管理和资源效益评估"三位一体"的创业资源整合模式，是创业者有效整合资源的必然选择。

创业资源的整合方法在不同的创业阶段应该选用不同的资源整合方式，这样才能使创业资源发挥它应有的效用。这主要包括三类资源整合方法：

一是寻找式资源整合，这主要是创业初期的资源整合方法，其基本方法是结合自身创业团队的资源情况，分析资源储备存在的不足，提出整合外界资源的方案，进行积极地寻找和整合所能利用的创业资源。

二是累积式资源整合，这主要是创业中期的资源整合方法，其基本方法是在初创企业的发展过程中，进一步了解创业资源的特征，对已有的资源进行准确的分析定位，并在此基础上进行进一步的整合利用，发挥资源的最大效能。

三是开拓式资源整合，这主要是企业取得初步发展之后的资源整合方法，其基本方法是把创新式思维注入其中，用创新的视角去寻找具有创新点的创业资源。特别是继续寻找企业新的增长点，在新的增长点上充分开拓和整合利用资源，这一点对创业基础较为薄弱的高校大学生创业者来说尤为重要。

五、组建创业团队

大量实证研究表明，团队创业的企业在成活率和成长性方面比个人单打独斗创业要高得多，可见团队对于企业的生存和发展最为重要，因而组建一支优秀的创业团队是创业成功的关键。

（一）团队要有共同的创业价值观

创业价值观是价值观的重要组成部分，是人们基于自己的需要，对创业目标的认知和在创业过程中采取的行为方式的判断，它指导和调节着人们的创业目标和创业行为。一个人是否选择创业，确立什么样的创业目标，选择的创业方式以及整个创业的过程都受到创业价值观的影响。一个人的价值观一旦形成很难改变，所以，在组建团队时要相互深入了解。一般情况下，创业价值观相近的人组成的团队成功的机会更大。如果在一个团队中，成员间的价值观不一致，对成员目标、创业方式的选择和看法会存在很大的差异，会影响团队的凝聚力。

（二）团队成员志向和兴趣要相似

古人云"知己知彼百战不殆"，一个团队有良好氛围，团队成员之间彼此信任和相互理解是提高团队战斗力、取得成功的关键,而志向和兴趣相似的人之间能很好地交流沟通,能相互理解,增进信任。很多人往往因为志同道合而成为好朋友,组建创业团队一般也是在寻找志同道合者,尤其是在创业初期,需要团队成员同甘苦、共患难,怀着极大的热情克服创业路程中的重重困难。

(三) 团队成员性格要互补

一对齿轮,凸起部位和凹进去的部位配合才能很好转动,针尖对麦芒势必产生冲突。创业团队是一个整体在运作,整体强调的是互补和合作。大家很熟悉《西游记》,唐僧师徒四人在性格上表现各异:唐僧表现为慈爱、宽容、严谨、文静,属于抑郁质的气质;孙悟空表现为疾恶如仇、冲动、好斗、易激动等,属于胆汁质的气质;猪八戒表现为乐观、开朗、活泼、悠闲,属于多血质的气质;沙和尚性格表现为忠厚老实、温和安宁、善于克制自己,属于黏液质的气质。四个人的性格刚好形成互补,所以尽管在取经路上遭遇各种艰难险阻,师徒几人之间也时有怨言和冲突,依然能齐心协力,战胜各种困难,取得真经。所以,创业团队的成员组成在性格上要形成互补,有利于团队整体的合作。

(四) 团队成员知识结构要合理

人体的每一个部位都是由骨架支撑的,头、颈部、躯干、四肢都是由骨架支撑,不管哪个部分,少了骨架的支撑就会耷拉下来。创业团队就是企业的骨架,支撑着整个企业的运转。企业的运转涉及方方面面,计划、人事、技术研发、生产、财务、销售、法律,等等,这些方面都需要懂得相关专业知识的人去负责。创业者寻找团队成员时,要弥补知识与能力上的不足,针对企业发展目标与目前在能力方面存在的差距,寻找合适的、需要的成员。

(五) 团队成员要掌握丰富的资源

创业过程就是一个资源利用和整合的过程,只有掌握丰富的资源创业才能成功。获取资源最便捷的途径就是依赖团队成员现有的资源。每个人或多或少都会拥有一定的资源,这些资源都可以成为创业的资本。因此在选择团队成员的时候,可以充分考虑其所拥有的社会资源,比如客户资源、资金资源、供应链资源、市场资源、政府资源等。

第七章 高校大学生创业管理教育

高校大学生创业初期创办的企业如何生存？只有赚钱。在企业初创阶段，亏损、盈利、又亏损，又盈利，可能要经历多次反复，直到最终持续稳定地盈利才算是度过了创业的生存阶段。初创企业要超过已有的竞争对手，要探索到新的成功的生存模式，这是初创企业管理的本质所在。本章主要阐述了高校大学生创业管理的相关内容，主要包括高校大学生创业财务管理、营销管理、创业企业的战略管理与管理模式。

第一节 高校大学生创业财务管理

财务是经营者的眼睛，从财务中能够反映出公司的所有情况，对财务的把握就是对企业命运的把握。财务管理是企业管理的一部分，是有关资金的获得和有效使用的管理工作。

一、企业财务管理的目标与职能

（一）企业财务管理的目标

企业的目标是生存、发展和获利。企业的这些目标要求财务管理完成筹措资金并有效地投放和使用资金的任务。财务管理不仅与资产的获得及合理使用的决策有关，而且与企业的生产、销售管理发生直接联系。

力求保持以收抵支和偿还到期债务的能力减少破产的风险，使企业能够长期、稳定地生存下去；筹集企业发展所需要的资金；通过合理、有效地使用资金使企业获利，是财务管理的三个基本要求。

股东财富最大化或企业价值最大化是财务管理的目标。

股东创办企业的目的是增加财富，如果企业不能为股东创造价值，他们就不会为企业提供资金。没有了权益资金，企业也就不存在了。因此，企业要为股东创造价值。

股东财富可以用股东权益的市场价值来衡量。股东财富的增加可以用股东权益的市场价值与股东投资资本的差额来衡量，它被称为"权益的市场增加值"。权益的市场增加值是企业为股东创造的价值。

（二）财务管理的职能

财务管理的职能分为财务的决策、计划和控制。这里的计划专指期间计划。期间计划是针对一定时期的（如一年），其编制目的是落实既定决策，明确本期间应完成的全部事项。控制是执行决策和计划的过程，包括对比计划与执行的信息、评价下级的业绩等。期间计划和控制都是决策的执行过程。

二、财务管理的主要方面

财务管理对任何企业的有效经营甚至生存都是非常重要的。创业者如果在这方面草率从事的话，内部管理一定杂乱无章。所以，创业者一定要具备财务管理方法的实际运用能力。

（一）设置账户

账户是会计核算中为了便于收集和记录各种经济业务，对资金运动、资金来源、经营过程及经营成果所做的分类。有总分类账户和明细分类账户。账户按其所核算的会计要素的类别不同可分为五类：资产类、负债类、所有者权益类、成本类、损益类。

（二）总账和明细账

总账就是总账账户是用货币量度对资金运用、资金来源、费用和收入的增减变动及其结果总括地进行反映的一种账户。创业者可以通过看总账了解总分类核算的情况，还可以概括地了解和考核企业的生产经营活动。明细账是对某一总分类账户按其具体组成内容分户登记和反映增减变化与结果的一种账户。创业者可以根据某一总分类账户所属的明细账户的期末余额编制的明细账户余额表，去与各总类账户的余额进行核对，检查账目有无差错。

（三）资金账

对于创业者来说，筹集资金和运用资金进行生产经营是一项很重要的任务。因此，每一位创业者都应该认真查看资金账。看资金账，主要是了解资金来源和资金占用的情况。资金来源账户是反映资金来源变动和结余情况的账户，如自由资金、银行贷款、应付购货款等。创业者可以通过资金来源账户，了解手中还有多少资金可供支配。

（四）成本账和财务成果账

要准确地了解产品的成本必须看成本账。成本是指完成某项生产经营或业务活动所发生的全部费用。通过看成本账，可以了解和考核生产经营过程中某一阶段费用的发生情况，确定有关成本计算对象的实际成本。财务成果账是用来计算和确定一定时期内全部经营活动最终成果的账户。通过看此账，可以了解和考核企业利润的实现情况。

（五）财务报表

财务报表是以会计核算资料为依据，集中概括地反映企业在一定时期内的财务状况及其成果的报告文件。从会计报表所提供的资料中，创业者可以全面了解企业的经营状况，分析、检查所取得的成绩和存在的问题，在掌握必要的数据和情况的基础上总结经验、找出差距、采取相应措施、改进经营管理工作。

创业者要想看懂财务报表，首先必须掌握资金的平衡关系。资金平衡的公式如下：

资产负债＝股东权益（资本＋累积利润）

资产是指企业目前和未来所经营的有用的任何资源，并由此产生归属于企业的经济利益，它可以是有形的，如房屋、机器和产品等；也可以是无形的，如商标、专利以及应收账款和政府、企业的各种投资等。简单地说，只要有助于企业经营，企业有权而且不必再负担什么费用就能使用的就是企业的资产。负债是指将来要在一个固定的或可以确定的日期，用现金、劳务或其他资产予以偿付的债务，如创业者需要引进设备的贷款。股东权益是指股东对企业资产提出的要求的权利，在负债表上，作为股东权益所列示的金额，乃是企业全部资产扣除全部负债后的余额，即股东权益＝资产负债，财务报表根据其反映的经济内容不同，可以分为资金报表和利润报表两类。资金报表是反映企业一定时点或时期资金来源和运用情况的会计报表。利润报表是反映企业一定时期内盈利或亏损和利润分配情况的会计报表，如权益表和利润分配表。

另外，企业财务报表按反映的资金运动状态不同，可以分为静态报表和动态报表两种。静态报表是反映企业某一期点各类会计要素的构成和分布情况的会计报表，如资产负债表。动态报表是反映企业某一时期经营成果和财务指标增减变动情况的会计报表，如损益表、财务状况变动表和利润分配表。企业财务报表按编制的时间不同，可以分为月度报表和年度报表。月度报表是按月终了编制的会计报表，如资产负债表、损益表。年度报表是按年终了编制的会计报表，如财务状况变动和利润分配表。

创业者在看财务报表时，要注意这样几个方面：

（1）要注意数字是否确实，要注意财务报表所列数据资料，是否根据核对无误的账簿记录填制，有无弄虚作假或故意估报数字或先报表后补记账的现象。

（2）要注意计算是否准确，要注意财务报表各项有关经济指标间相互关系是否清楚明了，各财务报表之间的有关数据是否衔接一致，本期报表与前期报表的相关数据是否衔接一致。

（3）要注意内容是否完整，是否全面反映本企业的财务状况。

要注意各种财务报表应当填列的项目是否填写齐全，是否漏项，对于某些重要的会计信息，如果在报表主体部分难以反映时，是否单独加以说明了。

创业者一定要不怕核对、不怕面对财务数字、不怕进行财务分析，因为财务是企业最关键的事项，它能帮助企业优化事务决策，帮助分析经营状况，并能帮助创业者更快达到个人价值创造目标的实现。

三、创业企业财务管理策略

初创期企业就像一个初生的婴儿,抵抗力很弱,随时都有生病的可能,因此这一阶段的企业应努力实现其首要目标——生存。管理各项财务活动、处理各种财务关系应以稳健、谨慎为原则。

(一)筹资管理

初创阶段的企业要想求生存、谋发展,必须要获得充足的资金支持。筹资管理要解决以何种形式、何种渠道、什么时机筹集经营所需资金的问题,重点把握各种资金的结构、资金成本等问题。

创业投资是创业期企业主要资金来源,吸引风险投资是创业期企业主要筹资渠道,创业者应注意寻找适合自己的风险投资商。一般来说,大企业及其所属的风险投资机构等战略投资者,通常能为创业企业提供一些技术支持、甚至是共享其已有宝贵的客户资源,如:360安全卫士借助卡巴斯基迅速崛起,纯粹的风险投资公司有良好的培育创业企业的经验和声誉,有广泛的网络关系,能够及时发现创业企业成长中的问题,并帮助解决这些问题。投资银行则能够帮助企业改善管理、为企业发行股票并上市,实现更大范围的融资提供市场运作的专业服务。

(二)投资管理

投资管理要解决做什么(投资方向)、做多少(投资金额)、何时做(投资时机)、怎么做(资金来源与运用)等问题。由于企业在初创阶段需要大量的资金,而且市场具有很大的不确定性,因此这个阶段投资要处理好投资所面临的风险和收益问题。在充分收集信息的基础上,进行深入细致的市场调查和充分的可行性研究,通过审慎的研究评估,科学预测企业的投资价值和可能出现的风险,事先防范,将投资风险降到最低。创业期企业一般采用集中化投资战略,利用有限资金投资于某个特定市场,最大限度地发挥资金使用效率。

(三)营运资金管理

营运资金管理是财务管理活动的重要环节。按月编制营运资金分析表可以有效地控制营运资金。企业可通过下面公式实施营运资金的动态管理:

资金获得量−资金占用量 = 营运资金不足量

发现营运资金不足时,应立即采取相应的措施来弥补不足。

(四)利润分配

企业进行股利分配时,要从企业战略的角度出发,根据企业自身的情况选择适宜的股利分配政策，使股利分配既能满足企业发展的需要，又能满足投资者的需要。股利分配关系到企业战略资金能否得到有效的保障，因为股利发放的多少决定着企业内部资金来源的多寡，关系到企业财务战略的成败。如果企业的留存收益水平较高，那么意味着企业发放的股利较少，企业留存收益较高，这些留存收益可以给企业发展提供资金保障。

初创期企业收益水平低且现金流量不稳定，因此低股利政策或零股利政策往往是较明智的选择。

（五）财务控制

要解决创业期企业财务管理上存在的问题，完善内部控制成为创业期企业财务管理的基础工作，只有完善内部控制才能发挥财务管理的应有职能，实现财务管理的目标。

创业期企业在加强财务控制的过程中，应该重视下面几个方面：

（1）学习必要的财务知识，聘请专业的财务人员，加强财务部门的力量。

（2）保持会计记录的准确完整。建立必要的会计制度，加强对员工的专业培训和后续教育，防止出现会计记录混乱、错误或不完整，这是财务管理其他职能发挥的最基本前提。

（3）建立健全职务分离制度。对于记账、出纳、保管等不相容职务实行分离，应尽量由不同人员担任，避免一个人从头到尾处理一项业务，减少错误和舞弊出现的可能性。根据分工原则，尽量将不同功能的工作由不同的人来完成。

（4）避免任人唯亲。特定的亲属关系会弱化企业内部的互相制约关系，使内部控制制度的作用得不到充分发挥。容易产生不公平现象，影响企业的整体激励制度，有时还存在着难于管理的问题。

（5）建立完善的资产管理制度，合理保证资产的安全与完整。首先，要建立健全财产物资购、销的内控制度，在物资采购、领用、销售，以及样品管理上建立合适的操作程序，从制度上保证操作规范，堵住漏洞，维护安全。其次，做到不相容职务分离。资产管理和凭证记录一定要分开，形成有力的内部牵制。最后，要建立实物资产的盘存制度。

第二节　高校大学生创业营销管理

如果说创业者的事业心和创新精神是创业企业的发动机，那么创业营销就是传动装置和车轮。所谓创业营销，就是创业企业家凭借创业精神、创业团队、创业计划和创新成果，获取企业生存发展所必需的各种资源的过程，它实际上是一种崭新的创业模式。而对于高校大学生创业者而言，由于既缺乏资金和社会关系，又缺乏商业经验，所拥有的只是创业激情和某种新产品的原始构思或某种新技术的初步设想，因此，要获得成功，除了勇气、勤奋和毅力外，还必须依赖于有效的创业营销来支持创业的成功。

一、市场与市场营销

(一) 市场

市场是生产力发展到一定阶段的产物,并随着商品经济的发展而发展。"市场"作为商品经济的范畴,在不同时期和从不同角度来理解,有着不同的内涵。

1. 市场是商品交换的场所

这是从地理的角度把市场理解为特定的空间。是买方、卖方、商品聚集和交换的特定空间,如百货商店、农村集市等。这种理解通常被认为是市场的狭义概念,随着通信、传真、计算机及其网络等现代科学技术的发展和应用,市场是商品交换的场所这一概念又具有了现代意义。

2. 市场是商品交换关系的总和

这是从社会整体的角度理解的。随着社会生产和社会分工的发展,商品流通范围日益扩大,商品交换日益频繁,人们对交换的依赖程度日益加强,市场已成为人们各种经济关系的桥梁和纽带。同时,为商品交换服务的各种服务项目、服务结构、服务设施,如银行、保险、储运、广告、商情咨询、市场管理等应运而生,且发展迅速。而社会各部门之间的联系,都是通过错综复杂的交换关系来实现的。所以市场已成为一个国家国民经济发展状况的综合反映和集中表现。因此,"市场是商品交换关系的总和"被理解为市场的广义概念。

3. 市场是某种商品的现实购买者和潜在购买者需求的总和

这是从卖方(也就是企业)的角度来理解市场的。市场营销学产生于买方市场,它是站在卖方的角度去研究如何适应并满足买方的需求,以达到自己的经营目标,因而这一含义的市场正是本学科所要研究的市场。从市场营销角度看,卖方构成行业,同行业的卖方是竞争者,买方才构成市场,市场包括三个主要因素是有某种需要的人,为满足这种需要的购买力和购买欲望,用一个简单的公式可以表示为:

市场 = 人口 + 购买力 + 购买动机

市场的这3个构成要素,互相联系、互相制约、缺一不可。

(二) 市场营销

市场营销这个概念是一个舶来品,译自英文"Marketing"一词,原意是指市场上的买卖活动。对"Marketing"一词有多种译法,当人们把它作为一种经济活动时,译为"市场营销";当人们把它作为一门学科名称时,译为"市场营销学",即研究市场营销活动规律的科学。

对市场营销的认识,是随着企业市场营销实践活动的发展而发展的。较早地把营销等同于商品销售或推销，认为市场营销就是销售，就是设法把商品推销出去。这种认识现在看来相当狭隘。因为，企业如果不能生产出适销对路的商品，无论怎样推销，效果都不会令人满意。

此后，随着经济增长和市场形势发生变化，工商企业的市场营销实践活动也在不断发生变化。自20世纪50年代以来，"市场营销"一词已经有了更加丰富的内涵，同"推销"就不再同义了。

美国市场营销协会定义委员会在1960年给"市场营销"下了这样一个定义："市场营销是引导商品和劳务从生产者流向消费者或用户的企业商务活动过程。"这一解释尽管比"营销＝推销（销售）"的认识有所进步，但仍有其局限性，因为它不能全面概括和准确表达现代市场营销活动的全过程。事实上，企业不仅要进行引导产品流向消费者或用户的活动，更要把营销活动从流通领域向前延伸和向后扩展：向前延伸至生产领域甚至生产活动开始之前的市场调研、产品开发等；向后扩展至消费领域和消费之后，如商品的售后服务、消费者的消费感受等信息的收集与反馈等。这就是说，企业的市场营销活动是从研究市场上消费者的需求开始，经过一系列的工作，又到以适销对路的商品或劳务去满足消费者的需求为终结的循环过程。

1985年，美国市场营销协会定义委员会重新给"市场营销"下了定义："市场营销是（个人和组织）对思想、产品和服务的构思、定价、促销和分销的计划和执行过程，以创造达到个人和组织的目标的交换。"这一定义比较全面地表述了"市场营销"的含义：把市场营销的主体从企业扩展到整个社会；把市场营销的客体从产品扩展到思想、服务的领域；强调了市场营销的核心功能是交换；指明了市场营销的指导思想是顾客导向；说明了市场营销活动是一个过程，而不是这一过程的某一个阶段。

由于市场营销学还是一门比较年轻和正在发展完善的学科，因此，对"市场营销"的定义目前仍存在着各种各样的表述。将这些表述归纳起来，有以下几种：第一，认为"市场营销"是一种经营思想，强调"以消费者为中心"来开展企业的全部活动；第二，认为"市场营销"是一种经营意图，促使企业有意识地将自己的资源以最好方式去满足消费者的需要，从而有效地达到企业的预期目标；第三，认为"市场营销"是一种管理过程，通过研究消费者需要，协调企业的内外环境，有效地计划、组织、指挥、监督、协调企业的整体活动，使企业的产品成功进入目标市场，从而有效地实现企业的预期目标。

由此可见，所谓市场营销，是指在不断变化的市场环境中，通过市场交易去适应、满足和创造消费者需要，有计划地组织企业的整体活动，使企业的产品成功进入目标市场，从而有效地实现企业目标的综合性商务活动过程。按照这一定义，市场营销的根本目的是实现企业目标，而实现这一目标的前提是必须适应、满足和创造消费者需要。市场营销的中心是市场交易过程，为了保证商品交换过程的顺利进行，企业应当研究不断变化的市场环境，有计划地组织企业的整体活动，包括开展市场调研、选择目标市场、产品开发、定价、分销渠道选择、促销活动、销售及售后服务等。只有这样才能使企业的产品成功地进入目标市场。

二、市场营销的管理过程

成功的现代化企业由市场导向和战略规划所驱动。市场营销活动在企业的经营中占据重要地位。

在市场营销的管理过程中，企业需要研究消费者的需求情况和变化、研究营销环境和市场结构等，以分析长期发展的机会，并在分析市场机会的基础上，比较准确地预测既定市场的总规模、增长、利润率和风险情况，从而确定目标市场，制订相应的市场营销策略以及营销方案，进而组织执行和控制市场营销工作。

（一）分析市场机会

市场机会是指市场上存在的未被满足的消费需求。在当今的时代，没有一家公司可以依赖目前的市场和产品而长盛不衰。所以，任何企业都必须不断地寻找、发现和分析新的市场机会，每个企业都必须善于发现和抓住新的市场机会，靠新的产品和服务满足市场上那些尚未满足的消费需求，为企业的生存和发展寻找出路。寻找和分析评价市场机会，是企业市场营销管理人员的重要任务，也是企业市场营销管理过程的首要步骤。

企业寻找新的市场机会有正规和非正规两种方法。非正规的方法是偶然的、无计划的，如通过阅读报刊、参加展览会、研究竞争者的产品等方式，发现和识别未满足的需求，提出新的构思。许多企业都是用非正规的方法去发现新的市场机会的。企业在发现市场机会后，还必须进行评价，看这种市场机会是否与企业的目标一致，企业是否具备利用这种机会的资源（资金、技术、设备等），还要看企业是否能比潜在竞争者有更大的优势等。企业应不失时机地抓住有利的市场机会，充分发挥自己的优势，使企业营销取得成功。

1. 发掘市场机会

企业可以通过系统化或非正式化的方法来随时注意获取市场情报，寻找新的市场机会，以产生许多市场开发的新构想。

发现市场机会，一是可以在现有市场上挖掘潜力，指导现有的产品进一步渗透到现有的目标市场上去，扩大销售量；二是可以在现有的产品无潜力可挖的情况下，以现有的产品开发新的市场；三是在市场开发无潜力可挖时，考虑进行新产品开发；四是当产品开发也已潜力不大时，可根据自身资源条件考虑多角化经营，在多种经营中寻求新的市场机会。

2. 评估市场机会

在发掘市场机会后，进行市场机会的鉴别是营销成功的重要前提。要使市场机会变成企业的机会，市场机会必须与企业的目标相一致，同时企业还必须具有利用该市场机会的能力。如果市场机会与企业目标不一致，或企业暂时无能力开发，则是不适宜的市场机会。因此评估好与企业目标相匹配的市场机会，是正确制定企业经营战略的一个关键环节。

（二）研究和选择目标市场

经过市场机会分析后，企业必须选择好自己的目标市场。所谓目标市场，是指由一组有共同需要或特征的购买者所组成的市场。企业需决定选择哪一个或者多少个市场区划以准备进入，目前主要有以下五种目标市场模式可考虑。

1. 单一区域集中化战略

单一区域集中化战略，就是只选择一个区划，此区划成功的条件与企业的现状十分合拍。由于企业的资金有限，只能在一个区划内经营，加上此区划内没有任何的竞争者，其可以作为以后扩展事业的基地和跳板。采用这种策略的企业，它的市场经营重点，不是去追求和扩大场面，而是集中力量在单一市场中不断提高企业的市场占有率。

实行这一策略，对企业也有较大的风险。由于目标市场比较狭小，一旦市场的情况发生变化，若不能随机应变，就有可能陷入困境，造成严重的经济损失，甚至影响到企业的生存与发展。因此，绝不能把这种策略绝对化，要根据可能的条件，寻找适当的机会扩大一些目标市场。

2. 选择性专业化战略

选择性专业化战略，就是选择许多市场区划，而这些区划每一个都具有吸引力，并且适合企业的目标与资源。虽然这些区划之间很少有很强的内在联系，但这种多重区划的选择战略比单一区划选择战略具有较大的优越性，因为它可以分散风险。

3. 产品专业化战略

产品专业化战略，就是集中制造一种产品，不生产其他的产品。采用此种策略，企业在特殊的产品上创造了专业化的商誉，但是一旦商品被某种新科技产品所取代，企业将面临巨大的经营风险。

4. 市场专业化战略

市场专业化战略，就是专注于服务某一特定的顾客群体的各种需要。这种专业化策略的优点是，可以在该市场建立起专业服务形象。但是，如果顾客群体的采购量下降时，将有销售量大量下降的风险。

5. 整个市场覆盖战略

整个市场覆盖战略，就是以所有的产品来服务所有的顾客群体的需要，即不分产品，不分市场，大小通吃。除了产品本身适合全市场覆盖以外，通常情况下，这种战略仅有产品线丰富、资金充裕、人力资源团队能力较强的大公司会应用。

（三）制定市场营销策略

企业在确定目标市场和确立市场定位后，市场营销管理过程就进入了第三阶段——制定市场营销策略。市场营销策略是指企业以顾客需求为出发点，根据企业内外信息，计划组织各项营销活动，通过产品策略、价格策略、渠道策略和促销策略的高度整合，满足顾客需求而实现企业目标的过程。

（1）产品策略包括产品发展、产品计划、产品设计、交货期等决策的内容。其影响因素包括产品的特性、质量、外观、品牌、商标、包装、保证、服务等。

（2）价格策略包括确定定价目标、制定产品价格原则与技巧等内容。其影响因素包括付款方式、信用条件、基本价格、折扣、批发价、零售价等。

（3）渠道策略主要研究使商品顺利到达消费者手中的途径和方式等方面的策略。其影响因素包括分销渠道、区域分布、中间商类型、运输方式、存储条件等。

（4）促销策略是指主要研究如何促进顾客购买商品以实现扩大销售的策略。其影响因素包括广告、人员推销、营业推广、公共关系等。

市场营销组合策略对企业来说都是可控因素，即企业根据目标市场的需求自主决定产品的机构、产品的价格、选择营销渠道和促销方式。但这种自主权是相对的，要受到企业自身资源和目标的制约以及各种宏观和微观因素的影响。

（四）制订市场营销计划

市场营销是满足顾客需要的过程，营销者通过制定营销组合方案更好地满足顾客的需要，并实现组织目标。其中，营销组合要素包括产品、价格、销售渠道和促销四个方面。

1. 产品

产品是指你计划向顾客销售的东西。你要决定你想出售的产品的类型、质量、颜色和规格等。如果你的企业是服务型企业，那么所提供的服务就是你的产品。例如，文秘类企业可提供打字、记账和影印等服务项目。

对于零售商和批发商来说，产品是指那些性能、价格和消费需求相近的一类物品。比如一家商店会把所有水果罐头归为一类。

产品的概念还包含与产品或服务自身有关的其他属性，如产品的质量、每个产品的包装、附带的产品说明书、售后服务、维修和零配件供应。

2. 价格

在营销计划这部分中最难的决策就是为产品或服务确定适当的价格。一个质量好而零部件较贵的产品需要以较高的价格来维护其产品形象，但创业者还应该考虑其他很多因素，如成本、折扣、运输以及毛利等。并且股价的问题常常与成本估计的困难联系在一起，因为它们常常反映在需求中，而需求本身又是难以预计的。根据市场研究及产品本身的特点，可采用不同的定价策略：

（1）撇脂定价策略。即以高价位来搜刮市场利润的一种定价法策略。其成功的条件是：有充足的市场需求量；市场价格敏感度低，需求弹性小；良好的产品品质及功能，吸引消费者愿意出高价；高价不会吸引竞争者在短期内加入市场竞争；小规模生产，虽然成本高，但仍有充足的利润。

（2）渗透性定价策略。即设定最初低价，以便迅速和深入地进入市场，从而快速吸引大量的购买者，赢得较大的市场份额。较高的销售额能够降低成本，从而使企业进一步降价。其成功的条件是：有足够大的市场需求；高度的价格敏感度及需求弹性；大量生产能产生显著的成本经济效益；低价是减少潜在竞争者的最佳策略。

（3）组合定价法策略。对相互关联、相互补充的产品，采取不同的定价策略，以迎合消费者的某些心理，属于心理定价策略之一。而对于一些既可单独购买，又可成套购买的商品，实行成套优惠价格，这种价格策略就是组合定价法策略。

3. 地点

地点是指你把自己的企业设在什么地方。如果你计划开办一家零售店或一家服务企业，地点对你来说非常重要，你必须把它设在离顾客较近的地方，这样便于顾客光顾你的店铺。一般来说，如果你的竞争者离顾客近，顾客就不会跑很远。

而对制造商来说，离顾客远近并不是最重要的，最重要的是能否容易地获得生产所需的原材料。这就是说，工厂或车间应该设在离原材料供应商较近的地方。能获得低租金的厂房对于制造商来说也很重要。

选址也要考虑产品的分销方式和运输问题。仅仅生产好的产品是不够的，你必须要让顾客方便得到你的产品。

4. 促销

促销的作用绝不可轻视，创业者如果是个促销高手，他的生意必定充满生气，受消费者注目。即使只是地区性的小生意，也会受到街坊邻居注意。促销是商业极其需要的行动，很多机构都有促销的部门，全年每天都在工作，以维持产品的市场占有率，甚至是增加市场占有率。就是一般的小商号，一样在运用促销技术。例如，进行买一送一、抽奖、试食等活动。精于促销的高手，使用的手法更是五花八门，无论是小生意还是大生意，促销均不可少。促销的目的主要有以下六个方面：

（1）可以加速把货品销出，使营业额迅速增加。

（2）把货品、服务、公司名字等，直接而深刻地印入消费者心中，提高知名度，当大众想起这类服务产品时，立即就想起该公司的商品或服务。

（3）商品或服务都有一个形象，促销可以加强这个形象，例如，快餐店适合年轻人光顾的形象，某个牌子的补酒适合老年人补身体的形象等。

（4）经常性地提醒公众有这种服务或商品。

（5）刺激大众的消费欲，使大众产生购买的冲动。

（6）市场竞争激烈，促销让促销人员直接面对潜在用户，游说他们采用，增加货品或服务的竞争性。

（五）组织、执行和控制市场营销工作

市场营销方案的组织、执行和控制是市场营销管理过程的一个重要步骤，需要借助营销结构来组织实施和控制执行过程，并诊断产生问题的原因，进而采取改正措施，调整营销方案，使之更切合实际。因此，在现代市场经济条件下，企业必须高度重视市场营销的组织、执行与控制。

通常，企业的市场营销部门是执行市场营销方案、服务市场购买者的职能部门。市场营销部门的组织形式，主要受宏观市场营销环境、企业市场营销管理哲学，以及企业自身所处的发展阶段、经营范围、业务特点等因素的影响。新创企业有时会出现把市场营销部门与销售部门混在一起管理的现象，应注意市场营销人员与销售人员是两种截然不同的群体。从专业性而言，市场营销人员的任务是确定市场机会，准备市场营销策略并计划组织新产品进入，助推销售活动达到预定目标。销售人员则是负责实施新产品进入和销售活动。在这一过程中，常常出现两种问题：如果市场营销人员没有征求销售人员对于市场机会和整个计划的看法和见解，那么在计划实施过程中可能会事与愿违；如果在计划实施后市场营销人员没有收集销售人员对于此次行动计划实施的反馈信息，就很难对整个计划进行有效控制。

第三节 高校大学生创业企业的战略管理与管理模式

战略是创业企业经营管理的重要组成部分，战略水平的高低是衡量企业素质高低的主要标志。

一、创业企业的战略管理

（一）企业战略的内涵

"战略"一词的希腊语是"strategos"，意思是"将军指挥军队的艺术"，原是一个20世纪60年代的军事术语，战略思想开始运用于商业领域，并与达尔文"物竞天择"的生物进化思想共同成为战略管理学科的两大思想源流。

企业战略是企业行动的纲领，是企业发展的方向性定位。新设企业战略管理是确定企业使命，根据新设企业外部环境和内部经营要素确定企业目标，保证目标的正确落实并使

企业使命最终得以实现的一个动态过程。企业战略管理是从全局和长远的观点研究企业在竞争环境下生存与发展的重大问题,是现代企业高层领导人最主要的职能,在现代企业管理中处于核心地位,是决定企业经营成败的关键。

创业企业战略管理是对企业战略的设计、选择、控制和实施,直至达到企业战略总目标的全过程。创业企业战略除了具有一般企业战略"整体性、长期性、权威性和环境适应性"的特点,创业企业战略还具有以下特殊性:

(1)环境更具复杂性。创业企业战略的环境性是指创业战略在创业环境与创业资源的基础上,描述未来方向的总体构想,与产业环境相适应、与外部的宏观环境相适应。这要求创业者在制定战略时,审视自己所面临的各种复杂环境,制定出适应环境的战略。

(2)调整更具柔性。创业企业与大企业在组织结构上相比,其优势在于企业的组织结构简单,管理层次比较少,高层管理者更贴近客户,更容易感受大市场上发生的变化。新创企业可及时发现外部环境给企业带来的机会和威胁,并且能够对环境的变化做出迅速的反应。

(二)创业企业战略制定

创业企业制定战略,主要包括目的、实现手段、投入资源要素、计划、适时组织、预期效果等具体内容。战略按其影响范围及内容可划分为公司战略、经营战略和职能战略。

1. 公司战略

公司战略所要解决的问题是确定经营范围和公司资源在不同经营单位之间的分配事项。它由企业的最高管理层来确定,并且有较长的时限。创业企业在刚刚起步时,由于实力、资源和经验有限,宜制定积极且稳定的发展战略。

2. 经营战略

经营战略涉及的问题是在一个给定的业务或行业内经营单位如何竞争取胜。在经营单位的战略选择方面,有三种可供选择的竞争战略,分别是低成本战略、差异化战略和聚焦战略。

(1)低成本战略。即通过有效途径降低成本,使企业的全部成本低于竞争对手的成本,甚至是在同行业中最低的成本,从而获取竞争优势的一种战略。

(2)差异化战略。即在生产经营过程中,将充分发挥和运用其产品或服务的独特部分,甚至全部不同于其他企业的产品或服务的优势,作为指导企业持续稳定发展的方向。

(3)聚焦战略。即将经营活动集中于某一特定的用户群体或某种细分的产品线或某个细分市场的一种战略。

3. 职能战略

职能战略是指在执行公司战略和经营战略的过程中,企业中的每一职能部门所采用的方法和手段。职能战略一般包括以下基本内容：

（1）市场营销职能。即将产品或服务送到顾客或市场中的活动。

（2）财务职能。即资金筹集以及对经营成果进行记录、监督和控制的活动。

（3）生产职能。将各类投入转化为产品或服务的过程，包括对生产产品或服务的系统进行选择、设计和改造的活动。

（4）研究和开发职能。即创造一种商品化产品的全过程，包括基础及应用研究、模型制造、工业设计、生产用图纸的绘制、生产工艺和技术开发的活动。

（5）人力资源职能。即人力资源规划、招聘与选拔、培训及发展、薪酬体系设计、业绩评价等活动。

（三）创业企业战略管理的实施

1. 创业企业战略实施的基本原则

创业企业在战略实施过程中必须遵循以下四条基本原则。

（1）动态创新原则

创业企业战略管理者在制定和选择战略时，由于掌握的信息、决策时限以及认知能力的限制，对未来的预测不会十分准确，因此，创业家最初制定的战略不一定就是最优的战略。同时，在战略实施过程中，企业内外部环境也在不断变化，因此，战略实施不是一个简单机械的执行过程，需要企业各级管理者根据环境的变化大胆创新。即使在战略实施过程中战略的某些内容和特征发生改变，但只要达到主要的战略目标，不妨碍整体战略目标的实现，这种动态创新的战略实施就是合理的。实践证明，只有遵循动态创新原则的战略实施才是有效的战略实施。

（2）适度合理原则

创业企业的战略目标是通过组织结构分工实现的，通过企业内部各部门以及部门的各基层组织分工，可以将企业复杂的战略问题分解为简单的、具体的、可操作和可管理控制的问题。组织是为实施战略而建立的，但是，一个企业内的各组织之间存在本位利益，有时这种本位利益的冲突会引起各组织之间甚至组织与企业整体利益之间的矛盾。因此，企业高层管理者在解决这类冲突时，要遵循适度合理原则，努力寻求一个能为各方所接受的解决办法，而不能寻求一种绝对的合理性。只要不影响企业战略目标的实现，对某些矛盾的折中和妥协是可以接受的。

（3）统一领导原则

创业企业的战略实施应该在企业高层管理者统一领导下进行，因为较之企业中下层管理人员和普通员工来说，他们掌握的信息更多，对企业战略各方面的要求及相互关系了解得更全面，对战略意图体会得更深。只有在他们的统一领导下，企业的组织结构调整、资源配置、企业文化建设、信息沟通和控制、激励制度的建立等方面才能相互协调，才能保证企业的有效运转。

统一领导的原则还要求企业在战略实施中发生的问题能在低层次、小范围解决的就不要上升到高层次、大范围去解决,因为在越高的环节解决问题涉及的面越广、成本越高,这就需要企业拥有健全的自我调整和自我控制机制。

（4）权变原则

创业企业战略制定是基于对环境的假设之上的,而现实中环境是不断发展和变化的,这可能导致原有的假设失效,而使既定战略失去可行性,此时就需要将既定战略进行重大的调整以适应企业内外环境的变化,这就是战略实施的权变问题。权变原则应该贯穿于创业企业战略管理的全过程。在战略实施过程中,权变原则要求企业识别战略实施的关键变量,并对其进行灵敏度分析,找到临界点,即当这些关键变量的变化超出一定范围时,企业就应该对既定战略做出必要的调整,并准备相应的替代方案。创业企业对环境的变化要有充分的准备,有灵活的应变能力。在实际工作中,很难准确识别和衡量关键变量,如果环境仅发生了不太重要的变化就修改既定战略,会造成人心浮动,最终导致创业失败。如果在环境发生巨大变化时仍然坚持既定战略,则会使企业不能利用机遇和避开威胁,同样会导致创业失败。因此,关键的问题是如何衡量企业内外部环境的变化。

2. 创业企业战略实施的阶段

企业战略实施包含以下四个相互联系的阶段。

（1）战略发动阶段

调动起大多数员工实现新战略的积极性和主动性,要对企业管理人员和员工进行培训、灌输新的思想、新的观念,使大多数人逐步接受一种新的战略。

（2）战略计划阶段

将经营战略分解为几个战略实施阶段,每个战略实施阶段都有分阶段的目标,相应地有每个阶段的政策措施、部门策略以及相应的方针等。要对各分阶段目标进行统筹规划、全面安排。

（3）战略运作阶段

企业战略的实施运作主要与各级领导人员的素质和价值观念、企业的组织机构、企业文化、资源结构与分配、信息沟通与控制及激励制度六个因素有关。

（4）战略的控制与评估阶段

战略是在变化的环境中实践的,企业只有加强对战略执行过程的控制与评价,才能适应环境的变化,完成战略任务。这一阶段主要是建立控制系统、监控绩效和评估偏差、控制及纠正偏差三个方面。

按照战略控制的职能,新设企业战略控制存在三项基本活动,即考察新设企业的内外部环境、分析战略绩效的度量和偏差以及纠正偏差。这三项活动分别承担了对战略实施条件的审视、对战略实施效果的评价和对战略基于反馈的调整。

三项基本活动之间在时间顺序上前后连接、相互联系，构成战略管理的控制职能。新设企业战略控制是一项系统的工程，企业战略内外环境的考察和战略绩效的度量与分析构成了战略评价的内容，采取纠正措施是战略控制的手段。

（四）创业企业战略控制

在战略实施的过程中，由于企业内部某些主客观因素发生了变化，或外部环境发生了变化，或战略本身有重大缺陷，企业战略实施的结果并不一定与预定的战略目标相一致。实施战略控制，就是用来解决既定战略与始终变化着的环境之间的矛盾。

1. 战略控制的内容

对企业经营战略的实施进行控制，其主要内容有五个方面：其一，设定绩效标准。即根据企业战略目标，结合企业内部具体条件，确定企业绩效标准，作为战略控制的参照系；其二，绩效控制与偏差评估。通过一定的测量方式、手段和方法，监测企业的实际绩效，并将企业的实际绩效与标准绩效对比，进行偏差分析与评估；其三，设计并采取纠正偏差的措施，以顺应变化着的条件，保证企业战略的圆满实施；其四，监控外部环境的关键因素。外部环境关键因素的变化意味着战略前提条件的变动，必须给予充分的注意；其五，激励战略控制的执行主体，以调动其自控制与自评价的积极性，以保证企业战略实施的切实有效。

2. 企业战略控制的方式

从控制的时间来看，企业的战略控制可以分为以下三类。

（1）事前控制

在战略实施之前，要设计好正确有效的战略计划，该计划要得到企业高层领导人的批准后才能执行，其中重大的经营活动还应该得到企业领导人的批准才能开始实施，所批准的内容往往也就成为考核经营活动绩效的控制标准。这种控制多用于重大问题的控制，如任命重要的人员、签订重大的合同、购置重要的设备等。

由于事前控制是在战略行动成果尚未实现之前，通过预测发现战略行动的结果可能会偏离既定的标准。因此，管理者必须对预测因素进行分析与研究。

（2）事后控制

这种控制方式发生在企业的经营活动之后，把战略活动的结果与控制标准相比较。这种控制方式工作的重点是要明确战略控制的程序和标准，把日常的控制工作交给职能部门人员去做，即在战略计划部分实施之后，将实施结果与原计划标准相比较，由企业职能部门及各事业部定期将战略实施结果向高层领导汇报，由领导者决定是否有必要采取纠正措施。

事后控制的方法主要有两种形式：

第一种，联系行为。即对员工战略行为的评价与控制直接同他们的工作行为联系挂钩。

这种方式比较容易获得员工的认同，并能明确战略行动的努力方向，使个人的行动导向和企业经营战略导向接轨。同时，通过行动评价的反馈信息修正战略实施行动，使之更加符合战略的要求，从而强化员工的战略意识。

第二种，目标导向。即让员工参与战略行动目标的制定和工作绩效的评价，使员工既可以看到个人行为对实现战略目标的作用和意义，又可以从工作绩效的评价中看到成绩与不足，从中得到肯定和鼓励，为战略推进增添动力。

3.随时控制

随时控制即过程控制，企业高层领导者要控制企业战略实施中的关键性过程或全过程，随时采取控制措施，纠正实施中产生的偏差，引导企业沿着战略的方向经营，这种控制方式主要是对关键性的战略措施进行随时控制。

上述三种控制方式所起的作用不同，不同的企业在不同的阶段应该根据自己的情况选择不同的控制方式。

二、初创企业的管理模式

（一）管理模式

管理模式，通俗地讲就是一个企业在管理制度上和其他企业不一样的地方，从制度经济学的角度说包括了正式制度和非正式制度两个方面，也就是企业在管理规章制度和企业文化上最基本的不同特征。一般来说，不同的国家的企业有不同的管理模式，而且同一企业在不同时期也有不同的管理模式。

目前在理论上比较公认的管理模式有日本管理模式和美国管理模式等。不同管理模式决定其管理特征的差异性，如美国管理模式的特点是鼓励个人英雄主义及以能力为主要考核特征的模式，它在管理上的主要表现就是规范管理、制度管理和条例管理，以法制为主体的科学化管理。而日本管理模式的特点则是集体主义为核心的年功序列制、禀议决策制等为特征，重视人际关系、以集体利益至上、家族主义等情感管理为主。

（二）管理模式的分类

管理模式大致可分为：传统/等级模式、人际关系模式、系统模式和现代人本主义管理模式。

（1）传统/等级模式侧重于组织内管理体制和管理技术的提升与完善，强调组织内正式或非正式团体的建设，目的在于提高组织的效率，对员工实行平等式的管理。

（2）人际关系模式：组建一个组织就是将不同所有者的物质资源和人力资源组合起来。人力资源的组合意味着将不同的人组织起来，而物质资源的组合也要通过人与人的交往才能得以实现。管理者间原来所具有的良好的人际关系及相互间的了解，有助于解决各种冲突，减少达成一致和资源聚集过程中的交易成本。

（3）在系统模式下，管理的侧重点转向于注重组织的整体性和目标性，强调人与人之间、人与部门之间、部门与部门之间的整体协调，对员工实行协作互动式管理。

（4）当今人本主义管理模式则强调以人为中心，强调个体在组织中的作用，管理的中心任务是围绕如何调动员工的工作积极性而开展的人力资源管理与开发，目的在于使组织更富有活力，对员工实行民主的、开放的管理。

（三）初创企业五种适用管理模式

未来的企业管理的目标模式是以制度化管理模式为基础，适当地吸收和利用其他几种管理模式的某些有用的因素。

1. 亲情化管理模式

所谓亲情化管理模式，就是我们通常所讲的家族企业的管理模式，即对企业采取的是家族式的管理办法，也就是我们经常讲的家族血缘式的企业管理模式。这种管理模式贯彻的原则，就是想利用家族血缘关系中的一个很重要的功能，即内聚功能，就是试图通过家族血缘关系的内聚功能来实现对企业的管理。因为家族血缘关系有一种天然性的合力功能，就是天赋性的合力功能。这种功能被称为内聚功能，其排他性很强，从而会形成一种有效的内部合力，因而在家族血缘关系内往往具有一种极为强大的聚合功能。亲情化管理模式就是企业管理者想用家族血缘关系中的这种内部聚合功能，来实现自身对企业的管理。人们通常把这种管理模式就叫亲情化管理模式。

这种亲情化管理模式现在分析它，似乎很难评价它是好还是坏，因为这种模式的好的经验和坏的教训都有，但是有一个基本点大家都是认同的，这就是处理家族血缘关系的原则和企业管理的原则是根本不一样的，这一条是绝对正确的判断。处理企业管理中的各种利益关系的原则，绝对不是通常的家族血缘关系中的那种处理亲情关系的原则，这两者是根本不一样的。正是因为这两种原则的不一致性，最后导致了在一定时期和一定条件下，这种家族血缘关系的内聚功能就完全有可能成为另外一种功能，叫内耗功能。这个时候，这种亲情化的企业管理模式就明显地显示出其致命的弱点来。

从历史上看，虽然一个企业在其创业的时期，这种亲情化的企业管理模式确实起到过良好的作用，但是，当企业发展到一定程度的时候，尤其是当企业发展成为大企业以后，这种亲情化的企业管理模式就很快会出现问题。因为这种管理模式中所使用的家族血缘关系中的内聚性功能，会由其内聚性功能而转化成为内耗功能，因而这种管理模式也就应该被其他的管理模式所替代了。我国亲情化的企业管理模式在企业创业时期对企业的正面影响几乎是99%，但是当企业越过创业期以后，它对企业的负面作用也几乎是99%。这种管理模式的存在只是因为我们国家的信用体制及法律体制还不完善，使得人们不敢把自己的资产交给与自己没有血缘关系的人来运作，因而不得不采取这种亲情化管理模式。

2. 友情化管理模式

所谓友情化管理模式，就是指以朋友的友情化为原则来处理企业中的各种关系的企业管理模式，也有人把这种企业管理模式称之为友情化哥们式企业管理模式。在这种管理模式下，大家都是哥们儿，在一起办一个企业，有福同享，有难同当，因为哥们儿之间就是那种为朋友可以两肋插刀的关系。这种管理模式同上述的亲情化管理模式一样，也是在企业初创阶段对企业的发展确实是有积极意义的。因为在钱少的时候，也就是在哥们儿为朋友可以而且也愿意两肋插刀的时候，这种模式是很有内聚力量的，但是当企业发展到一定规模，尤其是企业利润增长到一定程度之后，哥们儿的友情就淡化了，因而企业如果不随着发展而尽快调整这种管理模式，那么就必然会导致企业很快衰落甚至破产的境地。

3. 温情化管理模式

所谓温情化企业管理模式，实际上就是一种强调人情味的人性化管理模式。这种管理模式强调管理应该是更多地调动人的人性方面的内在作用，只有这样，才能使企业很快地发展。其实，从人性论的观点来看，在企业中强调人情味的一面是对的，但是不能把强调人性味作为企业管理制度的最主要原则。人情味原则与企业管理原则是不同范畴的原则，因此过度强调人情味，不仅不利于企业发展，而且企业最后往往都会失控，甚至还会破产。有人总是喜欢在企业管理中讲什么温情和讲什么良心，认为一个人作为企业管理者如果为被管理者想得很周到，那么被管理者就必然会有很好的回报，即努力工作，这样企业就会更好地发展。可见，温情化管理模式实际上是想用情义中的良心原则来处理企业中的管理关系。

这种温情化管理模式最终的下场也跟前两种差不多，因为在经济利益关系中，所谓的良心是很难谈清楚的。良心用经济学的理论来讲，实际上就是一种伦理化的并以人情味为形式的经济利益的规范化回报方式。因此，如果笼统地讲什么良心，讲什么人性，不触及利益关系，不谈利益的互利，实际上是很难让被管理者好好干的，最终企业都是搞不好的。可见，这种管理模式实际上是属于国有企业的大锅饭的管理模式，让大家都不要计较利益，纯粹保持一种人情化的关系。实际上，在人首先是作为利益主体而存在的条件下，这种模式是不可能管理好企业的。当然，这种管理模式现在还存在。

4. 随机化管理模式

随机化管理模式在现实中具体表现为两种形式：一种是民营企业中的独裁式管理。之所以把独裁式管理列为随机化管理的一种，就是因为有些民营企业的创业者随时可以改变任何规章制度，他的话就是原则和规则，因而这种管理属于随机性的管理。另外一种形式，就是发生在国有企业中的行政干预，即政府机构可以任意干预国有企业的经营活动，最后导致企业管理的随意。可见，这种管理模式要么表现为民营企业中的独裁管理，要么表现为国有企业体制中政府对企业的过度行政干预。现在许多民营企业的衰落，就是这种随机化管理模式造成的。因为在这种管理模式下，创业者的话说错了，别人无法矫正，甚至创业者的决策错了，别人也无法更改，最后的结果只能是企业走向衰亡。

5. 制度化管理模式

所谓制度化管理模式，就是指按照一定的已经确定的规则来推动企业管理。这种规则必须是大家所认可的带有契约性的规则，同时这种规则也是责权利对称的。因此，未来的企业管理的目标模式是以制度化管理模式为基础，适当地吸收和利用其他几种管理模式的某些有用的因素。因为制度化管理比较"残酷"，适当地引进一点亲情关系、友情关系、温情关系确实有好处。甚至有时也可以适当地对管理中的矛盾及利益关系做一点随机性的处理，"淡化"一下规则，因为制度化有时太呆板了。如果不适当地"软化"一下也不好办，终究被管理的主要对象还是人，而人不是一般的物品，人是有各种各样的思维的，是具有能动性的，所以完全用制度化管理也不可。适当地吸收一点其他管理模式的优点，综合成一种以制度化管理为基础带有混合性的企业管理模式会比较理想。

三、营造良好的企业文化

一个国家如果没有文化，这个国家就失去了灵魂；一个企业没有文化，这个企业就没有了凝聚力，从而也会丧失持久的竞争力。

（一）企业文化的定义

企业文化是指企业全体员工在长期的发展过程中所培育形成的并被全体员工共同遵守的最高目标、价值体系、基本信念及行为规范的总和。

也有人认为，企业文化是企业为解决生存和发展的问题而树立形成的，被组织成员认为有效而共享，并共同遵循的基本信念和认知。企业文化集中体现了一个企业经营管理的核心主张，以及由此产生的组织行为。

企业文化是企业成员共同的价值观念和行为规范。讲通俗点，就是每一位员工都明白怎样做是对企业有利的，而且都自觉自愿地这样做，久而久之便形成了一种习惯。再经过一定时间的积淀，习惯成了自然，成了人们头脑里一种牢固的"观念"，而这种"观念"一旦形成，又会反作用于（约束）大家的行为，逐渐以规章制度、道德公允的形式成为众人的"行为规范"。

（二）企业文化建设的内容

企业文化建设是一项系统工程，内容包括以下四个方面。

1. 物质文化建设

企业首先要重视产品和服务质量的改进与提高，这是表层文化建设的核心；其次要加强企业的基础设施建设，美化厂容、厂貌；最后要注重产品和服务的商标和包装设计，注重宣传、优化企业形象。所谓企业形象，又称为企业识别，是指社会公众对企业整体的、抽象的、概括的认识和评价。它对于树立企业良好形象、创建企业优质品牌、增强企业竞争能力、提高企业管理水平、实现企业经营目标等方面发挥着极其重要的作用。企业形象一般是由有形要素、无形要素、员工要素三大类构成的，对企业形象影响较大的有：①产品形象。它是企业形象的代表，也是企业形象的基础，社会公众通过产品了解企业，企业通过产品服务塑造自己的形象；②环境形象。它是企业向社会公众展示自己的重要窗口，反映企业的经济实力、管理水平、精神风貌；③服务形象。它是通过服务态度、服务方式、服务质量来树立企业信誉这块金字招牌的；④员工形象。不仅指员工的装束仪表、言谈举止、服务态度，而且指其价值观念、经营理念、道德规范、传统习俗等。

其中，企业家形象是企业形象的核心和关键。上述各个要素的有机结合，从不同的侧面共同构成了企业的整体形象。

2. 行为文化建设

企业在进行行为文化建设时，第一，要注意人力资源的培育和积累，增加投资，加强培训；第二，要注意经营管理的科学性、效益性；第三，要改进员工工作作风和精神风貌；第四，要建立良好的人际关系环境，为员工提供更多的参与管理、参与企业文化建设的机会；第五，要搞好员工的文化娱乐体育活动，提高员工的综合素质。

3. 精神文化建设

企业要研究和挖掘各民族文化，吸取优秀文化，处理好传统文化与现代文化、民族文化与外来文化的关系，建立具有本企业特色的企业文化。

4. 制度文化建设

企业管理制度必须具有先进性、科学性、合理性、适用性，要实现规范化、系统化、民主化，建立适合企业实际的现代企业制度。这种制度的特点是"产权明晰、权责明确、政企分开、管理科学"。

（三）企业文化建设的途径

1. 培育共同价值的观念

作为企业文化核心的价值观念的培养，是企业文化建设的一项基础工作。企业组织中的每个成员都有自己的价值观念，但由于他们的生活环境不一样、受教育的程度不相同等原因，他们的价值观念千差万别。企业价值观念的培育是通过培训、倡导和模范人物宣传感召等方式，使企业员工扬弃传统落后的价值观念，树立正确的、有利于企业生存发展的价值观念，并达成共识，成为全体员工思想和行为的准则。

企业价值观念的培育是一个由服从，经过认同，最后达到内化的过程。服从是在培育的初期，通过某种外部作用使企业中的成员被动地接受某种价值观念，并以此来约束自己的思想和行为；认同是受外界影响而自觉地接受某种价值观念，但对这一观念未能真正地理解和接受；内化不仅是自愿地接受某种价值观念，而且对它的正确性有真正的理解，并按照这一价值观念自觉地约束自己的思想和行为。

企业价值观念的培育是一个长期的过程。在这个过程中，企业组织中个体成员价值观念的转变还可能由于环境因素的影响而出现反复，这更增加了价值观念培育的复杂性。由于企业价值观念是由多个要素构成的价值体系，在培育中要注意多元要素的组合，既要考虑企业价值目标的实现，又要照顾员工需求的满足。

2. 构塑企业精神

企业精神构塑是在企业领导者的倡导下，根据企业的特点、任务和发展走向，是建立在企业价值观念基础上的内在的信念和追求，通过企业群体行为和外部表象而外化，形成企业的精神状态。

企业精神与企业价值观是既有区别，又密切相关的两个概念。价值观是企业精神的前提，企业精神是价值观的集中体现。价值观具有分散性和内隐性，如存在的价值、工作价值、质量价值等，它是人们的信念和追求。但企业精神则不同，它比较外露，容易被人们所感觉。企业价值观和企业精神共同构成了企业文化的核心。

企业精神构塑，一是根据所在的行业特点，确定和强化企业的个性与经营优势，通过这种确定和强化唤起员工的认同感，增强员工奋发向上的信心和决心，形成企业的向心力、凝聚力和发展动力；二是以营销服务为中心，引导和培育企业员工创名牌、争一流、高水平的意识和顾客第一、服务至上的经营风尚，使企业在市场竞争中立于不败之地；三是大力提倡团结协作精神，使企业形成一个精诚合作的群体，建立和谐的人际关系；四是发扬民主，贯彻以人为本，激励员工参与意识，使他们把自己与企业视为一体，积极为企业的兴旺发达献计献策；五是提炼升华，将企业精神归纳为简练明确、富有感召力的文字表述，便于员工理解和铭记在心，对外形成特色，加强印象。企业精神的形成具有人为性，这需要企业的领导者根据企业的经营理念、发展走向有意识地倡导，逐步培育而成。

3. 确立正确的经营哲学

作为企业经营管理方法论原则的企业经营哲学，是企业一切行为的逻辑起点。因此，确立正确的经营哲学，是企业文化建设的一项重要任务。

企业确立经营哲学，虽有某些共同的方法论要素，如服务行业的"服务为本""用户第一"等，但各企业由于人、财、物的状况不同，所处的环境不同，每个企业选择具有本企业特色的经营哲学是可能的。确立企业哲学，需要经营者对本企业的经营状况和特点进行全面的调查，运用哲学观念分析研究企业的发展目标和实现途径，在此基础上形成自己的经营理念，并将其渗透到员工的思想深处，变成员工处理经营问题的共同思维方式。企业经营哲学通常应在代表企业精神的文字中体现，这不仅有利于内部渗透，而且也便于顾客识别。

经营哲学的确立，关键是要有创新意识，创建有个异性的经营思想和方法。

4. 企业形象设计

企业形象设计一般经过形象调查、形象定位和形象传播三个阶段。形象调查是了解公众对本企业的认识、态度与印象等方面的情况，为企业形象设计提供信息；形象定位是在形象调查的基础上，根据企业的实际状况，用知名度和美誉度的高低程度对企业形象进行定位。形象传播是以广告或公关方式，将企业形象的有关信息向社会传播，让更多的顾客认识和接受，从而提高企业形象。

第八章　高校大学生创业风险控制教育

面对正在兴起的创业浪潮，高校大学生创业正迎来前所未有的大好时机，新型商业模式层出不穷，融资渠道多元化，政府也出台了众多扶持政策。在创业的道路上，我们可以先想再做，也可以边想边做，还可以做了再想，但绝对不可以只想不做。有关统计表明，自创企业在1年内失败的比例高达50%~80%。对高校大学生创业来说，创业失败率更高。面对如此高的创业失败率，高校大学生应该如何应对？本章主要对高校大学生创业风险控制进行分析，内容涉及创业风险概述、创业风险的主要类型与创业风险规避。

第一节　创业风险概述

大多数创业者在开始时都是只抱有乐观的一面，公司只要开张，几个月内如何盈利、如何收回成本等。往往对风险的出现缺乏一定的思想准备。一位成功的创业者曾说过，创业时要从最坏处打算，比如公司能承担多大的损失、支撑多长的时间、如何应对创业瓶颈阶段、如何应对业务和财务风险等，这才是最重要的。做企业的，产品开发风险、市场风险、资金回笼风险、材料供应风险等时时都会围绕着你，所以必须时刻保持清醒的头脑。

一、创业风险的内涵

风险是指在一定条件下和一定时期内，由于各种结果发生的不确定性而导致行为主体遭受损失的大小以及这种损失发生可能性的大小。风险是一个二位概念，风险以损失发生的大小与损失发生的概率两个指标进行衡量。对创业风险的界定，目前学术界还没有统一的观点，大多数国内外学者都只针对自己所研究的领域或角度来界定，而并没有将其一般的概念提炼出来。Timmons 和 Devinney 将创业风险视为创业决策环境中的一个重要因素，其中包括处理进入新企业或新市场的决策环境以及新产品的引入。国内的学者有的主要从创业人才角度界定创业风险，认为创业风险就是指人才在创业中存在的风险，即由于创业环境的不确定性，创业机会与创业企业的复杂性，创业者、创业团队与创业投资者的能力与实力的有限性，而导致创业活动偏离预期目标的可能性及其后果。也有人认为，创业过程是需要不断地吸收风险投资的过程，而风险投资家们在对新创企业进行风险评估时，首先看重的就是创业的人员，而不是项目本身。人员风险具体表现在人员的能力、人员的流失和人员的道德三个方面。还有的学者将创业风险分为系统风险和非系统风险，认为系统风险是指由于创业外部环境的不确定性引发的风险。非系统风险是指非外部因素引发的风险，即与创业者、创业投资和创业企业有关的不确定因素引发的风险。

创业风险是指在企业创业过程中存在的风险，是指由于创业环境的不确定性，创业机会与创业企业的复杂性，创业者、创业团队与创业投资者的能力与实力的有限性而导致创业活动偏离预期目标的可能性。

二、创业风险的来源

创业环境的不确定性，创业机会与创业企业的复杂性，创业者、创业团队与创业投资者的能力与实力的有限性，是创业风险的主要来源。研究表明，由于创业的过程往往是将某一构想或技术转化为具体的产品和服务，在这一过程中，存在着几个基本的、相互联系的缺口，它们是形成上述不确定性、复杂性和有限性的直接影响因素，也就是说，创业风险在给定的宏观条件下，往往就直接来源于此。

（一）融资缺口

融资缺口存在于学术支持与商业支持之间，是研究基金和投资基金之间的断层。其中研究基金通常来自个人、政府机构或公司研究机构，它既支持概念的创建，还支持概念可行性的最初验证。投资基金则将概念转化为有市场的产品原型（这种产品原型有令人满意的性能，对其生产成本有足够的了解并且能够识别其有足够的市场）。创业者可以证明其构想的可行性，但往往没有足够的资金使其实现商品化，从而给创业者带来一定的风险。通常，只有少数基金愿意鼓励创业者跨越这个缺口，如富有的个人专门进行早期项目的风险投资以及政府资助计划等。

（二）研究缺口

研究缺口主要存在于仅凭个人兴趣所做的研究判断和基于市场潜力的商业判断。当一个创业者最初证明一个特定的科学突破可能成为商业产品基础时，他仅仅停留在自己满意的论证程度上。然而，这种程度的论证后来不可行了，在将预想的产品真正转化为商业化产品的过程中，即具备有效的性能、低廉的成本和高质量产品的企业，在能从市场竞争中生存下来的过程中，需要大量复杂而且可能耗资巨大的研究工作。

（三）信息和信任缺口

信息和信任的风险存在于技术专家和管理者（投资者）之间。也就是说，创业企业存在两种不同类型的人：一种是技术专家，另一种是管理者（投资者）。这两种人往往有着不同的专业背景，对创业有着不同的预期、信息来源和表达方式。技术专家知道哪些内容在科学上是正确的、哪些内容在技术层面上是可行的、哪些内容是根本无法实现的。在失败的创业案例中，技术专家承担的风险一般表现为学术上、声誉上受到影响，以及没有金钱回报。管理者（投资者）通常比较了解市场和将产品引入市场的程序，当涉及具体项目的技术部分时，他们不得不相信技术专家，可以说管理者是在拿别人的技术冒险。如果技术专家和管理者（投资者）之间不能相互充分信任，或者不能进行有效的交流，那么将会带来很大的风险。

三、创业风险的特征

只要我们在创业过程中规避一定风险，就可能带来意想不到的机会和比例不等的收益。那么，在考虑规避创业风险的时候，创业者要认识和了解创业风险的特征及其组成要素的，离开这些，规避风险就无从谈起。

（一）创业风险具有客观性

创业风险具有客观性，指的是在创业过程中，风险在很大程度上是不以创业者或创业主体的意志为转移的，是独立于创业者或创业主体意志之外的客观存在。例如，自然界洪涝灾害等气候影响、社会领域的战争或冲突、创业过程中发生的意外事故等，都是不以创业者的意志为转移的客观存在。创业者在创业过程中只能采取规避风险的办法，在一定的时间和空间内改变风险存在和发生的条件，来降低风险发生的频率和损失幅度，但是，却不可能彻底消除风险的存在。

（二）创业风险具有普遍性

人类历史就是与各种风险相伴的历史。自从人类出现后，就面临着各种各样的风险，如自然灾害、疾病伤残、死亡、战争等。随着科学技术的发展、生产力的提高、社会的进步、人类的进化，又产生了新的风险，且风险事故造成的损失也越来越大。

在当今社会，创业面临着自然风险、市场风险、技术风险、政治政策风险等。风险无处不在，无时不有。

（三）创业风险具有不确定性

创业风险具有不确定性，指的是在创业过程中由于信息的不对称，创业主体对未来风险事件发生与否难以预测，主要表现在以下几个方面：

（1）风险是否发生，即风险发生的概率的不确定性。

（2）风险发生时间和空间的不确定性。

（3）风险产生的结果的不确定，即损失程度和范围的不确定性。

这就要求我们要尽可能在有限条件基础上进行全方位、全过程的防范。当然这也会给创业过程带来较高的防范成本。有时候，创业者面对不确定的创业风险显得无力和无奈。

(四) 创业风险具有相关性

创业风险具有相关性是指创业者面临的风险与其创业行为及决策是紧密相连的。同一风险事件对不同的创业者会产生不同的风险，同一创业者由于其决策或采取的策略不同，会面临不同的风险结果。

(五) 创业风险具有可变性

创业风险具有可变性是指在一定条件下创业风险会因时空等各种因素变化而具有可转化的特性。世界上任何事物都是互相联系、互相依存、互相制约的，而任何事物都处于变动和变化之中，这些变动和变化必然会引起风险的变化。尤其是人类社会自身的进步和发展，也创造和推动了风险的发展和变化。例如，金融危机、国家政策、民俗风情、科技咨询的进步，都可能使创业风险因素发生变动，给创业过程带来影响。

(六) 创业风险具有损益双重性

创业风险具有损益双重性是指创业风险对于创业收益不只有负面的影响。如果能正确认识并且充分利用创业风险，反而会使收益有很大程度的增加。风险发生后人们的感觉首先是损失，损失使得人们对风险印象深刻。只要风险存在，就一定有发生损失的可能，这种损失有时可以用货币计量，有时却无法用货币计量。风险的存在，不仅会造成人员伤亡而且会造成生产力的破坏、社会财富的损失和经济价值的减少。因此，创业个体或企业才会寻求应对风险的方法。同时，我们必须认识到风险并不一定就代表损失，机会与损失并存，机遇与挑战同在。

(七) 创业风险具有可测定性与测不准性

创业风险具有可测定性与测不准性，一方面是指创业风险是可以测量的，即可通过定性或定量的方法对其进行评估；另一方面是指创业风险的实际结果常常会出现偏离误差范围的状况。这是由于创业投资的测不准、创业产品周期的测不准与创业产品市场的测不准等性质造成的。

四、如何正确看待风险

创业路上，风险无处不在、无时不在，但不能因为有风险就畏缩不前，而是要在争取实现目标的前提下，去管理风险，控制风险，规避风险，这才是创业者对待风险的正确态度。

如果创业者要创建的企业是一家持续性发展的企业，比如生产某种品牌消费品的公司，需要不断投资以获得可持续竞争的优势，这就必须做好冒大风险、做长期努力的准备。因为，创业者可能不得不通过一系列广告来创立一个品牌，这样就需要支付大笔广告费用；创业者还必须将利润再投资，接受股份合伙人或个人担保贷款；为了培养企业中坚力量，创业者还必须授权、委托经验可能不足的雇员来做重大决策等，这些都具有极大的风险。

经营小型或生活方式型企业的创业者，面临的风险和压力可能较小。一般有能力的员工是不会到没有认股权或个人发展机会的公司，不然，创业者自己长时间工作的状况可能永远都不会改变。个人专营店很难出售，并且要求业主每天都得露面，创业者很可能会被业务纠缠得无法脱身，一旦精疲力竭或生病，就可能遇到财务困难。但总的来说经营与发展的风险要小得多。

如果创业者是把创办企业作为他终生奋斗的事业，那么他就需要加倍谨慎从事。因为他是拿自己的一生做抵押，期望通过不断的努力使自己得到最大的回报，因此对风险的管理就需要加倍用心，创业初期绝对不能急于求成。对企业核心竞争力的培育与关键资源的掌握也是不容忽略的，合理控制企业的风险与发展速度，做到最优配比，是创业者很难把握的事情。

但是，绝不能为了控制风险而放弃目标。创业者想要成功就必须在目标和风险之间权衡取舍。北京伟豪铝业集团公司的张正喜就是个很好的例子。1995年，当他辞别努力工作10年的雪花冰箱厂创建自己的企业时，时年35岁。妻子和6岁的儿子同他一起搬出了原来厂里分配的住房，住进租来的小屋。他强烈地感到肩上承载的家庭责任。他说，如果不出来创业，自己的很多理想就无法实现，但是创业又面临家庭的后顾之忧。因此，他不想冒大风险进入自己不熟悉的领域，而是选择了一个补缺市场，这块市场足够他们建立一家可持续发展的企业，但还不足以吸引行业巨头来投资，因此他和合伙人是可以接受相应的风险。他们在不计报酬的情况下苦干了两年，投入了自己全部的个人积蓄，并向朋友借了一大笔钱，1997年的时候公司度过了生存危险期。10年之后，他们终于将公司发展成了一个资产达4亿元人民币、准备在加拿大证券市场上市的公司。张正喜的成功就在于在明确创业目标的同时，合理地控制了创业风险，而不是盲目冲动地进入自己不熟悉的行业或领域。

第二节　创业风险的主要类型

人类社会面临的风险多种多样，不同的风险有着不同的性质和特点，它们形成的过程、发生的条件和对人类造成的损害也是不一样的。在企业中，不同性质和来源的风险相互作用，并由此决定了企业所面临的总体风险，识别企业所面临的总体风险对实现企业的战略目标具有重要的战略意义，因此必须对种类繁多的风险按一定的方法进行科学分类，以便对这种风险进行识别、测定和管理。

一、技术风险

技术风险是指在企业在产品创新过程中,因技术因素导致创新失败的可能性。

(一)技术成功的不确定性

创新技术从研究开发到实现产品化、产业化的过程中,任何一个环节的技术障碍,都将使产品创新前功尽弃,归于失败。很多创业企业,在技术产业化实施过程中,屡战屡败,其中的原因是多方面的。当用血汗赚来的资金或以家产抵押来的创业资金将要耗尽时,却往往还没有生产出合格的产品,这样的事例很多。

(二)技术前景的不确定性

新技术在诞生之初都是不完善的、粗糙的,在现有技术设备条件下,能否很快使其完善起来,工程师和创业者都没有把握。很多创业者在创业之初,声称是在"赌××工程师"。一些在实验室看来很好的创新技术,到了新建的生产车间,按照实验室的工艺条件,要么很难实现,要么就是实现不了。为什么?因为工业化生产与实验室是不可能完全相同的,天真的工程师们却常常忽视了不该忽视的各技术环节,以及其他制约条件。如果赖以创业的技术不能够实现工业化,必然造成创业的夭折。

(三)技术效果的不确定性

一项高技术产品即使能成功地开发、生产,但事先也难以确定其效果。例如,有的技术有副作用,会造成环境污染、破坏生态环境等,就有可能受到限制而不能实施。或者达不到创业前所预期的效果,结果也会造成损失甚至夭折。

(四)技术寿命的不确定性

高技术产品的重要特点之一就是寿命周期短、更新换代快。由于高新技术产品的寿命周期越来越短,对依托高技术产品的创业者而言,如果不能在高技术寿命周期内迅速实现产业化,收回初始投资并取得利润,那么必将遭受巨大的损失。

二、机会风险

创业者选择创业也就放弃了自己原先所从事的职业。一个人只能做一件事,选择创业就丧失了其他的选择,这就是所谓的机会成本风险。例如,张乐和李悦是大学同学,同时进了一家大公司从小职员做起,张乐权衡再三,选择了创业,辞去了在公司的职务,李悦认为自己不适合创业,于是老老实实地做一个本分的小职员。对张乐而言,他就面临着机会成本风险,因为如果不去创业,张乐尚有一个可以不愁温饱的职业,现在辞去工作,不仅失去稳定的薪水，而且连医疗保险、退休金、住房福利等都没有了。假如张乐将来创业成功，有着发展前景良好的企业，和李悦相比，张乐有了自己真正的事业。李悦尽管工作勤奋，即便做上公司总经理，也不过是一辈子为他人打工。但如果张乐创业失败了，几年以后不得不到一家公司去做小职员，那么相对李悦而言，张乐不仅失去了几年的福利，而且也失去了几年的工作资历。另外，年龄的原因也会使张乐丧失一些机会。这种机会成本风险是每个创业者所应认真考虑的问题。如果创业者认为目前创业时机成熟，正好有一个绝佳的商业机会，那么就狠下决心，立即着手创业。如果觉得没有什么太好的商业机会，而且自己对公司经营运作管理知之甚少，就可以暂时不辞去工作，而是边工作边认真观察，看看所在公司的各层领导是如何工作的，并用心学习所在公司开拓市场的技巧，以及公司老总管理公司的技巧。平时设身处地将自己当作公司老总，对不同的情况做出决定，然后和公司老总的决定比较，让事实去检验自己决定的正确与否。同时，创业者还可以边为其他公司打工，边留心建立良好的商业关系网，等待时机成熟时，再开始创业。

三、市场风险

一般来讲，所谓市场风险是指因市场的同类产品或者替代产品的价格、银行利率、外汇汇率等的变动而导致产品受到未预料到的潜在损失的风险。市场风险包括创业企业的权益风险、汇率风险、利率风险以及商品风险。利率风险是创业企业的风险源之一，它包含资产负债不匹配的风险。

从创业者所面临的市场风险来看，市场风险主要是指由于创办的企业所面对的市场变化的不确定性而导致创业失败的可能性。许多创业活动最后失败并非由于技术上的缺陷，而是没有把握住瞬息万变的市场信息与动态，这是创业企业活动充满风险性的主要原因之一。如消费者难以认同和接受创新产品、市场需求发生变化、市场竞争激烈、市场容量过小、市场处于衰退期、模仿的创新产品或替代产品的出现等，都会导致创新活动的市场风险增加，甚至失败，如早已退市的传呼机被手机取代。市场风险可以细分为以下几个方面。

（一）市场容量

这关系到技术创新产品的市场前景问题，决策者往往对潜在市场容量做出偏高估计的错误决策。生产产品的市场容量大小将影响到整个项目的收益。市场的需求量必须足够大并且足够稳定才能获得投资利润，项目才可行。

（二）市场份额

一项新技术产品潜在的市场份额决定了投资企业潜在的获利能力。市场份额指在满足同一功能的产品中本产品能占到的直接市场份额及相关市场份额的大小。市场份额的大小取决于同类产品的竞争程度，随着市场份额的扩大，可能占领的市场份额逐渐达到最大。

(三)产品竞争力

产品是否符合市场发展方向,产品的价格是否比同类产品的价格便宜,现有的竞争者和潜在的竞争者是否很多,市场的潜力、发展空间将会如何发展等,将直接影响到项目的未来收益。

(四)产品的生命周期

技术替代的出现、成本原因、市场竞争原因、消费者偏好变化、政府政策法律限制等因素都会影响产品的生命周期。例如,创业者从事农业领域的创业的话,根据经济学中的蛛网理论,由于农产品需求价格弹性小于供给价格弹性,易出现农产品市场供过于求、增产不增收的情况。

(五)营销策略

现有的销售网络能否满足市场拓展需要、是否需要建立新的销售渠道和销售队伍等。特别是在售后服务方面,有的产品、例如电梯维护与保养等,如果不能够及时跟进,产品就可能被市场淘汰。许多软件开发商的高新企业都是由于售后服务和技术支持不到位而遭到市场的抛弃。

(六)市场接受时间的不确定性

新产品的推出时间与诱导需求的时间具有一定的时滞性,时滞性将可能导致企业开发的新产品的资金沉淀,难以收回。例如闻名世界的贝尔实验室在20世纪50年代就推出了图像电话,但是20年之后,该技术才被市场所接受。往往革命性的产品不太容易立刻被市场接受,而附加性技术产品则是由于市场对其主导产品熟悉了便可以迅速占领市场。

四、环境风险

环境风险是指因外部环境因素的不确定性给企业带来的风险。这些外部因素有政治因素、经济因素、技术因素、人口因素、自然因素、文化因素等,这些都是创业者不可控的。

(一)政法法律环境风险

创业项目必须符合所在国家的法律、法规、方针和政策,而这些都不是一成不变的。国家相关部门会根据各个时期的不同需要出台一些新的政策和方针,对法律、法规进行修订,特别是经济领域、税收政策、进出口限制、价格管理等都有可能发生变化,这些变化有可能给企业带来新的机遇,也有可能带来巨大的困难。

（二）经济环境风险

一个地区的经济发展水平决定了消费者的消费水平和消费结构，如果创业者一开始没有对所在区域的经济发展水平做出很好的了解和判断，或者在创业过程中该地区经济发展水平出现变化，如某些工厂倒闭会导致该厂职工集中住宿地区的消费能力有所下降会给企业者带来风险。

（三）人口环境风险

一个地区人口的规模、密度、年龄结构、性别、流动性等因素，对于创业企业也会产生影响。

（四）自然环境风险

创业企业所依赖的各种自然资源也具有不确定性，特别是一些资源高依赖型的企业，更要多关注自然环境的变化。自然环境包括自然资源、气候状况、地理位置、交通状况等。当然，由于自然环境发生变化所带来的风险也应归于此类，譬如台风、地震等灾害性的天气也会给创业企业带来风险。

（五）文化环境风险

各个国家、各个民族、各个地区之间都存在文化差异，创业者需要对所在地区的宗教信仰、风俗习惯、语言文字、审美观念等有一定程度的了解，避免自己的产品由于在这些方面与当地文化不相容而带来风险。

五、管理风险

管理风险的大小主要由下列因素决定。

（一）管理者素质

一个优秀的创业家，可以不具备精深的技术知识，但必须具备这样一些素质：具有强烈的创新精神与创业意识，不墨守成规，不人云亦云；具有追求成就的强烈欲望，富于冒险精神、献身精神和忍耐力；具有敏锐的机会意识和高超的决策水平，善于发现机会，把握机会并利用机会；具有强烈的责任感和自信心，敢于在困境中奋斗，在低谷中崛起。发达国家的高技术产品创新的成功经验之一，就是技术专家、管理专家、财务专家、营销专家的有机组合，形成团队的整体优势，从而为高技术产品创新奠定坚实的组织基础。那种由技术所有者包揽一切，集众权于一身的家长式的管理，往往由于管理水平、管理模式等方面的问题，导致创业夭折。

（二）决策风险

经济学家西蒙曾说："管理就是决策。"由于决策失误而造成失败的事例实在是太多了。无论是政治、军事还是商业。对于创业者而言，绝不可以根据自己的喜怒哀乐或不切合实际的个人偏好而做出决策。不进行科学分析、仅凭个人经验或凭运气的决策方式都可能导致惨重的失败。因此，孙子曾提出："主不可以怒而兴师，将不可以愠而致战。……怒可以复喜，愠可以复悦，亡国不可以复存，死者不可以复生。""夫未战而庙算胜者，得算多也；未战而庙算不胜者，得算少也。多算胜，少算不胜，而况于无算乎？"创业有风险，需要慎重决策。

（三）组织风险

组织风险是指由于创业企业的组织结构不合理而带来的风险。创业企业的迅速发展如果不伴随着组织结构的相应调整，往往会成为创业企业潜在危机的根源，其中管理体制不畅是主要原因之一。因此，对于新创企业，创业者从一开始就应该注意组织结构的设计、调整，人力资源的甄选、考评，薪酬的设计及学习与培训等管理。从创业初始就需要建立健全各项规章制度，并开始建立起企业文化。

六、资金风险

资金风险是指因资金不能及时得到供应而导致创业失败的可能性。对于新创业企业，资金缺乏是最普遍的问题，如果得不到很好的解决，非常容易导致创业夭折。产生这种现象的原因主要有以下几个方面：第一，需求的消失。在消费品或服务市场上，顾客不再信任创业者，创业企业没有了客源，但还得继续营业，这样便很快就会出现现金流中断。如2008年的"毒奶粉事件"，让中国几家大奶制品公司陷入危机。如果是中间品市场，多不会出现迅速面临现金中断的情况，但会有另外的危机；第二，供货危机。一些企业依靠的原料具有垄断性，一旦这些供货企业中止供货就会导致创业企业的危机，从而导致资金短缺；第三，租赁危机。主要是由于商场、工厂或办公场所等企业用地租赁到期，迫使企业停产停工而导致客户流失，从而引起资金短缺或中断。

七、人力资源风险

人力资源风险主要是指由于人的因素，包括创业者、创业团队中的主要成员对创业发展产生不良影响或偏离经营目标从而给企业带来的影响。这种风险主要是由两个原因造成的：一是创业团队成员不忠诚、不和谐；二是创业人员流失。具体体现为以下三个方面：

(一)创业团队风险

创业者在创业过程中会遇到方方面面的问题,其中很多问题需要专业的知识背景去解决。一个人不可能掌握所有的专业知识,因此创业并不是一个人的单打独斗,它需要一个团队良好的沟通与合作。但是,企业在创业之初由于资金有限,很难给员工提供优厚的待遇,这样既难调动员工的积极性,又难以提高他们对企业的忠诚度。如果创业者自身又缺少组建团队的经验,那么在这种条件下组建起来的团队会存在两个影响企业发展的问题:一是团队内部沟通所需要的时间越来越长,但是效果却越来越差;二是构建的组织较混乱,不是一个团结协作的集体,团队的行动力较差。

(二)个人因素产生的风险

此类风险主要有以下三个方面:一是人的诚信方面(常称为用人风险)。此类风险主要指在员工中有他心的人有盗窃、作假甚至吃回扣机会的可能性。为了控制这种风险,企业要严格把关,防止人力资源选择失误而造成的风险。同时还要建立完善和严格的内部控制制度,减少风险发生的机会;二是人的能力方面。企业用人要选择那些有专长的人,水平不高能力不足的人容易耽误企业的创业良机,三是人事变动方面。企业频繁的人事变动也会给企业带来一定的风险。

(三)人员流失可能带来的风险

企业人员流失虽然是一种正常现象,但也会给企业带来不同程度的损失,它是一种流动性的风险。尤其是关键员工的流失,给企业带来的损失更大,包括有形财产和无形财产两方面的损失。它会削弱企业的核心竞争力,增加企业的招聘成本、培训费用,导致企业关键岗位在一段时间内的空缺。进而影响到企业的正常运转和发展的连续性。

第三节 创业风险规避

创业的过程,就是创业者不断规避风险的过程。趋利避害是人类的本能,而主动挑战风险的创业者更应该具备规避风险的能力,这是防止创业失败和减少损失的必要条件。

一、创业风险的识别

(一)概念

创业风险识别是指在风险事故发生之前,创业者运用各种方法系统地、连续地认识所面临的各种风险以及分析风险事故发生的潜在原因。

风险识别过程包含感知风险和分析风险两个环节。感知风险即了解客观存在的各种风险，是风险识别的基础，只有通过感知风险，才能进一步在此基础上进行分析，寻找导致风险事故发生的条件因素，为拟定风险处理方案、进行风险管理决策服务；分析风险即分析引起风险事故的各种因素，它是风险识别的关键。

（二）创业风险识别的过程

识别创业风险是一项复杂而细致的工作，要按特定的程序、步骤，采用适当的方法逐层次地分析各现象，并实事求是地做出评估。风险可以分为三种形式：第一种是必然风险，即无论如何都不可避免要发生；第二种是潜伏风险，这种风险的发生取决于一定的诱发因素，也就是说这种风险有可能发生，也可能不发生；第三种是想象风险，即人们的假想和想象，是心理反应的产物，其实不会发生。这种风险就是假风险。

辨识创业风险的过程包括对所有可能的风险事件来源和结果进行实事求是地调查、访问，对案例进行研究，识别创业风险必须系统、持续、严格分类，并恰如其分地评价其严重程度。创业风险的识别步骤可以通过以下几个方面来进行。

1. 确定导致创业目标不确定性的客观存在

这里强调的是导致创业风险的不确定性的客观存在。因此必须要辨识所要发现或推测的因素是否存在不确定性，如果所有要素是确定的，不能称之为风险。在此基础上要确定要素的不确定性本身必须是客观存在的，是事实上存在的，不以人的意志为转移，不是凭空想象和捏造的。

2. 建立创业风险因素清单

建立创业风险因素清单是识别创业风险的基础工作和前提条件。创业风险因素清单可以在创业风险机理研究的基础上构建起来。清单中应明确列出客观存在和潜在的各种风险，应该包括各种影响创业研究、制定、实施、控制及影响企业的生产、经营和经济效益的各种因素。可能通过理论研究成果和实际的经验进行判断。建立清单可以通过商业清单或一系列的调查表进行深入研究、分析而制定。

3. 确定重要的风险事件并对其可能的结果进行测算

根据清单中的各种重要风险来源，分析和推测各种可能性，结合创业管理的方法和手段进行测算对创业影响的程度、创业成本耗费和最终企业的各种创业绩效指标的变化。

4. 进行创业风险因素分类

对创业风险进行分类的目的是更加深入地理解创业风险的性质、特征和构成，在此基础上制定更好的管理对策。对创业风险进行分类必须结合创业风险要素的性质和可能性结果及彼此之间的关联程度，这样有利于切地理解风险、预测结果。

5. 进行风险排序

风险识别的结论是对其进行归类，即根据风险分类和各种可能的影响结果按照一定的方法进行轻重缓急，并给予排序，分别列入不同的风险级别。每个风险级别都有自己的风险特征，包括不同的发生频率和严重性。

（三）创业风险识别的途径

企业在识别自身存在的风险时，通常要从以下几个方面入手。

1. 自然环境

自然环境是最基本的风险来源，例如暴雨、火灾等天灾都会引致损失。自然环境的变化，不可避免地对不少行业带来莫大损失。例如建筑项目会受雨天的多寡而影响其进度，旅游业会因地震、天灾而影响其游客人数。唐山大地震发生之前，所有的蚂蚁都倾巢出动，自然环境的变化已经为即将到来的风险打开了红灯。

2. 社会经济文化环境

由于人的价值观不断改变，物质享受不断提高，人类的行为及社会架构亦间接成为风险来源，例如最常见的种族歧视导致国与国之间出现争斗，不同的文化背景所带来的混乱、灾害，都会导致社会环境出现危机。文化的差异还能导致企业的衰败，某美国企业在中国发绿色的帽子对员工进行奖励，结果使该企业业绩一度下滑，美国管理者至今仍然不知，在中国，"戴绿帽子"是一个对人极不尊重的讽刺。一个社会的政治环境往往能影响其经济环境，例如政府行动可以影响国际资本市场和引致通货膨胀。经济成长或萧条亦是经济系统内相互影响的因素。而一个地方的利率变化、贷款政策改变亦对企业产生一定的风险。

3. 政治与法制因素

一般而言，创业者在面对不同的政治制度时都有不同的见解和行动，创业者往往需要审慎考虑国家的政治环境转变对企业的影响。例如在房地产方面，"八万五"的政策就被认为使楼房价格大幅下调，直接影响了有关地产建设商及相关行业的利益，对社会亦有直接和间接影响。除了政治因素之外，国家法制健全与否亦会构成风险。某地的司法制度若不健全，将使投资者增加不少风险，例如商业活动得不到法律保障，企业经常被迫进行"台底交易"或贪污行为，这不但增加生意的交易成本，甚至有刑事风险。

4. 企业自身的营运环境

创业企业活动的性质对于识别创业风险的存在，确定创业风险的种类起着重要的作用。这里所指的活动包括创业企业活动的性质、企业的生产经营方式、企业的生产经营过程等，其中生产经营方式的不同决定了风险识别渠道和方法的不同。

一般来讲，对于传统的、常见的风险，创业者凭借经验和简单的风险知识便可识别。

但是由于企业的经济环境的不断变化，识别一些新的、潜在的风险难度较高，必须按照不定期的途径，运用一定的方法来加以识别。一般而言，创业风险识别通常有两条途径：一是借助创业企业外部力量，利用外界的信息、资料识别风险；二是依靠创业企业自身力量，利用内部信息及数据识别风险。一般来讲，创业企业不可能有足够多的损失资料和风险管理能力，因此，创业企业为了较好地识别所面临的潜在风险，需要充分利用外界风险信息资料。一般可保风险这类信息资料的来源，通常由保险公司及相关的咨询机构和学术团体提供。经营风险信息资料来源，可从各种信息网络、情报资料获得。它们提供的信息具有一定的权威性和可靠性，对创业企业的风险识别工作也有一定的指导作用。

（四）创业风险识别的方法

风险辨识是进行风险评估的基础和前提。风险辨识就是要识别出项目风险之所在和引起风险的主要因素，并对其后果做出定性估计。在实践中，识别项目风险的方法有很多，目前常用的有头脑风暴法（brain storming）、德尔菲法（Delphi method）、情景分析法（scenarios analysis）等。

1. 头脑风暴法

头脑风暴法也称集体思考法，是以专家的创造性思维来索取未来信息的一种直观预测和识别方法。头脑风暴法一般在一个专家小组内进行，以"宏观智能结构"为基础，通过专家会议，发挥专家的创造性思维来获取未来信息。这就要求主持专家会议的人在会议开始时的发言能激起专家们的思维"灵感"，促使专家们感到急需回答会议提出的问题，通过专家之间的信息交流和相互启发，从而诱发专家们产生"思维共振"，以达到互相补充并产生"组合效应"，获取更多的未来信息，使预测和识别的结果更准确。我国20世纪70年代末开始引入头脑风暴法，很快就受到有关方面的重视和采用。

2. 德尔菲法

德尔菲法又称专家调查法，它是依靠专家的直观能力对风险进行识别的方法，现在此法的应用已遍及经济、社会、工程技术等各领域。用德尔菲法进行项目风险识别的过程是由项目风险小组选定与该项目有关的领域和专家，并与这些适当数量的专家建立直接的函询联系，通过函询收集专家意见，然后加以综合整理，再匿名反馈给各位专家，再次征询意见。这样反复四至五轮，逐步使专家的意见趋向一致，作为最后识别的根据。我国在20世纪70年代引入此法，已在许多项目管理活动中应用，并取得了比较满意的结果。

3. 情景分析法

它是由美国一家公司的科研人员Pierr Wark于1972年提出的。它是根据发展趋势的多样性，通过对系统内外相关问题的系统分析，设计出多种可能的未来前景，然后用类似于撰写电影剧本的手法，对系统发展态势做出自始至终的情景和画面的描述。当一个项目持续的时间较长时，往往要考虑各种技术、经济和社会因素的影响，可用情景分析法来预测和识别其关键风险因素及其影响程度。情景分析法对以下情况是特别有用的：提醒决策者注意某种措施或政策可能引起的风险或危机性的后果；建议需要进行监视的风险范围；研究某些关键性因素对未来过程的影响；提醒人们注意某种技术的发展会给人们带来哪些风险。情景分析法是一种适用于对可变因素较多的项目进行风险预测和识别的系统技术，它在假定关键影响因素有可能发生的基础上，构造出多种情景，提出多种未来的可能结果，以便采取适当措施防患于未然。情景分析法从20世纪70年代中期以来，在国外得到了广泛应用，并产生了一些具体的方法，如目标展开法、空隙填补法、未来分析法等，一些大型跨国公司在对一些大项目进行风险预测和识别时都陆续采用了情景分析法，因其操作过程比较复杂，目前此法在我国的具体应用还不多见。

4. 环境扫描法

环境扫描法是对一个复杂的信息系统进行分析，它通过收集和整理企业内部和外部各种事件、趋势的信息，了解和掌握创业所处的内外环境的变化，辨别企业所面临的创业风险和机遇，为预警和控制系统提供科学的信息和数据。在企业层面上的环境扫描，一方面是提供企业环境中人口、社会、文化、政治、技术和经济要素可能的未来变化的信息；另一方面提供企业内部资源、管理者、竞争能力、竞争优势以及创业的变化的信息，通过这两方面信息的综合，提供一套系统的有关创业内外环境的信息。

环境扫描是一种系统分析的方法，它在创业管理领域应用上有三种主要的模式：

（1）非定期模式，即对环境出现紧急情况和危机之后的一种反应，属于临时抱佛脚的做法，关注的重点是现状，对未来关注得较少。

（2）周期性模式，属于更加成熟和系统的分析模式，运行时功能活跃并且资源集中，能够对过去进行一个合理的回顾和对未来作一个相对客观的推测。

（3）连续性模式，主要对企业的内外环境而非特定性风险和时间进行连续的监察，通过科学的信息系统来进行分析和估测。通过环境扫描，一旦创业风险信号被捕捉到，必须马上进行分析并做出反应，然后传递到后续创业风险管理阶段。因此，环境扫描具有很强的系统性、标准性、程序性、实践性、技术性。

5. 风险清单法

清单是整理一个企业面临的风险的大致框架，但是对该企业面临的风险的真正分析应着眼于企业的自身特征和运行的环境。它包括很多种运用方法，如认识风险源、识别风险承担者的利益、财务报表法、流程图法等。

二、高校大学生创业风险规避的途径

（一）创业前期的风险防范

1.谨慎选择项目，避免盲目跟风

目前，高校大学生创业的项目选择多集中在高科技领域和智力服务领域，如软件开发、网络服务、家教中介、设计工作室等。此外，快餐、零售等连锁加盟店也是高校大学生青睐的创业项目。但是，高校大学生往往并不了解市场，大多是凭自己的兴趣和想象来决定投资方向。选择既有市场需求又符合自己的创业项目，这是高校大学生创业者必须好好掂量的。一般来说，高校大学生创业者既要客观地分析自身的创业条件，又要冷静地分析创业环境，立足于技术项目，尽量选择技术含量高、自主知识产权明确的项目，并在技术创新的基础上做好产品市场化工作。在选择过程中切忌盲目跟风，还要切记一点——做熟不做生，一定要选择自己最熟悉、最擅长、最有经验、资源最丰富的行业来做。

2.合理组建团队，避免随意搭伙

在风险投资商看来，再出色的创业计划也具有可复制性，而团队的整体实力是难以复制的，因此他们在投资时，往往更看重有合作能力的创业团队，而非那些异想天开的单干者。团队对于创业是否成功至关重要，志同道合的搭档会是你事业成功的无价之宝。因此，组建创业团队时要考虑专业互补、能力互补、性格互补，要使组建的团队有战斗力，避免随意搭伙。

3.注重实践磨炼，避免准备不足

经验不足，缺乏从职业角度整合资源、实施管理的能力，将大大影响高校大学生创业的成功率。要成功创业，最好先经历实践的磨炼，利用业余时间创立一些投资少、见效快、风险小的实体，培养自立自强的创业能力、适应社会的能力，通过实践增加创业体验，熟悉社会环境，提高社交能力。同时，对创业的决策要科学，要深思熟虑，做到心中有数，估计到可能存在的困难，回避准备不足，以克服决策的随意性。

4.技术、经营两手抓

要想创业成功，高校大学生创业者必须技术、经营两手抓，制定科学规范的管理制度。可从合伙创业、家庭创业或低成本的虚拟店铺开始，锻炼创业能力，也可以聘用职业经理人负责企业的日常运作。

（二）创业中期的风险防范

1. 强化内部管理，培养骨干队伍

一个企业要想持久地保持活力，除了要有不断的创新意识、敏锐的市场观察能力之外，严格的管理制度也是必不可少的，在出现问题时，都应该严格按照制度处理。创业中期是管理风险集中爆发的阶段，风险解决方案的核心是骨干人才队伍的建设和培养。核心岗位人员配置建议采用"AB岗"的方式。所谓"AB岗"是指类似"书记＋厂长"的方式，这样的方式，可以充分发挥"相互帮助、相互协调、相互监督、责任共担、团结协作"的长处，增强核心岗位决策和执行的正确性，避免风险的发生。

2. 积极参与竞争，杜绝急功近利

没有春天的播种，哪来秋天的丰收。对于创业的思考来说也是一样，需要一个由小到大、由不成熟到成熟、由弱到强的过程。创业过程中，创业者要积极参与竞争，逆境中要坚韧，顺境中要冷静，作为一个高校大学生创业者，必须做好与风险和困难做斗争的思想准备。

创业不是一件小事情，应该克服急躁情绪，端正心态，采取稳扎稳打、步步为营、积小胜为大胜的策略。可以说，任何浮躁和急功近利的举动，对创业者都有害无益，甚至会使其前功尽弃。

3. 加强内涵建设，创立品牌形象

创业中期，创业企业要适应市场变化，采用"内抓管理，外塑形象"的策略，注重强化内涵建设，挖掘内部潜力，充分调动员工的主动性、积极性和创造性，用企业文化凝聚人心。同时，企业需要品牌来支撑企业的成长。企业品牌经营要以客户为中心、以不断创新的方式，以产品和服务来满足客户的需求，尤其要开发客户的潜在需求，这样企业的发展才有后劲。

（三）创业后期的风险防范

1. 健全企业的激励机制

人力资源是企业的核心资本，人才是企业兴旺发达的关键。创业过程中，创业者与员工承担着巨大的风险，需要彼此风雨同舟、共渡难关。创业成功后，创业者关注更多的是利益回报，后来者更关注的是既得利益。随着企业的扩大，新员工的不断加入，后来者更多的是一种职业选择。有效的激励机制既能保障老员工和合伙人的既得利益，又能真正凝聚创业人才，使企业得以稳步发展。

2. 管理者恰当的授权

创业过程中，创业者主要通过集权来实施管理，事无巨细，亲力亲为，既是决策者、

管理者,又是执行者、实干者。这在创业准备阶段和企业发展前期是可能的、必要的。创业初步成功后,人也多了,事也多了,这时的创业者应尝试授权。因为,一是管理问题变得又多又复杂,创业者不堪重负;二是员工渴望分享权力,希望得到更多空间与舞台来发展自己。把一些日常性的、非核心的工作授权给其他管理人员,自己就可以从繁重的事务中解脱,把更多的精力集中到战略性问题的思考上。

3. 建立完善的组织结构

创业成功后,企业为了更好地发展,必须建立一整套完善的组织结构来有效地执行决策,有计划地完成企业的既定目标。企业的组织架构需要根据企业的目标和发展阶段进行调整,创业者应该尝试围绕工作本身来完善组织,通过企业组织来实现自己的管理决策和管理理念。

4. 理智对待企业的扩张

高校大学生创业取得初步成功后,随着企业规模的扩大和实力的增强,个人追求财富的欲望膨胀,企业行为也围绕着个人的喜好而变动。最易出现的问题是脱离实际、盲目扩张,造成企业不能与自身能力、市场需求相协调,这往往会给企业带来灾难性的后果。因此,要有计划、有步骤地合理扩张,建立相应的反馈制度与调控机制,健全各种规章制度,对权力进行必要的制衡,确保企业稳步健康地发展。

三、创业风险的控制

风险无处不在,一旦发生难免造成损失,因此,最有效的办法是能控制风险的发生或将损失降到最小。风险控制是指通过不同的方法和措施,使因风险发生的损失最小,常用的方法有:回避风险、转移风险、损失控制和自留风险。

(一)回避风险

回避风险是指对所有可能发生的风险尽可能地规避,以直接消除风险损失。它包括了避开风险的两种方式:先期回避和中途放弃。这两种方式都是基于承担或继续承担风险的成本将大大超过回避的可能费用这样的认识。

1. 先期回避

先期回避是最完全彻底的回避,也是较常见的一种回避方式。如一家化工企业曾计划在某小镇的郊区进行新产品试验,但这一计划有可能导致该镇居民财产的巨大损失,因此企业必须购买保险以预防这种可能性,但联系后只有少数保险公司愿意承担,而且保费大大高于公司愿意支付的数额。结果该公司决定取消这项试验计划,回避了赔偿巨大财产损失的风险。

2. 中途放弃

中途放弃不如先期回避那样常见，但这种情形确实存在。如某制药企业从报告中得知其所产生的某药品有新发现的严重毒副作用后，立即停止生产该药品。

回避风险具有简单、易行、全面、彻底的优点，能从根本上排除风险来源和风险因素，将风险的概率保持为零，从而保证企业的安全运行，是一种有效的、普遍应用的方法，但也有其局限性。该方法通常用于风险损失程度大、发生频率高的风险，或者应用其他风险控制技术的成本超过其产生的效益时，否则不宜采用。

（二）转移风险

转移风险是指一些单位和个人为避免承担风险损失，而有意识地将损失或与损失有关的财务后果转嫁给另外单位和个人去承担。转移风险有非保险转移和保险转移两种。

1. 保险转移是指向保险公司交纳保险费并同时将风险转移给保险人。在这种转移中，保险人有条件地同意接受由损失引起的财务负担，因此投保人将损失的财务后果转嫁给了保险人。保险能提供有效的损失补偿；分散风险；进行风险控制；起到监督作用。但保险又并非万能的技术，一般仅适用于只有损失机会而无获利可能，并且有可能进行预测的纯粹风险。

2. 非保险转移的受让人不是保险人，而且大部分转移是通过针对其他事项的合同中的条款来实现的。在有关非保险转移的合同中，多数是为了转移财产直接损失或收益损失的财务后果，有些则处理人身损失，大多数是转移对第三者所负的经济责任。一般通过以下两种途径转移风险：

（1）转移风险源。转移风险源的所有权或管理权就可以部分或全部地将损失风险转移给他人承担。如出售承担风险的财产，同时将与财产有关的风险转移给购买该项财产的经济单位或个人；财产租赁可以使财产所有人将自己所面临的风险部分地转移给租借人；建筑工程中承包商可以利用分包合同转移风险等。

（2）通过契约责任转移。企业管理人员可以在签订合同中树立转嫁风险意识，将合同标的可能产生的风险，在签订合同中，尽可能转嫁给签订合同的对方。但鉴于风险的关联性，特别是大型企业涉及面广、协同配合、同步建设、综合平衡等问题很复杂，风险集中，关联性极强，不同风险之间呈现出一定的灾害链，构成相关分布，所以应在签订相关契约时明确提示合约伙伴应用保险这一转嫁工具。

非保险转移作为一种风险财务技术，自有它重要的作用，但也有局限性，不能完全依赖这类转移方式。

（三）损失控制

损失控制是指在风险发生时或在损失发生后，为了缩小损失程度所采取的各种措施，其主要是要减少损失发生的机会或降低损失的严重性，使损失最小化。损失控制主要包括预防损失和减少损失两方面的工作。

1. 损失预防

损失预防是一种事前的、积极的风险控制技术，即采用各种措施努力消除造成风险的一切原因，以达到减少损失发生次数或使损失不发生的目的。损失预防活动是将注意力放在：

（1）消除或减轻风险因素。

（2）改变或改善存在风险因素的环境。

（3）抑制风险因素和环境的相互作用。

2. 损失减少

损失减少是一种事后的风险控制技术，它试图通过一系列措施来降低损失的严重程度，使发生损失的影响减到最小。它和损失预防对策不同，更关注的是风险的结果和后果。

一种广泛采用的减少损失方法是"挽救"，完全损失的情况是较少发生的，因此我们可以采取挽救措施尽可能减少损失。如一座被水淹过的物资仓库，可能有某些储存品经干燥等有关技术处理后仍可投入使用；一片被冰雹损毁了作物的农田，经过抢种、补种仍有可能获得收成，这些都是挽救措施的例子。

（四）自留风险

自留风险是指企业既不回避也不转移风险，而自行承担风险及损失发生后的直接财务后果。自留是处理风险最普遍的方法，以这种方式处理风险并不是因为没有其他的处置办法，而是出于经济性的考虑。该方法主要应用于风险发生概率低、风险损失程度小的风险的控制。

自留可能是有意识的，也可能是没有意识的；可能是有计划的，也可能是无计划的。当创业者未意识到风险的存在，或低估了潜在损失的严重性，因而在未作风险处理准备时，自留是被动的，它必然会给企业产生不利的影响，因而我们必须避免被动自留风险，而采取主动自留风险。企业选择风险自留作为风险控制的措施通常有以下几种情况：

1. 该风险是不可保的

比如说一些巨灾损失，如地震、洪水等等，在这种情况下，企业采取风险自留的管理措施往往是出于无奈。

2. 与保险公司共同承担损失

比如保险人规定一定的免赔额，以第一损失赔偿方式进行赔偿，采用共同保险的方式作为一定的补偿、保险人会让渡一部分保险，也就是收取比较低的保险额。

3. 企业选择自留的方式承担风险

对于某种风险，该企业认为自留风险较之投保更为有利。企业通常考虑的因素有：企业自留风险管理费用小于保险公司的附加保险；企业预计的期望损失小于保险公司预计的期望损欠；企业自留的机会成本比投保的机会成本大。

第九章　高校创业教育体系建设的理论基础

大学生创业教育是当下高等教育理论和实践中最为推崇的词汇，该领域学者对此较多关注于两个方面：一是本校层面的实施状况；二是国外高等院校大学生就业教育体系。事实上，研究大学生创业教育遵循的逻辑基础在于界定大学生所创为何业，而这一点被现有的文献有意或无意予以规避。

第一节　高校创业教育体系的构建目标

为了应对越来越严峻的大学生就业环境，国家和高校都意识到了创业教育的重要性。基于"全方位"视角下的高校创业教育体系是一项需要多元主体互动的、长期的系统工程。高校针对大学生所开展的创业教育综合了有助于大学生开展创业的系统知识的讲授及实践能力的培养，调动各相关主体的积极性，开展全方位、多层次、系统化的培养、训练和实践。

一、当前我国高校创业教育存在的问题

（一）缺乏科学的创业课程体系

科学的课程体系是开展好创业教育的关键，是创业教育的平台和依托，也是完成教学目标、实现教学目的最重要的手段之一。高校创业教育课程体系的开发和构建，应该充分结合大学生创业教育课程的特点和学生创业的现实需求。有调查发现，很多高校的创业课缺乏科学的课程体系，如课程内容设置缺乏连贯性、教材体系建设没有权威性、课程理论教学和实践教学缺乏统一性、课程评价机制较为单一等。

（二）高校创业教育专业师资队伍匮乏

目前，高校创业教育专业教师十分匮乏。有调查发现，在抽样高校中创业教育既无专职教师又无兼职教师比例达36%，而专职教师比例仅有21%，无专职而只有兼职的教师比例占7%，由此看出创业教育师资匮乏问题很突出的，创业教育师资不足对高校创业教育发展起着很大制约作用。创业教育不仅要使学生树立一种新的教育理念，让学生了解熟悉

国家创业政策，更重要的是要强化大学生的创业实践。现有教师多数缺乏创业经历和创业实践能力，多数高校开设的创业教育课或讲座，大多数都是由就业部门的工作人员或各院系学生工作的干部及辅导员兼任。

（三）高校创业教育实践教学环节薄弱

高校创业教育需要理论教育和实践教育的有机结合。理论教学和研究是进行创业教育的基础，为创业实践提供科学的理论依据；创业实践则是创业教育的目标，在发现问题的同时能不断丰富和发展理论研究。有调查发现，很多高校创业教育的实践教学环节极为薄弱，有的直接以大学生创业设计大赛来替代实践教学环节，有的虽说建立了大学生创业实践基地，但缺乏必要的资金、人员、设备支持以及专业的点对点指导，往往不能有效地开展创业实践，而变为自生自灭的"地摊"，让实践教育流于形式。

二、构建高校创业教育体系的研究

（一）加强社会实践指导，提高创业教育工作

高校要鼓励学生多走出校园、踊跃参加社会实践及各类项目调查活动，支持学生利用寒暑假参加与创业相关的各类社会实践。创业教育是实践性很强的教育活动，需要依托于活生生的社会实践活动，使大学生广泛深入社会实践中来，更深层次地体会和认清创业环境，储备创业资源和知识，克服贪图享受的思想，锻炼提升创业能力。在社会实践活动中，大学生深入社会，近身感受实践项目的成功与得失，也在社会实践活动中学到新的知识和技能并积累下宝贵的经验。通过社会实践活动锻炼自身能力，培养坚强的毅力和较好的心理素质与抗挫折能力，锤炼坚韧的就业创业心理品质，使他们即使在遭受挫折时也能保持难得的进取精神。

（二）构建科学的创业教育课程体系

创业教育课程是高校创业教育的核心内容。根据高校创业教育的理念，创业教育必须要构建完善的教学体系，即包括培养目标、人才素质结构、教学计划、课程设置及实践性教学活动等诸方面有效融合的一体化综合教育体系。高校还可以在专业培养的基础上推广综合型教学模式，将创业课程设置为基础学科，实行通识教育，培养跨学科的复合型人才，结合市场的法律法规以及一些经营生产活动，使学生能够掌握市场调研、财务基础以及商务沟通等基本创业技能，从而提升学生的综合能力。同时，高校要注重体验式教学，在理论学习的基础上侧重实践，增加实践课程，帮助学生建立创业知识与能力结构。

（三）加强创业教育师资队伍的建立

高校创业教育的师资力量匮乏，严重制约着创业教育课程体系的构建和顺利实施，因

此，必须加强创业教育的师资队伍建设，聘请专业能力较强、实践经验丰富的教师参与到创业教育开展中去。一方面，高校通过充分地整合现有力量和资源，建立起专职、兼职教师队伍，并不断进行队伍结构的优化；另一方面，高校可以通过聘请社会中的企业家以及一些专业人员、科研人员以及管理人员来担当教师，在完成理论基础课程的情况下，为学生提供一定的课外实践活动。

（四）利用网络媒体宣传创业知识

高校大学生一般都具有较多的计算机知识，能够通过网络获取一定信息。随着信息多元化及网络普及化步伐的加快，互联网的出现改变了高校创业教育工作传统的培养模式，高校的创业教育工作在空间上延伸至网络。高校应较好地利用网络媒体这一有效途径来宣传高校大学生成功创业的典型案例，激发并提高大学生进行创业的兴趣与激情。同时，高校利用网络这一平台的强大辐射能力取得高校大学生对创业教育的认同，从而引发高校大学生对创业的共鸣，如在高校网站上开设创业教育板块，及时上传有关创业的技能、信息及大学生成功创业的事迹。

高校创业教育是一项系统工程，需要政策的引导和制度的保障。政府、企业、高校多方共同合作，发挥各自优势，让创业教育成为提升就业有力手段。

三、高校创业教育目标误区

很多人理解的创业教育，是要求大家争着去参加创业比赛、去创办实体企业，这其实是很大的一个误区。就像李苗所言："创业教育，不像我们理解的那样，是要让大学生去创办一个企业。而是要培养大学生的创新意识，激发创业愿望，增强就业能力。"

高校创业教育虽然是面向全体，但教育的目标应该划分层次进行定位。具体而言，应该从创业人生的理想教育、创业能力的应知教育和创业技能的应会教育三个方面来定位。

创业1.0版本：创业人生的理想教育。理想教育是要告诉学生如何获得"从空酒瓶中喝出酒"的感觉，如何突破现有资源的约束，寻找机会，进行价值创造，不让学生狭隘地理解创业就是去创办企业。

创业2.0版本：创业能力的应知教育。创业能力是高校创业教育的基础性目标，也是核心目标。创业教育让大学生走向社会后，无论从事何种职业，都具有胜任该种职业所必备的基本素养，如自信、主动、不怕失败的良好心理品质；善于创新的精神；团队合作的意识等。

创业3.0版本：创业技能的应会教育。创业技能的应会教育目标是在实现创业人生的理想教育和创业能力的应知教育基础上，对那些具有创办企业愿望和行动的学生要求掌握的以创业技能为核心的教育目标。创业教育要着重培养学生的创新思维、创业能力，如识别和创造商机的能力，整合多种创业资源的能力，实施公司治理、管理创业团队的能力，着眼未来、立足现在来解决问题的能力等。

无论是哪一个层次，其实都是告诉学生更大的世界、更值得追求的未来和更适合自己的生活方式，要求学生具备责任意识、创新意识和资源意识。

四、高校创业教育目标

2012年党的十八大报告明确提出"实施创新驱动发展战略"，2013年党的十八届三中全会要求"健全促进就业创业体制机制"，2015年国务院颁布《关于大力推进大众创业万众创新若干措施的意见》，我国基本形成了"大众创业、万众创新"的国家发展战略。国务院总理李克强在2017年3月的"两会"上指出，为推动国民经济继续稳定快速前行，需将"大众创业、万众创新"打造为"双引擎"之一。党中央和国务院的以上战略部署，为我国高校推动创业教育指明了方向。

为落实"大众创业、万众创新"的国家发展战略，深化高校人才培养模式改革，强化学生创新精神和创业能力，国务院、广东省和广州市分别颁布了《国务院办公厅关于深化高等学校创新创业教育改革的实施意见》（国办发〔2015〕36号）、《广东省教育厅关于深化高等学校创新创业教育改革的若干意见》（粤教高〔2015〕16号）、《广州市教育局关于深化高等学校创新创业教育改革实施意见（征求意见稿）》（穗教高教〔2016〕0024）等文件。为深入贯彻文件精神，广州大学高度重视大学生创新创业教育，并将之作为"高水平大学"建设的重要任务之一，以改革人才培养模式和课程体系为重点，实施"三全三专"的创新创业教育模式，期望将创新创业教育融入学校本科人才培养的全过程。

第二节　高校创业教育体系的构建原则

2015年，《国务院关于大力推进大众创业万众创新若干政策措施的意见》中明确指出："支持大学生创业。"近年来，我国极为重视大学生创业教育，但总体而言，大学生创业成功率较低，仅为2%左右，远远达不到发达国家大学生的创业成功率20%~30%。究其原因，主要是我国的大学生创业教育体系与西方国家相比尚未完善，正如经纬创投张颖所说："中国的大学生并不具备创业的条件，中国的高等教育也没帮助大学生去创业。"因此，高校大学生创业教育体系的构建具有重要意义。

一、创业教育课程教学体系的现实背景

大学生毕业首先想到的是何处工作或者继续深造，很少会考虑自己是否可以创业，同时很多没有上过大学或者上学很少的人会寻找创业的发展方式，以更好地实现自己的人生

目标，高校创业教育的缺失是这种现象出现的原因之一。我国高校的学生工作倾向以就业为主，开展创业教育课程的高校相对较少，因此学生很少拥有创业意识，即使部分学生具有创业意识，也常会被一些现实情况阻碍。这种现象既影响了学生的就业质量，也对社会的经济发展产生了一定的负面影响。

高校培养人才的目标是为了满足经济社会发展的需要，为社会提供各方面人才。高校不仅要培养学生的素质、增加学生的知识，还要培养综合型人才、加强学生的创业实践能力。高校创业教育的目标是培养学生创业的基本素质，创业教育的效果直接取决于创业教育体系是否合理构建和实施，构建符合创业教育规律的课程教学体系对于高校完善创业教育体系和实现创业教育目标具有重要意义。

二、创业教育课程教学体系的构建原则

构建合理的创业教育课程体系是创业教育的发展重心之一，主要是树立学生的创业意识、培养学生的创业能力、挖掘学生的创业思维、激发学生的创业兴趣。创业教育课程教学体系可以总结为"四个结合"的构建原则。

（一）创业课程和专业课程相结合的原则

创业教育要与专业教育相结合，体现在课程教学上就是创业课程与专业课程的结合。专业课程是指根据各学科培育目标和要求所开设的讲授专业理论知识和技能的课程；创业课程是指为培养学生创业意识和创业能力而开始的课程，如《创业导论》《创业管理》《商业计划》等。创业课程和专业课程的结合分为两个层次：第一个层次是两类课程在基础性和普及性上的结合和搭配，使学生既具有专业能力，又具备创业能力；第二个层次是两类课程在课程内容上的深度融合，将学科特点融入创业教育中，基于学科开发出具有专业特色的创业课程，如《旅游创业》《营销创业》《科技创业》等，将创业教育立足于专业技能之上，将专业知识渗透到创业教育之中。高校在第一层次和第二层次的结合上可以将创业基础课程设置为必修课程，将创业专业课程设置为选修课程，因材施教。

（二）理论课程和实践课程相结合的原则

创业教育理论课程是指创业基础知识课程，通常有规范完整的教学大纲和教学计划，是创业教育的基本功；实践课程是指对创业知识和创业技能进行综合运用的课程，紧密地围绕着实际创业过程。系统的理论课程和灵活的实践课程合理配置，能使学生深入理解和掌握创业基础知识，并体验、内化为自身能力。为使二者相互结合，创业课程要有创新的教学方法与之适应，以案例研究、创业者现身传教、创业模拟实训、现场体验和测试等为实践课程的依托，以问题为导向，要特别强调案例研究，以精选的案例增加教学的鲜活性，通过教学互动、角色扮演等方式促使学生充分思考，调动学生积极性。

（三）第一课堂和第二课堂相结合的原则

创业教育的开放性、参与性特别突出，第一课堂和第二课堂是创业教育并行的两个重要环节。通过第一课堂的学习和训练，学生掌握系统的创业知识；通过第二课堂的创业活动，学生提高专业的创业技能。高校可以举办"挑战杯""创业大赛""创业俱乐部""创业孵化""创业者巡讲访问"等活动，并整合教学、科研、学工、创业园、校友会等学校和社会资源，为学生提供富有实效、丰富多彩的第二课堂。

（四）创业知识和创业意识相结合的原则

创业教育不仅是传授创业的基本知识、方法和技能，更重要的是培养学生的企业家精神和素质，使学生拥有创业的心理特质和创新意识，能够以企业家的视角思考和看待问题，具备商业思维。例如，英国根据功能作用将创业教育分为"创业意识""创业通识""创业职业"三种类型。创业意识的培养是向学生传递社会价值观念，塑造学生的商业观。校园文化具有培育学生创新观念和创业意识的重要功能，高校应通过政策制定和文化活动营造一种鼓励创新的宽松、自由的人文环境，在潜移默化中形成崇尚创业的良好文化，渗透到学生的创业意识中。

三、创业教育课程教学体系的实施策略

高校应积极面对学生创业能力培养的各种障碍，寻找一条符合自身情况和特点的道路，调整自己的办学定位和培养目标，重视创业教育的师资队伍、开设创业教育课程、改进课程教学方法，为有意创业的学生提供一个良好的平台，构建和完善课程创业教育实践教育体系。

（一）在课程上树立正确的创业理念

创业首先要有理念上的创新，以理念上的创新为基础将其应用到实践活动中。创业教育课程体系中要做到以下几点：第一是以学生为本，尊重学生的人格，把学生作为教育目的的根本出发点，培养学生在德、育、体、美等方面实现全面发展；第二是面向全体，把创业教育融入培养人才的体系中，贯穿培养人才的整个过程；第三是重视引导，使学生正确认识创业与国家社会经济发展的关系，以及创业与职业的关系，提高学生的创业能力和创新精神；第四是理论与实践相结合，在培养学生成长的过程中，不仅要注重学习理论知识而且还要注重实践教学，完善和丰富实践教学，改革实践教学方法，将理论知识与实践能力紧密结合，全面提高学生各方面的能力；第五是因材施教，在教学过程中保护学生的个性，发挥学生的长处，激发学生的学习兴趣，充分尊重学生的需要和发展。同时，高校也要根据办学特点进行合理定位，根据学生的不同专业，开展不同模式的创业教育教学。

（二）完善创业教育的课程教学方法

美国耶鲁大学校长理查德·莱文认为："制约学生创新能力发展的主要因素是教学方法问题，不同的教学方法取得的效果大不一样。"高校在教学过程中应根据学生的创业需求，明确学生的学习内容，要求学生学会对待问题独立思考，学会用批判性的思维解决问题，学会从不同的视角看待问题，这种教育模式对社会发展具有积极的促进作用。创业实践能力的培养要求在教学过程中尽量使角色互换，增加课堂中的互动性，以研讨式、互动式和模拟式等方式组织教学课程；从传统教育观念转变为现代教育观念，从以传授知识为中心转变为培养学生的创业实践能力为重点。

（三）完善创业教育的课程体系和教学内容

学生的创业意识主要是通过课程中所学习的内容来实现的，而要想提高学生的创业能力，则必须优化和完善课程体系和教学内容——在课程体系上可以尝试减少必修课的学分，增加选修课的学分；减少理论课的课时，增加实践课的课时，特别是边缘学科、交叉学科可多开设一些实践研究型课程；在教学内容上，改变传统的"死板式"教学模式，除了学习课本中的知识，增加一些有关能够培养实践能力的知识，提高学生创业实践能力的发展。高校在开展课堂创业教育学习理论知识的同时，还要全面推动课堂创业实践活动的开展；完善专业教育与创业教育的相结合的教学体系，培养学生勇于创新、善于发现创业机会、敢于创业的能力。

第三节　高校创业教育体系的主要内容

创业教育是 20 世纪 70 年代后期在西方发达国家出现的一种全新的教育理念，其根本目的是培养具有开拓精神、创业意识和创业能力的创新型人才。高校作为创业教育的主要实施者，如何构建适合高校创新人才发展的创业教育体系，并依托这个载体对学生实施有效的创业教育，是当前高校亟待解决的问题。

一、高校创业教育体系构想

2015 年，国务院办公厅发布了《关于深化高等学校创新创业教育改革的实施意见》，各省区市也相继出台了相关的配套文件。创业教育成为不少高校提高教育质量的一个重要突破方向，而且可以很好地推动高校产、学、研一体化发展，全面培养学生的发展素质。培养创新创业的人才，这是我们当前创新创业教育的主要目标，旨在为我们的经济转型积累更多的人才储备，以此来促进我们经济结构的转型。

（一）高校创业教育的分层管理依据

根据北京市职业教育 2011 分级试行办法，它把现有的职业教育的培养体系分为 6 级。1 级和 2 级是基础性的职业教育阶段，3 级和 4 级属于提高性的职业教育阶段，5 级和 5+级是属于发展性的职业教育阶段。每一个教育阶段的培养目标和层次是不同的，从最初级的职业教育的认知，到最后的关键技术的拔尖人才，对不同的学生进行一层一层的引导和分流，使他们在适合自己的岗位上发挥出自己最大的才能。

职业教育分级制度可以满足不同层次学生的教育需求。当前，我国正在倡导的创业教育其实可以类比职业教育的分级化，应该对不同的学生进行分类筛选和引导，如果只是盲目地鼓励大学生去创新创业，就犯了"一刀切"的错误，因为教育的方向有很多种，不是每个人都适合这条道路。如何能既实现国家的战略意图，又有针对性地对创新创业人才进行重点培养，减少学校教育的风险，这是每个高校都必须思考的问题。毕竟，不是所有学生都适合创业的，尤其是创业失败的风险很高。

（二）高校创业教育分层建设框架设计

在创业教育的过程中，每个高校都有自身的特点，我们可以从三个层次对创业人才进行梯度培养——以全校范围的创业通识教育为基础、以结合专业的创业专业教育为中坚力量、以创业项目小组为突破点。

在创业教育的过程中，我们还应注意到，一个创业的过程需要四种不同类型的人才，它形成我们四个人才培养方向。第一是以动手能力为培养目标的"实践人才"方向；第二是科技创新为培养目标的"创新人才"培养方向；第三是以培养灵敏商业意识和商业嗅觉为培养方向的"市场人才"；第四是以项目实施为培养方向的"创业人才"。在整个过程中，高校根据学生的能力和特点，因材施教，训练学生的实践、创意、创新、创造能力，探索出多样化的人才培养模式。

（三）高校创业教育的平台建设

1. 培养体系建设

创业课程需要区别于传统的教学课程，主要以实践教学为主，通过跨院系和跨专业的合作，创新人才培养模式；通过积极鼓励学生发现学习和生活过程中出现的机会，形成创新项目的小团队，参与到各类创意设计、创业计划和创业项目竞赛中去；提高小班授课率，加强师生互动，推动教学主体从"以教为主"向"以学为主"转变，促进人才培养由单一学科专业型向多学科融合型转变。在考核机制方面，由于无法用传统的成绩作为评判依据，所以创业课程主要应该以创新创业成果作为参考，重点考查学生在知识运用、现象分析和问题解决方面的能力。

2. 校外合作体系

高校应充分利用校外资源，建立校校、校企、校地、校所的协同育人新机制，根据不同专业的优势，进行有针对性的项目扶持和人才培养合作，同时与地区政府、企业和创业机构合作，建立校外的创新创业实践基地，实现校内创新创业项目的成功迁移和进一步孵化。

3. 教学资源建设

高校应着手从三个方面构建"创新创业教学资源库"：

一是建立校内外创新创业导师库，制订政策鼓励教师参与相关培训和社会实践，形成一支专职和兼职、理论和实践、校内和校外结合创新创业教师队伍。

二是结合学校实际情况和专业优势编制创新创业教材，制订有学校特色的专项培养训练计划，同时联合社会各有关机构共同合作，开发多方共赢的创业培训项目。

三是采用 MOOC、微课和翻转课堂的模式，对现有课程进行信息化改造，形成有学院特点的创新创业类课程和相应的教学资源库，从而丰富现有的教学资源和手段。

4. 硬件环境建设

高校要通过大学生创业园、众创空间、创客工场等方式，为学生提供交流和实践的基地，并通过相应的技能训练中心，进行软硬件投入，为创新创业的人才提供施展才华的场所。

5. 创新成果转化

高校要引入外部的创投基金，对有市场前景的创新项目和创新团队进行重点扶持，进行商业包装和市场对接，广泛联络各种校外资源，帮助学生创业项目顺利走向市场。同时，高校要有意识地将学校的科技成果向市场转化，鼓励教师和研究人员以技术、知识产权、管理服务入股，创办相应的企业。

（四）高校创业教育的五步建设思路

第一步，组建相应的创新创业师资队伍。高校以专业教师为主力，充分发挥就业指导教师、优秀学工团委干部在创新创业教育中的独特作用，打造一支学校创新创业的专业教师队伍。

第二步，量身定制创新创业教育内容。高校以专业特色和市场需求为导向，结合校内技术和人才储备，制定相应的创新创业教育大纲与具体教学内容，在应用技能、创新技能、创意技能方面融入教育的全过程。

第三步，普及创新创业通识教育。高校针对全校学生开设创新创业通识教育课程，拓宽学生视野，培养学生独立思考与判断是非的能力，增强学生社会责任感。

第四步，设立创新创业专业教育。针对创新创业感兴趣的同学，各系部结合自身的专业设置，由专业教师开设相关的创新创业实践课程，鼓励学生利用专业知识进行创新创业的实践活动。

第五步，成立创新创业兴趣小组。针对有发展潜力的学生，高校可引导成立相关的创新项目小组，以专业为导向鼓励学生将专业知识转化为创新成果，同时鼓励学生以创新成果为基础参与各类创新创业竞赛，以激发学生的学习热情。同时，针对有市场需求的创新项目，高校可以进行扶持，鼓励学生和教师将创新成果转化为创业项目。

（五）高校创业教育的政策保障

高校可以从三方面打造创新创业教育保障体系：

第一，成立专业的创新创业指导服务机构。高校从机构方面、人员方面、场地方面和经费方面给予相应的保障。没有经费的预算和投入，再好的设想也无法及时地实现。高校要保证创业教育教学、创业孵化实践基地建设、创新创业竞赛活动、师资培养、教材和案例编写有足够的经费支持。

第二，制订学生创新创业激励政策。高校要制订学分置换制度，允许学生将创新创业成果转化为学分，如学生的创新实验、核心期刊论文、专利知识产权和创业经营业绩等。同时，高校可以为创新创业的学生建立档案，将学生参与的实验和课题认定为课堂学习；实施弹性学制，允许学生根据自身需要调整学业进程，通过弹性学制保留学生的学籍，让学生没有后顾之忧。

第三，制订教师的创新创业激励政策。高校要支持教师把自己的研究成果和实践经验融入课堂教学，把教师的创新创业成果转化应该作为科研课题的评审标准之一，在职务评聘和绩效考核予以考虑，鼓励在岗教师与对口企事业单位建立长期的技术服务关系。

二、高校创业教育体系构建

大学生社会创业是一个受个人、组织、环境和流程等因素影响的多阶段演进过程，且需要创业者通过评估与反馈进行过程监控。基于该模型，高校创业教育的目标是培养大学生创业胜任力。为此，高校创业教育体系应由创业课程体系、校园公益实践、社会创业孵化平台和多元社会支持系统构成。

大学生创业通过创造性的方法来解决社会问题，创造经济与社会的双重价值，也为我国大学生就业与创业打开一扇新大门。对大学生社会创业过程的机理进行研究，并据此构建高校创业教育体系，对促进高校创业教育、培养大学生创新精神、增强大学生创业意识、提高大学生创业能力、推动大学生创业具有重要的理论与现实意义。

（一）大学生创业过程的整合模型

1. 大学生创业的界定

大学生创业的核心内涵是通过社会性、创造性的活动来实现社会价值，完成个人或组织的社会使命。其中，社会性强调创业以解决社会问题、创造社会价值为主要目标；创造性强调创业在解决社会问题的过程中运用创新的方法或商业模式，将公益事业办成一个可持续发展的、有竞争力的实体。

大学生创业是大学生个人或由其组成的创业团队，在社会使命与创新精神的激发下，通过建立创业组织，借鉴商业化的手段，创新运营模式，向社会公众提供产品或服务，可持续地产生社会效益的过程。

2. 大学生创业过程的整合模型

国内学者焦豪、邬爱其（2008）对西方学者提出的一系列创业过程理论模型进行整合创新，提出了由影响因素、过程阶段和过程监控三个相互关联部分组成的创业过程整合模型。该模型认为，创业是一个受个人、组织、环境和流程等因素综合影响的多阶段的演进过程，在此过程中，创业者需要通过实时的评估与反馈进行过程监控。该模型的提出为后续研究提供了理论分析框架与思路。

（1）大学生创业的过程阶段与过程监控

依据创业过程整合模型，大学生创业的过程阶段依次包括：第一，形成创业意向。创业者感知到社会需求，产生创业的意愿，并认知了自身创业的可行性之后，会产生创业与否的意向；第二，识别与开发创业机会。创业者通过系统的方法调查与评估社会需求，并激发创新思维，积极寻求能产生双重价值的创业机会，识别创业机会的特征，开发创业机会的运作模式；第三，评估创业机会。创业者分析创业机会的机遇与挑战，明确风险及其可能的防控机制，做出是否进行创业的决策；第四，实施创业行为。创业者确定创业机会值得开发之后，制定战略规划，进行团队和组织建设，以献身精神投入创业活动中。

（2）大学生创业教育体系

创业者及其团队在社会创业过程的各个阶段所要完成的任务不同，因而所需要的能力要素也有所不同。为推进创业各阶段的演进，创业者必须定期对自己和创业团队的能力进行阶段性评估，以获得相应的完善和提高。

（3）大学生创业过程的影响因素分析

依据创业过程整合模型，大学生创业过程受个人、组织、环境和流程等因素的影响，且这些因素在社会创业过程的不同阶段产生不同的影响。

①个人因素

综合国内对大学生创业实践现状的理论研究观点发现：志愿服务经历为大学生提供了更多发现社会问题与需求的机会，更容易产生利他动机；自我效能感会提高大学生创业者对自身创业可行性的认知，在创业意向形成阶段发挥主要作用；警觉性使创业者能"敏感地"把发现的社会需求与满足这种需求的创业机会相结合，在识别与开发创业机会阶段发挥主要作用；对创业以及相关领域的知识与信息的了解，会影响创业意向的形成以及创业机会的识别、评估与开发；创业者的社会网络提供了获得信息、资源和支持的渠道。上述影响创业过程的个人因素构成大学生的创业胜任力。其中，志愿服务经历、知识与信息、社会网络等是基准性胜任力，易于改变和提高；自我效能感、警觉性、动机是鉴别性胜任力，不易培养。

②组织因素

大学生创业的组织因素包括创业资金、核心员工和志愿者等几种关键资源。其中，资源的可获得程度不仅影响创业者对创业机会的评估，还会影响创业机会实施阶段所采取策略的有效执行情况。

③环境因素

大学生创业过程的环境因素包括公众对创业的认知情况、社会支持、相关政策法规以及高校创新创业的宣传情况。

④流程因素

大学生创业过程的流程因素包括项目风险控制机制和项目运作模式。风险控制机制有助于保障创业机会的实施。项目运作模式可以分为完全市场化的商业模式、纯粹依靠社会捐助模式以及两者混合型的运作模式。创业项目的运作模式设计类型与特点，会影响到创业者对创业机会特征的评估，并进而影响创业机会的实施。完全市场化的商业模式有利于创业项目的可持续发展，形成有利于推进创业过程持续演进的评估与反馈。

（二）基于大学生创业过程整合模型的高校创业教育体系构建

高校创业教育是对大学生创业所需要的意识、精神、知识、能力以及相应社会创业实践活动进行的教育。依据创业过程整合模型，高校创业教育的目标与任务是培养大学生创业胜任力，助推有利于大学生创业过程各阶段成功演进的环境、组织和流程因素发挥作用，形成有利于推进创业过程持续演进的评估与反馈，并最终成功实施社会创业行为。要实现该目标，高校创业教育体系应由创业课程体系、校园公益实践、创业孵化平台和多元社会支持系统构成。

1. 创业课程体系

创业课程体系是为了达到创业教育的目标而设计并指导学生的所有学习内容及构成要素的总和。

在课程学习内容方面，可以分为创业认知、创业学习与训练、创业实践三个模块。创业认知模块，旨在进行创业启蒙，使学生了解创业，掌握社会创新思维训练方法，引导学生进行创业者自我认识。创业学习与训练模块，旨在学习创业的知识与方法，包括发现和评估创业机会的方法、创新设计商业模式的方法、防范创业风险的方法，获取创业资源的方法、组建与管理创业团队的方法以及编制创业计划书的方法。创业实践模块，主要指课程内的实践环节，包括单一实践性训练项目（如企业家访谈、创业心理素质测评）和综合性实训项目（如创业计划设计与路演）。

在课程设计理念方面，提倡创业教育要与专业教育相结合，以增强创业的可行性与可操作性。在这方面，高校可以尝试在创业认知模块中，引导学生将创业与专业相结合，对一些启发性问题进行思考，如"在你所处的专业领域中是否存在一些社会问题""对你所关注的社会问题，在你的专业领域内是否存在解决方案""有哪些专业资源可与之对接"等。

创业课程体系的教学目标为培养大学生创业的胜任力。创业胜任力在创业意向形成阶段以及识别与开发创业机会阶段发挥着重要作用。认知学习模块有助于鉴别胜任力中的动机启发，学习与训练有助于提高创业的基准性胜任力。

2. 校园公益实践

校园公益实践是大学生以服务社会为理念，以公益社团为组织方式，自主开展一系列社会公益服务的活动。校园公益实践是大学生创业的一种课外实践训练方式，既可以培养大学生的公益理念，产生利他动机，促进创业意向形成；又可以通过实践锻炼大学生的综合能力，提高大学生识别与开发创业机会的能力，促进大学生做出实施创业机会的决策。

高校是组织与管理校园公益实践的主体，要鼓励大学生创建公益社团，有组织、有目标、可持续地开展公益服务活动，变短期化活动为日常性实践，从中培养学生不断探索、创新公益项目运作模式的能力；鼓励学生积极与政府、企业和非营利组织打交道，学会获取与整合各种社会资源来运营社团和公益项目。

李远煦（2015）调查研究发现，我国大学生创业项目涉及领域过于单一，关注的社会问题具有高重复性。该特点在一定程度上反映出，当前我国高校公益实践领域的局限性影响了大学生对创业机会广度与深度的识别与开发。因此，高校还要拓宽校园公益实践活动领域，为学生提供多样化的志愿服务经历，从而让学生有机会发现更多不同领域的社会需求，在发挥专业技能和结合志愿服务有效经验解决社会问题的过程中，积累宝贵的创业实战经验。

3. 创业孵化平台

创业孵化平台是指通过提供一定的资源条件和相关服务帮助和促进创业组织成长和发展的机构或环境。很多高校已成立了专门的创业孵化中心，搭建了专门的创业孵化平台，提供专业性的孵化支持，为大学生创业过程提供有利的环境、组织和流程因素，促进大学生在创业的过程监控中形成积极的评估与反馈，并最终实施创业行为。

在孵化条件方面，平台应要求入驻孵化的大学生创业组织要满足一定条件：创业团队核心成员人数至少在3~7人，且至少有一人为在校学生；创业项目要关注社会问题，且已有解决该问题的初步方案。在孵化服务方面，平台除了提供办公场地、设备等硬件服务与融资服务外，还应提供包括公益项目设计、商业模式设计、营销传播、财务会计、团队管理在内的专业支持服务以及导师制的管理指导服务。需要指出的是，社会创业导师既能增强大学生的社会网络，也能够帮助大学生在创业过程监控中实施评估与反馈。

4. 创业支持系统

上述创业教育体系的构成要素能够得以正常运转，还需要有一个包括政府、企业、非营利组织在内的创业支持系统。

（1）政府方面

政府可以从政策倡导、组织协调、法律保障和有效监管等方面对大学生创业予以支持：

①加大宣传推广力度，提高创业的社会认知度。一方面，在全社会大力弘扬社会责任意识和助人理念，为创业的蓬勃发展提供肥沃的公益慈善文化土壤；另一方面，利用多种宣传手段和渠道，向公众推广创业组织及其提供的优质公共服务，让"致力于解决社会问题"的创业逐渐走进公众视线。

②提供政策优惠，增强创业组织竞争力。采用政府购买服务、委托授权等方式，让大学生创业组织在提供公共产品与服务领域有机会参与招投标，获得平等的竞争机会，甚至可采取适当的政策倾斜，发挥政府的组织协调作用，牵线搭桥引入公益创投资金，为创业组织提供财力支持。

③立法明确身份地位，制度规范经营行为。世界各国普遍将创业组织称为"社会企业"，但我国目前并未专门立法确定这一类型组织的身份与边界。要助推大学生创业行为，政府一方面应立法明确社会企业的法律身份，规范准入门槛和机制，确定创业的行为边界；另一方面可专门出台相关政策鼓励大学生创业，简化烦琐的审批手续，取消不恰当的限制，为大学生创业提供良好的社会基础环境。

（2）企业方面

整合模型显示，流程性因素中风险防范机制与创业机会运作模式会对大学生创业过程产生影响。而具有市场化运作经验的企业在风险防范与商业模式设计方面的帮扶，对于推动大学生有效开发创业机会，并成功实施创业行为具有重要的作用。企业对大学生创业的支持与推动，主要表现在以下几个方面：

第一，企业的公益创投资金是大学生创业资金的重要来源之一。第二，企业为履行社会责任而实施的公益活动可以为大学生创造公益实践的机会。企业可以提供资金的方式，让大学生参与公益活动的设计，在此过程中提供商业化经营经验的指导，有助于提高大学生对创业机会特征的识别与运作模式设计的能力。第三，提供企业高管帮扶机会。目前国内部分知名企业已经成为帮扶大学生创业活动的先行者。如零点集团、复星集团等企业的高管加入"黑苹果青年"发起的"高管一日助理"活动的导师行列，向大学生开放一天的"一日助理"机会，让大学生跟随高管完成一天的工作见习，在近距离的观察中体验商业经验智慧。来自企业创业导师的帮扶，既有助于形成有利创业的社会网络，也有助于大学生在创业过程监控中实施评估与反馈。

（3）非营利组织

非营利组织是除政府、企业以外的第三部门，发挥着弥补市场失灵与政府失灵的作用。服务类的非营利组织可以提供志愿服务岗位，接收见习实习，让大学生有机会洞察社会需求；资金支持类的非营利组织，如基金会，可以提供资金以及良好公益项目的标准视角；

专业支持类非营利组织可以为大学生及其创业组织提供必要的能力建设服务,让大学生有机会在亲历公益项目策划及运作的全过程中积累创业的经验。

三、高校创业教育评价体系

《国家中长期教育改革和发展规划纲要(2010—2020年)》指出:"我国高校学生适应社会和就业创业能力不强,创新型、实用型和复合型人才紧缺。"长期以来,尽管各级部门实施多种优惠政策和措施积极推动大学生创业,各类高校积极创新人才培养模式打造创业型人才,但可以说,我国创业人才培养还处于发展的初期,对创业型人才培养有关的众多问题亟待从理论和实践上予以探索。结合目前社会人才需求实际,其对于创业人才的评价主要从三个指标进行,即知识水平、心智素质和能力结构,其中每一个方面又包括了若干个子指标,且各自所考察的具体要求存在区别。

(一)知识水平

个人经过高校的系统培养,所拥有的知识丰富程度是实现创业的充分条件,但并不是必要条件。个人的知识越丰富,知识面越广,知识结构越合理,则其创造力就越大。对于创业人才的知识水平,包括以下三个指标。

1. 专业培养计划中所要求的专业基础知识

这类知识因不同的专业领域要求而异,如国际经济与贸易专业必须具备的是理论经济学、应用经济学等和国际经济与贸易有关的相关知识,包括国际贸易理论与实务、外贸应用文写作、国际贸易法律、国际市场营销、报关理论与实务等众多课程中所要求的知识体系。

2. 与所学专业相关的知识

对于国际贸易专业人才来说,专业相关知识主要是指法学、哲学、文学、历史学、艺术、心理学等人文社科类的知识。学生必须熟悉和了解市场、社会和企业等内外部环境的法律法规及其运行机制,尤其要熟悉公司法、税法、国际商法,以及国际贸易中所可能遇到的产品相关的知识。

3. 如何实施创业的基础知识

学生必须学会如何实施创业管理、如何创建企业等相关知识,以"创业学"课程为主导,辅之以"市场营销""企业战略管理""商务沟通"等课程中的知识。总之,这类知识考察创业人才是否具有正确的市场观念、竞争观念、效益观念、人才观念。

(二)心智素质

心智素质是个人创业过程中必须具备的辅助性条件,若缺乏这些素质,即使具备再强的能力,也无法获得创业的成功。心智素质主要通过以下四个指标予以评估。

1. 身体素质

身体素质包括个人的生理健康和心理健康两方面。良好的身体素质是创业的基础，没有健康的体魄和充沛的体力精力，个人拥有再丰富的知识和创业机遇都难以付诸实践，或至少会影响到创新创业能力的正常发挥。

2. 品德素质

品德素质包括个人的思想道德品质、政治素养、法治意识、诚信意识、合作意识等。现代社会需要的是德才兼备的人才，要求人才除了具备创造财富的专业技能和才华外，还必须具备作为一个企业创办者和管理者所需要拥有的使命感、社会责任感、危机感、正义感和良好的合作意识等。尽管实现"利润最大化"是企业应当追求的目标，但"君子爱财，取之有道"，再优秀的人才在创业过程中也是社会的一分子，必须在国家法律制度框架的约束下开展创新创业活动，必须遵守诚实守信的商业规则。个人应当具备良好的团队合作精神，做到个人利益和团队利益相结合，做到团队中的个人利益实现互补才能达到整体效益最大化。想要成功的创新创业，个人要有主动遵守国家法律规章制度和商业规则的道德意识，主动实现经济效益与社会效益的有机统一，这样才可能在共赢中实现永续经营、不断成功。

3. 文化素质

文化素质指个人在文化方面所具有的较为稳定的、内在的基本品质，表明个人在这些知识及与之相适应的能力行为、情感等综合发展的质量、水平和个性特点，主要考察个人的基本文化修养以及文化观念等。文化素质更多的是指个人将自己所接受的人文社科类的知识通过语言或文字的表达体现出来的综合气质或整体素质。其一，语言表达能力。这种素质一方面表现为个人口头表达自己思想观点的能力；另一方面表现为利用书面文字叙述论述观点的能力，体现了创业人才对外界事物的认知程度，以及其洞察力和逻辑思辨能力。其二，沟通技巧。这是创业人才必不可少的素质要求。创业人才会面临很多需要独当一面的场合，需要在实践中与他人沟通和交流、与他人共事和相处。尤其是国际贸易人才，还面临着跨文化的交流活动，这对创业人才的素质提出了更高要求。

4. 心理人格素质

心理人格一般包括人的各种心理过程、认知能力、行为动机、情绪反应、人际关系、态度信仰、道德价值、审美情趣等人格构成要素，这些特征在处理各种问题中的外在体现就表现为心理人格素质。这种素质能反映个人在遇到复杂问题或面对个人利益、他人利益、国家利益，面对公平与公正问题等场景时对问题的处理态度与方式。创业人才在从事经营管理活动过程中，若缺乏健全的心理人格素质，是很难做出科学抉择和正确选择的。所以，对于人才培养，锻炼学生健全的心理人格素质是很重要的目标之一。

（三）能力结构

创业人才相比一般的毕业生，应当具备更完善的能力结构，所以从能力结构来说，应当赋予其更高的评价标准和要求。能力结构主要从以下几个方面予以考察。

1. 洞察力

洞察力是人们对个人认知、情感、行为的动机与相互关系的透彻分析，敏锐洞察力在寻求商机和科学发现等创新行为中具有极为重要的作用。创业人才的这种能力通过书本知识是无法形成的，它是一种内在本能，需要经过长期商业实战的磨炼，日积月累才能形成。高校在人才培养过程中，通过理论教学学习，使学生掌握经济学、管理学、法学等各学科理论知识，并辅之以实践教学，培养学生对宏观微观经济形势以及各种商业环境深刻把握和分析的能力，给学生的商业实践活动奠定理论基础。个人在学习过程中一方面要积极参与学校提供的实践教学、案例教学等教学环节；另一方面必须在学校规章允许的范围内自己寻求参与社会实践机会，做到理论学习与实践运用的真正结合。

2. 决策力

决策力是管理能力的核心部分。实践证明，创业者决策力的大小会受到决策空间、决策效率、决策理念等多因素的影响。决策空间的大小决定了创业者视野的开阔度、思维的开放度，若决策空间小，思维受到方方面面的制约，就不可能做出高品质的决策。市场机会稍纵即逝，在决策中创业者即使洞察力再强，思维空间再大，但却因优柔寡断缺乏决策效率，因墨守成规缺乏科学的决策理念，同样无法获得创业发展的最佳时机。对于创业者而言，必须具有收集、处理、分析信息的熟练技能，善于捕捉来自社会生活各个方面的信息，以获得感知，经过科学分析，进而形成理性思维，根据客观情况做出决策，具有高瞻远瞩的能力。这是创业人才应当具备的核心能力。

3. 执行力

执行力考察创业人才贯彻企业战略意图，完成预定目标的操作能力，这是把企业战略、规划转化成为效益、成果的关键。对于创新创业人才来说，其执行力不仅要求具有积极完成任务的意愿，能做到按时按要求地完成自己的工作任务，还必须具有创造性地完成任务的能力。事实上，这个过程就是个人将所学的专业理论知识创造性地运用于实践并进行分析、研究和解决实际问题的过程。

4. 学习力

学习力是指"一个人学习动力、学习毅力、学习能力的总和"，表现为人们获取知识、分享知识、使用知识、创造知识、提升自身，推动社会发展、进步的能力，它能动态地衡量创业人才综合素质高低与竞争力的强弱。其中，学习动力、学习毅力和学习能力缺一不可，只有三者都具备了，才能真正符合竞争社会学习的要求，不被社会所淘汰。

5. 领导力

创业人才的创业活动要实现持续发展，具备较强的领导才能是成功的关键要素。在树立科学的企业发展目标的前提下，创业者更重要的表现为其在指挥、带领、引导、鼓励自己的团队为实现目标而努力的过程。个人的领导行为和能力必须得到团队成员的敬佩、认同和服从才能获得成功，取得良好绩效。这就要求创业人才不仅要具备丰富的专业知识，还必须具备正直、公正、恒心、进取等优秀的人格品质，提高团队的凝聚力，从而扩大其追随者队伍。作为一名合格的领导者，创业人才还必须具备科学实用的人才观，应当具有培养、选拔和使用人才的慧眼与魄力，这是形成核心团队的重中之重。

6. 抗风险力

创业者一般都是第一次开展创业，难免会缩手缩脚，害怕失败。风险往往与收益成正比，所以创业者必须具有冒险精神，才能及时抓住获得成功的机会。与此同时，创业中的经营风险随时可能发生，创业者在面临风险的时候，只有做到处变不惊、沉着应对、及时总结、科学应对，才不会因害怕风险而错失良机。创业人才不具备管理风险、控制风险和规避风险的能力和正确态度，是无法在创业活动中获取收益的，所以，必须具备良好的心理承受能力，也就是抗风险能力。

第十章　高校创业教育体系建设的现状

当前，我国大学生就业难不仅在于就业率低，更在于就业质量。大学生十分期望能够将自己所学的专业知识运用到日后的工作中，这在一定程度上表明了大学生对就业质量的期待和要求。

但另一方面，大多数高校的就业教育机构将教育资源集中在提高就业率上，对于就业质量则分身无术、无暇顾及。有调查结果表明，大学生对目前高校的就业指导工作评价一般。其主要原因可能在于，高校就业教育的时间大多集中在临近毕业的一年之内，教育对象局限于临近毕业的高年级学生，教育人员则是以就业管理职能部门、党政干部和毕业班辅导员为主。

第一节　社会各界对高校创业教育的认知

20世纪后期，国际上提出"创业教育"是未来的劳动者应该掌握的"第三张教育通行证""毕业生将愈来愈不仅仅只是求职者，而首先将成为工作岗位的创造者"等理念。对此，国内外学者和专家都有很多相关的研究，如美国波士顿银行于1997年发表历时7年研究的《MIT：冲击创新》报告显示，如果把麻省理工学院校友和教师创建的公司组成一个独立的国家，那么这个国家的经济实力将排在世界的第24位，这说明了大学对国家经济发展的重大影响。

2003年，国内学者张帆、张帏在《美国大学创业教育发展及对中国的启示》中谈到，由于国内高校中的创业教育还处于起步阶段，因此有必要借鉴国外大学这方面的经验；美国大学开展创业教育比较早，其创业教育的发展演进、主要内容和评价体系有很多值得国内高校学习的地方。同时，他们还分析了中国目前创业教育存在的问题，并提出了一些建议。

一、高校开展创业教育的优势

与前些年相比，目前高校开展创业教育有了很多优势，归纳起来主要有如下几个方面：

（一）国家基本面的支持

国务院提出"大众创业、万众创新"的口号以后，各地纷纷出台关于支持创业的政策和文件，为在更大范围、更高层次、更深程度上推进创业活动而努力。

（二）创业氛围渐浓

虽然目前国内经济形势随着我国经济转型升级有所放缓，但是经济结构的调整对创业活动的推进效果却十分明显，社会对创业教育的需求也开始慢慢体现出来。

（三）社会上已有成功实践的先例

民营公益性和非营利性创业大学，以其专业性和优秀的课程设计，得到了业内的肯定，这也印证了只要能够提供优秀的资源，创业教育的市场和前景是十分广阔的。

二、高校开展创业教育面临的挑战

（一）转变观念尚需时日

目前，高校还是把注意力集中在了基础教育和研究上，对于创业教育的重视程度还不够，所谓的创业教育只是简单地开设几门课程，并没有与社会接轨，特色体系更是无从谈起。

（二）师资力量普遍不足

能够开展创业教育的教师，必须拥有非常丰富的创业理论知识以及创业实践经验，但是目前高校聘用的教师主要方向均为基础教育和科研，能够开展高质量创业教育的教师十分稀缺。

（三）课程体系有待建设

目前，高校的创业教育缺乏统一的规划和经典的教材，课时、学分等设置也比较随意，理论课程多，实践课程少，实用的创业教育课程体系还没有建立。

第二节 高校创业教育的创业平台研究

创业教育被联合国教科文组织称为教育的"第三本护照"，被赋予了与学术教育、职业教育同等重要的地位。2002年，教育部将清华大学、北京航空航天大学等9所高校作为创业教育试点院校。经过十多年的发展，我国高校创业教育取得了显著成绩，在创业课程建设、创业教育活动组织等方面逐渐走向成熟。基于此，2012年教育部办公厅出台了《普通本科学校创业教育教学基本要求（试行）》，标志着我国高校创业教育走上了科学化、制度化、规范化的发展道路，有力推动了高校创业教育的快速发展。

然而，在充分肯定高校创业教育发展成绩的同时，我们应看到目前高校创业教育还存在着诸多困境和问题，影响着创业教育健康发展。而创业教育资源有限且整合乏力就是发展瓶颈之一，特别是一些高校缺乏统一的组织机构专门负责创业教育工作，不仅导致有限的创业资源分散于院系、部门之间难以整合，而且致使现有的创业资源不能发挥应有作用而闲置浪费。如何解决这一瓶颈问题，成为高校推进创业教育的关键所在。近年来，一些高校通过成立"创业学院"，不仅有效解决了创业资源整合难的问题，而且成为推动创业教育发展、培养创业型人才的崭新平台。

一、高校创业学院典型模式

据统计，自2008年来，全国高校已相继成立30多所创业学院，而且每年都有新的创业学院成立，目前拥有在读生近2000名。

（一）上海交通大学创业学院模式

重点高校在深化教育教学改革和人才培养方案调整等方面，对其他高校具有导向和引领的作用。重点高校创业学院的运作模式也是如此。上海交通大学创业学院就是其中代表之一，该学院创办于2010年6月，其所秉持的"无形学院、有形运作"的创业学院模式具有典型示范意义。所谓无形学院，就是创业学院不占楼、不占编，所招收学员不涉及学籍和院系调整；而有形运作就是指创业学院在学校有机构代码，有运作团队，落实责任主体，明确考核目标。上海交通大学创业学院模式成为探索创业教育内在规律、破解创业教育实效性症结、构建研究型大学创业教育的新模式。

（二）温州大学创业学院模式

地方本科院校是我国高等教育的中坚力量，是高等教育的重要基地。因此，研究和认识地方高校创业学院运作模式具有重要意义。温州大学创业学院创办于2009年6月，该校创业学院模式对于地方本科院校的示范意义，主要表现在三个方面：一是明确创业学院的主体地位，该校明确创业学院是一个实体部门，是专门负责全校大学生创业教学、创业实践与创业研究等工作的主体机构；二是建立健全创业学院运行机制，该校创业学院具有健全的组织机制，根据学院运行需要设置专门的组织机构，确保创业学院有力运行；三是主动对接地方创业教育资源，该学院积极吸取地方创业文化，整合地方创业教育资源，开创了大学生创业教育的"温州模式"，有效促进了创业学院的发展。

（三）西安外事学院创业学院模式

民办高校是我国高等教育领域的一支重要力量，这类高校办学灵活多样、特色鲜明，特别是一些民办高校在创业教育方面走在了前列，成为其他高校学习借鉴的范本。西安外事学院在全国民办高校中较早设立创业学院，成立于2009年5月，现已形成了"创业教育＋创业实践＋创业帮扶＋风险投资"四位一体的创业教育模式，具有典型示范意义。该校创业学院具有以下三个鲜明特点：一是服务对象多元化，其不仅为在校生开设创业教育课程，而且还服务于毕业生和企事业单位业务骨干；二是课程体系多层次，该学院针对不同年级、不同需求的学生开设丰富多样的创业课程，其教学模块分为普适教育、重点培养和精英教育三个层次；三是实践孵化多渠道，该学院实践锻炼模块主要包括四大实践基地，分别是来比西餐厅、阿里巴巴服务站、网易大学生实践基地和业务呼叫外包，有效促进了创业项目的孵化。

（四）义乌工商职业技术学院创业学院模式

高职院校是高等学校的重要组成部分，是以培养实用型、技术型和技能型专门人才为目的高等院校。实用、高效、特色是高职院校办学的主要特点。义乌工商职业技术学院创业学院于2008年10月成立，2010年10月正式成为二级分院，现已成为一个集教学、实训、销售、培训、仓储、快递为一体的综合性创业教育和实战平台。这所创业学院在高职院校中具有典型示范性，主要表现在三个方面：一是创业与专业联系紧密，该学院所培养学生大多属于工商管理类，如所开设的电子商务创业班，分别来自电子商务、市场营销、信息管理、物流管理四个专业，而且其创业课程体系、师资队伍和基地建设等都与工商管理类专业紧密结合；二是规章制度健全完善，该学院在组织机制、教学科研、学生管理、基金管理等方面建立了一系列规章制度，有效保障了创业学院的健康发展；三是承担创业教育探索和示范的特殊使命，该学院在为全校创业师生提供平台支持的同时，还承担着创业教育模式探索创新以及带动学校创业型大学建设的示范引领作用。

二、创业学院发展的基本要求

（一）夯实条件保障

创业学院平台的建立发展需要一定的条件和保障。首先要树立创业教育是一种素质教育的理念，建立健全创业型人才培养体系，将创业教育真正融入高校人才培养的各个环节；其次要具备一定的学科专业支撑，特别是需要管理学、经济学、教育学、心理学等学科专业的支撑，因为"脱离专业教育的创业教育会停留在单纯的技能和操作层面，让创业教育成为无源之水，无本之木"；再次要推进创业教育师资队伍建设，一方面积极引进和吸收校内外创业教育师资资源，另一方面也要鼓励教师参加高级别创业教育培训，不断提升创业教育师资水平;最后还需要高校在机构、人员、场所和经费等方面给予大力支持,确保创业学院高效运作。

(二)完善运行机制

创业学院需要完善的运行机制,否则会影响学院的规范运行和健康发展。首先要建立健全组织机制,设置专门组织机构,包括创业学院行政机构以及理事会、专家咨询委员会、教学指导委员会、实训基地管理委员会等业务机构,负责创业学院日常管理、政策制定、工作规划、课程教学、师资建设、创业实训等事务;其次要建立健全规章制度,为创业学院规范运行保驾护航,创业学院虽然与其他二级学院有所区别,但也涉及教学、科研、师资、基地、考核等多方面的内容,因此必须加强运行制度建设,为学院运行提供制度保障。此外,还要建立健全考核评价机制,对创业学院总体运行情况以及人才培养质量等指标进行考核,以科学细致的考核机制推进创业学院的规范化、科学化。

(三)注重特色发展

教育部办公厅印发的《普通本科学校创业教育教学基本要求(试行)》指出:高校创业教育要"结合学校办学定位、人才培养规模和办学特色,适应学生发展特别是学生创业需求,分类开展创业教育教学"。这就强调了高校创业教育要结合实际、办出特色,推进创业学院也应该注重特色发展。首先要注重结合高校实际情况,特别是将创业学院的创办和发展与学校办学特色、学科专业优势以及地方资源等紧密结合起来,打造具有地方特点、学校特色的创业学院;其次要着眼于创业精神培养、创业知识传授、创业能力锻炼"三位一体"的教育要求,结合社会需求、师生特点、教育资源等实际情况,从教育理念、培养模式、考核评估等方面不断创新创业学院人才培养体制,这是推进创业学院特色发展的关键所在;最后要注重总结和凝练运作经验,当前创业学院总体上还处于初步发展阶段,及时总结凝练和提升固化发展中的经验做法,有助于创业学院的规范运作和特色发展。

第十一章　高校创业教育的组织模式

结合社会需要和教育发展规律，高校应科学地设定"群众式"创业教育目标，在整个人才培养体系框架内确定社会责任感、创新精神、创业意识和创业能力培养四个方面创业教育的总目标；并根据当前社会的现实状况、办学层次和类别、学生的自身条件等因素确立三个层次目标：具有良好创业素质的社会公民、自我工作岗位的创造者和新兴企业的创办者。在此基础上，高校建设纵横结合的"差异化"创业教育目标体系。

第一节　高校创业教育组织模式的国际经验

我国高校创业教育经历了构想酝酿、实践摸索和实践发展三个阶段，取得了成绩也暴露了问题。为此，高校应立足我国基本国情、借鉴发达国家的成功经验，从突破落后型理念、打造专业化师资、形成体系化课程以及提供规模化资金等几方面出发，对当前创业教育进行创新升级。

"创业教育"思想发端于20世纪80年代末期，经过几十年的时间在全球范围掀起热潮，各国高校立足本国国情纷纷出台政策大力发展创业教育，激发大学生的创业梦想和热情，为本国培养未来的企业家提供了强大的动力。在我国，自从1998年清华大学举办"创业计划大赛"以来，高校创业教育呈现发展快速、势头强劲、潜力巨大的特点，同时也暴露出一些制约大学生成功创业的问题。

一、发达国家高校创业教育的主要做法

第一，理念先进超前。美国高校认为，创业教育是"通过培养创业意识、了解创业知识、体验创业过程，使大学生能像企业家一样行为，具备将来从事职业所需的知识、技能和特质"，其精髓在于培养大学生的企业家素养，着眼于培养未来的企业家。英国高校创业教育经历了从功利性（即促进学生就业）到非功利性（即培养大学生创业精神和技能）的转变，重在"揭示创业的一般规律，传承创业的基本原理与方法，培养学生的创业意识、创业个性心理品质和创业能力"。德国高校将创业教育纳入素质教育范畴，认为其是"培养大学生从事创业实践活动所必须具备的创业能力、创业精神、创业意识和心理品质的素

质教育"。

由此可见，发达国家并不把创业教育视为就业教育，出发点也不以提高毕业生就业率为目标，而是纳入素质教育、终身教育的范畴，旨在通过对大学生进行创业意识和能力的培训，达到培养未来企业家的目的，适应了大学生长远发展的需要，也为本国企业未来的发展储备了人才。

第二，师资各具特色。美国高校重视专兼职两支创业教育师资队伍的培养和使用，专职教师属于高校教师系列，兼职教师则邀请具有创业成功经验、学术能力较强的社会人才，并通过相应的培训平台予以培育。例如，美国很多高校都与考夫曼基金会联合举办"创业教育者终身学习计划"来加强本国高校创业教育师资队伍建设，特别强调终身性和实践性。英国高校对创业教育师资的要求更为严格，主要按照课程的两种不同性质分别加以建设：一是设计课程的教师，原则上要求他们具有实业管理经验并曾经自主创办企业；二是讲授课程的专职教师，也要求他们具有实际的创业经验或企业管理经验。德国高校的创业教育师资主要由兼职教师组成，其来源主要是创业成功的企业主或管理者，特别强调教师的创业成功经验或丰富的企业管理经验。

发达国家十分注重教师的实际创业能力和创新素养，重视教师本身的创业成功经验，主要按照专业化甚至专家化的方向予以发展。同时，这些国家普遍注重教师队伍持续的素质教育甚至终身教育，有的依托专门机构强化培训，有的则通过激烈的市场竞争来进一步锤炼。

第三，教学各成体系。美国的创业教育教学体系可谓全球领先，从大名鼎鼎的硅谷，再到微软、惠普等世界知名高新技术企业，无不得益于发达的创业教育教学体系，其创业课程已经涵盖了正规学历教育全程，而且每所高校都有自己的创业教育教学体系。不仅如此，美国高校还通过打造"创业中心"支持大学生创业实践，如麻省理工学院成立了"校园创业中心""德斯潘德技术创新中心"等一批校内"创业中心"。英国高校的创业教育则与专业课程教育结合起来，并设有专门的创业教育课程、其他课程中的创业教育和课外的创业活动。德国高校的创业教育课程分为两类：一类是创业理论教育或称经典教学，是其创业教育的主体；另一类是创业学习教育，主要通过引导大学生参与创业实践活动达到创业教育的目的。

这些国家高校的创业教育各成体系，一方面注重创业理论知识的传授，另一方面强调学生在校期间的创业实践活动，有的通过创业项目资助的方式予以扶持，有的则以案例教学的模式加以深化。

第四，资金保障充足。成熟的资本市场和大量的风险投资为美国大学生创业提供了充足的资金，他们可以便捷、迅速地得到项目的启动资金，仅"德斯潘德技术创新中心"就为90个项目提供了逾千万美元的创业资助，从而吸引了上亿美元的产业投资。英国政府坚持资金提供的主体地位，从1987—2007年，高校创业教育发展80%的资金来自政策投资，有效避免了高校的投资风险，激发了大学生创业的活力。德国政府对大学生创业的资金扶持，主要通过降低征税标准甚至免收创业投资税款的方式进行，也在一定程度上为大学生自主创业提供支撑。

综上所述，发达国家的资金扶持政策，都形成了符合国情的支持性系统，通过国家、市场、学校甚至民间资助等不同渠道筹集资金，解决大学生创业亟须的大量资金、催发大学生创业的激情，尽最大可能支持大学生自主创业，取得了实实在在的效果。

二、我国高校创业教育的发展历程

1989—1997年：构想酝酿阶段。该阶段的标志性事件是"创业教育"概念的提出，"创业教育"一经提出，随即在全球范围内特别是发达国家得以实践。但我国在随后的8年时间里仅局限于理论探讨，这一阶段的主要研究成果极少，但提出的观点却比较超前，胡晓风作为其中的代表人物，在1989年发表了论文《创业教育简论》，奠定了我国高校创业教育的研究基础。这篇论文提出，创业教育"以培养合理的人生为宗旨"，并进一步通过培植生活能力、培养劳动能力以及发挥创造力等三个方面阐述创业教育的目标，另外还探讨了创业教育的三大原则：科技、教育、经济三结合的原则，德育为本、创业为用的原则，学问与职业一贯的原则。此外，还有学者以职业创业教育、全民性创业教育、农村职校创业教育为切入点，初步探讨了创业教育的目标、内涵、方式、途径等内容。回顾理论探讨初期，由于宏观环境的影响和创业实践教育的缺位，我国这一阶段的研究范围狭窄、研究成果极少，而以胡晓风为代表的学者则提出了具有开创意义的学术成果，为今后的研究奠定了基础。

1998—2009年：实践摸索阶段。教育部在1998年12月颁布的《面向21世纪教育振兴行动计划》中首次提出，要"加强对教师和学生的创业教育，采取措施鼓励他们自主创办高新技术企业"。同年，清华大学举办"创业计划大赛"，在实践层面探索创业教育。1999年，共青团中央、中国科协、教育部和全国学联联合举办了全国第一届"挑战杯"大学生创业计划大赛，至今仍然是全国高校乃至全社会关注的焦点。教育部在2000年"全国高校技术创新大会"上允许大学生（包括硕士、博士研究生）保留学籍创办高新技术企业之后，更在2002年将清华大学等9所高校列为"创业教育试点院校"。不仅如此，随着2005年国际劳工组织为培养大学生的创业意识和创业能力而开发的教育项目——大学生KAB创业基础课程——在我国首次开展，有了直接为我国大学生提供创业指导的专业平台。此后，全国高校创业教育如火如荼地开展起来，形成了相当的规模。伴随着创业教育实践在全国高校的推进，理论研究如雨后春笋般涌现，主要集中在创业教育模式的总结梳理、创新与创业的关系及融合研究以及对创业教育目标理念的深入探讨。

2010年至今：实践发展阶段。2010年，教育部出台《关于大力推进高等学校创新创业教育和大学生自主创业工作的意见》，从课程体系建设、师资队伍建设、质量检测跟踪体系建设等方面做了全面部署，并强调了创业基地的建设与管理，同时就创业扶持政策、资金投入、创业培训、创业信息服务等方面提出了指导性意见,这可以视为我国高校创业教育实践大发展的里程碑事件。截至目前,我国形成了教育部高教司、科技司、学生司和就业指导中心"四局联动"机制,初步搭建了创业教育、实践基地、政策保障和信息服务的"四位一体"布局,全方位保障高校创业教育向高层次发展。与此同时,大学生KAB创业教育的规模以惊人的速度发展起来,截至2013年,全国已设立数十个"大学生KAB创业教育(实践)基地",共在1200多所高校培训了师资,在1000余所高校开设了专门课程,在200余所高校成立了大学生KAB创业俱乐部,超过100万大学生直接参加了课程学习。可以说,我国高校的创业教育快速完成了构想酝酿和实践摸索阶段,在国家的大力推行下正在朝着新的方向稳步迈进。

我国高校的创业教育从无到有、从构想到实现再到迅速开展,走过了不寻常的发展之路,对我国大学生创业意识的培养和创业能力的提升有着非同一般的意义。然而,根据教育数据咨询研究公司麦可思每年发布的"中国大学生就业报告"显示,我国大学毕业生自主创业比例为2010届1.5%,2011届1.6%,2012届2.0%,尽管呈逐年上升态势,但总体上创业的比例仍然较低,这在很大程度上反映了当前的高校创业教育效果还有很大的提升空间。此外,据麦可思《2013年大学生就业报告》披露,在2012届自主创业的毕业生中,60%左右的创业资金来自父母或亲友,25%左右来源于本人积蓄和银行贷款,而由政府提供科研基金、创业基金或优惠贷款等资助的比例约为1%。

第二节　高校创业教育组织模式发展研究

任何政策举措的制定和实施,都要适合本国国情才能形成自身的特色,进而产生强大的发展动力,高校创业教育也是如此。只有立足我国国情,在总结梳理以往经验教训基础上借鉴发达国家成功经验,我国高校才能制定出适合的创业教育战略,进而提升创业教育的实效性和针对性,最终为我国经济社会发展提供有力支撑。

第一,突破落后型理念,奠定创业教育的基础。当前,我国高校虽然如火如荼地开展创业教育,其规模化效应也日益显现,然而在对创业教育的理念、目标等根本问题的认识上还存在功利性,很多高校甚至政府部门将创业教育与就业教育画上等号,试图以创业率来拉动就业率,由此而产生的师资来源简单、课程没有体系、资金缺乏保障等一系列问题又进一步使得创业教育偏离方向。笔者认为,创业教育作为高校素质教育、个人终身教育的重要环节,绝不能以短期的拉动就业率为目标,而在于立足长远、立足人的发展,培养大学生以企业家的思维考虑问题,通过一系列创业理论知识的传授和创业实践的开展培养大学生的创业意识和能力。

第二,打造专业化师资,看中教师的实际创业能力。发达国家高校创业教育师资有着鲜明的特点，即强调师资队伍的专业化水平，看中教师的实际创业能力甚至业绩。反观我国高校，大部分高校的创业教育教师没有接受过全面系统的师资培训，更谈不上具有成功的创业经历，有些高校聘请的企业家担任兼职教师又没能形成规模效应，对于创业教育极为不利。笔者认为，首先，国家层面应当加快"创业学"学科的设置以及"创业学"理论研究的引导，通过学科体系的建设和创业理论的创新带动师资队伍的培养，源源不断地培养基础理论扎实、研究能力较强的教师。其次，国家及高校层面，应对现有教师进行全面系统的培训，通过任职资格准入制度来设定准入门槛，通过与企业联合培养提高教师的创业能力，还可以吸收一批创业成功的企业家任职，从整体上推进教师团队的专业化水平。最后，高校可以借鉴德国的兼职教师模式，即直接聘任创业成功的企业家以及具有管理经验的职业经理人担任兼职教师，作为专职教师的有益补充，达到多元融合师资队伍的建设目标。

第三，形成体系化课程，强调与专业教育的融合。当前我国高校创业教育课程建设尚在摸索阶段，只是就创业教育开设创业课程而没能形成有效的体系。首先，高校应当将创业教育纳入课程建设整体规划，改变过去主要由学生工作部门或者就业部门"单打独斗"的现状，更好地谋划创业教育布局，进而更好地配置教育资源。其次，高校应当将创业教育融入专业教育之中，按照学科类别和专业的不同，规划适合本学科或本专业学生学习的课程体系。这样的创业教育因为紧密结合了学生所学的专业，更有针对性和生命力，学生可以在学习专业知识的同时接受创业教育，为将来从事与专业相关的自主创业夯实基础。最后，高校还要注重处理好创业理论学习与创业实践学习的关系，一方面传授基本的创业理论知识，为学生自主创业提供理论支撑；另一方面还要强化学生的创业实践，整合已有的"创业计划大赛"、创业教育实践教学等教育资源，形成强大合力，连同创业理论教育一起整体提升学生的创业意识和创业能力。

第四，提供规模化资金，激发大学生创业活力。发达国家的成功经验表明，没有充足、长效的资金保障，大学生创业活动将举步维艰，而我国过去主要依靠父母亲友资助创业的模式，也很难大规模激发大学生创业的潜力。这时，政府、民间、高校合力建立多元融资体系就显得势在必行。首先，建立多元融资体系，建立各种级别的"大学生创业基金"，一方面可以作为项目的启动资金，另一方面可以延伸为企业进一步发展所需的资金。其次，调动银行的积极作用，进一步拓展融资渠道。政府应当出台优惠政策，对一些微利项目承担部分甚至全部的银行利息，为大学生自主创办的小微企业铺平发展道路。最后，还应当注重对创业教育本身投入充足的资金，这些资金主要用于师资队伍的培训、学生实训等，通过实践教学基地的投资兴建和使用，使得课程开展、师资提升不是一句空话。这样，有了充足的资金保障，创业教育的师资培训环节、学生实训环节，甚至大学生自主创业环节都得到了强有力的支持，才能培养出更多的具有企业家思维的储备人才，才能激发更多的大学生从事自主创业活动，从而整体推动创业教育达到新水平。

第十二章　高校创业教育师资体系建设

我国多数高校培养大学生,是按照传统的就业型人才来培养的,这些大学生普遍缺乏创业意识,创业能力不足,不能适应当前充满机遇和挑战的大环境,独立创业难度很大。高校必须加强创业教育来培养学生的创业意识和创业精神,挖掘他们的创业潜能,使他们可以利用自己所拥有的专业知识去为社会创造价值。加强高等院校创业教育,培养大学生们的创业意识,帮助大学生及时合理地调整就业方向也是当前经济社会发展的需要。

第一节　高校创业教育师资体系建设的必要性

想要从根本上解决大学生就业难,除了创新现有人才使用和评价机制外,高校更要担负起更新大学生传统的就业观和择业观的任务,努力实现高校大学生由"自主择业"转变为"自主创业"。各个高校对学生实施创业教育是当下教育活动的一个首要任务,但是创业教育不是单纯的职业性技能教育,而是在专业技术教育基础之上,对学生的创业意识、创业精神、创业能力和创业心理素质等能力的综合培养。

高校创业教育的整体布局中很重要的一个基础性环节是师资队伍建设,它的地位至关重要。高校应按照创业教育所要达到的目标要求,努力加强高校创业师资队伍建设。作为一名创业教师,除了上好创业教育课程外,要不断地进入企业来了解企业的运行,为创业教育提供强有力的实践支撑。创业教育的特殊性,要求创业教育教师不仅要具备教师的一般职业素养,更应具备创业教育对教师的特殊要求。创业教育进行得成功与否,从某种意义上来讲主要取决于师资队伍的建设。创业教育只有拥有了高水平的师资队伍,才能推进创业教育向更高、更深层次发展。

一、目前创业教育师资队伍建设存在的若干问题

近些年来,随着高校创业教育活动以及创业教育课的开展,师资队伍有了一定改善,整体素质有了一定提高,但仍存在一些不容忽视的问题。

第一,创业教育的师资队伍力量薄弱。许多高校没有设立专门的创业教育团队,只是由一些其他专业的教师担任兼职,还有一些高校创业教育师资匮乏,远远没有达到要求的

师生比例。或是受师资条件的限制等各种原因，许多高校仅仅开设了如大学生就业指导一门课程，难以构建有效的创业教育课程体系。上述种种原因，直接导致许多高校无法及时有效地推进创业教育。

第二，从事创业教育的教师本身缺乏创业经历。创业教育本身实践性很强，不同于一般理论课程，不仅仅是需要教师拥有扎实的理论知识和相关授课技巧，更需要教师具备扎实的创业实践能力。实际上，受种种条件的制约，真正有过创业体验和企业管理经验的教师少之又少，即便是授课教师拥有很强的创业教育理论相关知识，但因不太熟悉企业的运行机制和管理工作，在教学过程中缺乏企业的实际运作过程和操作环节的指导，也只能单纯讲授理论知识，而不能带给学生切身的经验感受。

第三，创业教育教学方式陈旧。大多数教师仍是沿用传统授课方式进行教学，很少一部分教师在用类似于"项目"课程的方式进行教学。模拟企业管理经营的软件和硬件设备，许多高校不愿出资购买，授课教师能真正指导学生创业活动的比率很低。

第四，创业教育的研究水平有待提高。教师的专业学术研究水平对教学质量有着重要的影响，培养高水平的创业教育教师，首先要督促教师提高学术研究水平，鼓励引导教师积极开展创业教育方面的理论、课题和案例研究，再做到教学手段多样化，这样教学水平才能水涨船高，教学效果才能更富有成效。目前，许多授课教师在创业教育方面的研究成果还很有限，能够拥有自己编写的创业教育教材的高校更是屈指可数。

二、高校创业教育师资队伍建设的一些措施

第一，招聘具有实践经验的创业成功人士做兼职教师。创业活动中的实战经验对于创业教育来说是最为宝贵。高校要积极吸引具有实践经验的创业成功人士成为教师队伍中的一员，这也是加强师资力量行之有效的办法。很多美国高校都积极聘请创业者、企业家以短期讲学、参加创业论坛等多种方式作为兼职教师，来参与学校的创业教育活动。如斯坦福大学的"创业管理"课程，其实是由专业和客座两类教授一起来讲授的，这些兼职教师为选课学生聘请了业界资深的人士担任指导，取得了很好的教学效果。

第二，加强高等院校"双师型"创业教育师资队伍的建设。为了顺利开展创业教育，高校要落实对教师的培训工作，加强对教师理论培训和实践锻炼的能力，建设"双师型"创业教育师资队伍。同时，高校应以着力转变全体教师的观念，让广大教师树立创新意识，让广大教师本着边学习、边实践、边培养的原则，在教学中抓紧对专任教师的培训工作。

（1）挑选并组织培训资源。"双师型"创业教育教师应充分利用学校内外培训和锻炼机会及资源，发挥各方面的资源特长，设计灵活多样的运用培训模式。

（2）切实保证企业锻炼，重点是企业实践部分。高校应组织专职教师深入企业学习，积极参与企业项目的开发，开展专业技能的培训和实习，强化专业教师对本职业领域的认知，积累教学中出现的各类案例，建设和完善创业型教育的教学体系。

第三，建立并完善创业教育的评估体系和激励体系。评估体系作为教学活动中的一项

重要成分，对促进师资队伍建设有着极其重要的作用。因此，高校要不断完善创业教育的教师评估体系，为创业教育专职教师创建良好的教学氛围，激发其在教学中的主观能动性。

（1）制定合理有效的创业教育评估体系。科学有效的评估体系是创业教育工作的重要基础和有力的保障，其关键在于对教师工作量的分配及对教师工作的评价，这包括教学质量标准和管理制度的全面制定，全面、公正的学生评教、学院评教的评教体系，合理量化教师从事创业教育的教学工作量等。

（2）制定切实可行的创业教育的激励体系。建立科学合理的激励体系，既能体现教师教学的劳动成果，也提高了教师教学的主动性，还可依据教师的教学成果，合理分级分配，形成科学的竞争体系。首先，高校要及时给予教师精神上的鼓励以及相应的物质奖励。其次，高校对教师在教材和论文的编写发表和学术交流等方面要予以积极的支持。最后，高校应建立培训机构，给教师的交流和实践工作创造空间，并积极组织创业教师到各个院校等培训机构进行学习考察，使创业教育型师资队伍的建设尽快投入到高效发展的轨道。

第四，建立高校与企业相结合、学生与教师相配合的创业实训平台，加强校企之间的合作。高校与企业合作共同研制开设特色专业，在企业创建创业实践基地，同时聘请企业管理者和成功的创业人士来担任高校创业指导老师，让学生体验企业在项目运行、财务管理、产品研发、市场调研等方面事务，为学生进入社会后能进行成功的创业打下坚实的专业准备；鼓励和引导学生参加教师的专业科学研究项目，尤其是学校和企业合作的具有实用性的科研项目，鼓励专业教师根据自己的科学研究项目为学生提供相关课程的研究内容，引导学生有安排、有组织地参与课内外项目的研究。

第二节　高校混成创业教育师资团队建设模式研究

"混成"为军事术语。部队根据作战需要，将功能互补的作战单元组成一个具有综合作战能力的集团，称为混成部队，由多兵种精英组成，适宜一体化作战，战斗力强。

高校混成创业教育师资团队建设是创业教育实施的关键。混成创业教育师资团队建设的有效路径包括构建有专业特色的创业教育体系、设置专职创业教育机构、改革和创新创业教育教学方式、进行创业教育师资创业实践培训、将创业教育理念渗透到专业教学中、全力打造专业化和本土化创业教育师资团队、聘请创业导师、建立创业指导专家团队等。

由就业教育转向创业教育，是高等教育发展的必然趋势，也是高校教育改革的必由之路。以创业教育为导向，进行教育教学范式的变革，是高等教育的普遍规律，也是构建大学生就业长效机制的必然抉择。创业教育在我国起步晚，存在研究力量薄弱、高素质师资缺乏、课程建设滞后、教育理念陈旧、实习实训基地缺乏、教育文化缺失等问题，导致高校创业教育存在"雷声大、雨点小"、发展慢、创业成功率不高等问题。

对于创业教育，思想是先导、教育是关键、师资是根本。整合社会资源，加强高校创业教育师资团队建设，打造一支高素质的高校混成创业教育师资团队，既是提高大学生创业能力的现实选择，也是高校建设的重要内容，更是高校有效实施创业教育的关键。

一、高校创业教育师资团队现状

创业教育课程的开设需要师资作为支撑，创业课程的创新需要师资去努力，创业教育师资团队是创业教育实施的关键。创业教育师资的素质和水平直接影响到创业教育的质量和效果。

近年来，我国高校创业教育蓬勃开展，广大创业教育工作者克服困难，摸着石头过河，使高校创业教育取得了可喜进步。但高校创业教育师资团队建设仍存在诸多问题，也严重制约着高校创业教育的持续健康发展。

一是创业教育教师数量少，团队不稳定。高校缺少专门的创业教育师资团队，经过正规培训的专职创业教育教师非常少，难以满足创业教育快速发展的需要；兼职创业教育师资多从"两课"教师或学生辅导员中抽调而来，缺乏创业教育系统培训，并随时可能离开创业教育团队。

二是创业教育师资实践经验缺乏。创业教育的学科特性要求创业教育师资具备学者与企业家的双重素质。但目前，高校创业教育主讲教师大多属于"学院派""两课"教师或辅导员是创业教育师资主力，这些教师大多缺乏创业实践经验，没有企业工作经历，还有部分教师从事行政工作，专业进修机会少，教学技能相对欠缺，既缺乏创业经验，也缺乏创业教育训练，对企业缺乏了解，所开设的创业教育课程无论教学内容还是授课方式，都很难理论联系实际，难以激发大学生的创业热情，影响创业教育质量。

三是专业课教师创业教育意识淡薄。大多数专业课教师对创业教育理念、对专业与创业的辩证关系缺乏理解，对专业知识在创业实践中的支撑作用缺少研究，不能结合课程内容和专业特点将创业教育意识渗透到专业教学各个环节，做不到将创业教育理念贯穿整个教学过程。

四是实践课教师缺乏教学经验。高校应通过创业讲座、创业沙龙等形式，多聘请资深企业家、创业成功人士或优秀校友作为客讲座教师。这类师资比较受学生欢迎，但这类教师尚未纳入系统化和规范化的创业教育体系，缺乏组织协调、制度保障和资金支持，也缺乏教学经验、常常"有理说不清"，没有创业教育专职教师的配合和沟通，教学效果有待提高。

总之，目前创业教育师资或者缺乏经济学、管理学的专业背景，或者缺乏教育教学经验，或者缺乏创业实践经验，远未形成产学研相结合的专业化师资团队。

二、高校混成创业教育师资团队建设模式

欧美国家创业教育师资团队基本实现了系统化和专业化，在高校设置了专职的创业教育机构，实行教学师资专兼结合，教学内容模块化，注重创业教育的师资培训，创业教育师资具备相应的创业体验、创业知识和创业技能，并将创业教育和创业心理特质内容训练渗透到每一个教学科目。从创业教育历史看，我国的高校创业教育还处于学习借鉴和探索阶段，尚未开展高校创业教育师资团队建设的系统研究，没有形成有专业特色的创业教育师资体系。

高校混成创业教育师资团队建设旨在以科学发展观为指针，以《国家中长期教育改革和发展规划纲要（2010—2020年）》为指导，以建设一支专兼结合、动态发展的"学校—企业—社会"混成创业教育师资团队为重点，以校企深度合作发展为动力，以构建有专业特色的创业教育体系和科学完整的创业教育师资团队生成体系为中心，以混成教育家与企业家结构、将创业精英引入课堂承担创业教育教学任务、打造专业化和本土化创业教育师资团队为途径，提升创业教育师资的创业理论水平和创业实践能力，探索一条高校创业教育师资团队建设新思路，从而提高创业教育水平。

（一）构建有专业特色的创业教育体系是高校混成创业教育师资团队建设的前提条件

校企深度合作是高校人才培养模式的最佳选择，是高校可持续发展的必由之路。高校创业教育面向全体学生，融专业教育、课程教育与就业创业教育于一体，应根据行业发展调整培养方向，完善人才培养方案；应成立由行业技术专家、行业管理专家、高校专家、企业家、就业与创业指导专家、创业成功校友等组成的专业建设与就业创业指导委员会；要通过校企深度合作，让行业企业参与高校人才培养方案制定和课程设置，从专业设置、课程建设、顶岗实习、"订单式"人才培养、"双师型"教师培养、教学过程与教学考核评价等方面开展深度合作，将项目引进课堂，促进高校内涵发展，加强沟通，扩大合作群体，深化合作层次，使课程设置、教学内容更贴近企业；应整合课程体系，构建实践体系，形成有专业特色的创业教育体系和人才培养方案，形成系统的创业课程群，构建创业教育课程体系，培养敢创业、能创业的高素质人才。

（二）设置专职创业教育机构是高校混成创业教育师资团队构建的桥梁和纽带

高校应设立创业教育师资管理机构，对全校的创业教育师资进行统筹管理，主要包括创业教育课程的设置、课程的安排、课程的实施、专兼职教师的聘任与培训及组织协调、制度建设和资金支持等，建立健全创业教育师资团队的形成机制。

（三）创新创业教育教学方式是混成创业教育师资团队成长的活力源泉

高校应转变以教师为中心的教学方式，根据专业特色，对现行教育体系中不适应创业教育目标的环节进行改革，建立以教师为主导、以学生为主体的互动教学模式，增强创业教育的活力和吸引力，为学生提供创业指导服务和实践机会。高校应聘请有创业实践经验又热爱创业教育的人士担任大学生创业团队教练，全程参与一个创业项目，给予专业化指导，这比学生自行摸索或缺乏实践经验的教师的指导来得更加直接具体，更有成效。

高校应不断加大教师到企业和科研院校挂职锻炼的力度，每年派教师到企业挂职锻炼半年到一年，直接参与企业项目的研发。通过在企业亲自参与具体项目，教师不仅自己完成了从理论到实践的转化，还掌握了很多来自生产一线的新技术、新工艺，回到课堂就可以把这些传授给学生，这是一条非常有效的"双师型"教师培养途径。教师通过到企业挂职、共同研发项目等实践锻炼，不但自身素质得到了快速提高，也推动了学校"双师型"教师团队的建设。

（四）创业教育师资创业实践培训是混成创业教育师资团队建设的基石

创业教育需要专任师资负责对全校创业教育活动进行规划、设计和组织管理。一是要选派热心创业教育事业又有企业工作经验的工商管理、企业管理或法律专业教师参加有关部门主办的创业教育师资培训班的学习，通过系统化的理论研修和实践性的创业培训，提高创业教育师资团队的专业教育水平，使从事创业教育的专业课教师能提高对创业教育的认识，探索创业教育的基本规律，研究创业教育的基本方法。二是聘请校内不同专业背景，既有理论造诣又有实践经验的教师组成创业教育师资团队，加强校内交流和校本培训，进行案例教学或举办研讨会，让更多教师掌握创业教育的基本知识和方法，从而有效提高教师创业教育水平，实现创业教育的知识和资源共享，不断提高教师在专业教育、就业指导课中进行创新创业教育的意识和能力，还可以编写创业教育的校本教材，使创业教育的内容理论化、体系化、特色化和本土化，以更符合本校创业教育需要。三是鼓励教师自学成才，将创业教育作为研究方向，学校给予时间、经费和课题方面的支持。四是完善人事制度，从企业和有关部门中引进具备不同学科背景的创业教育师资，讲授创业实务，从不同专业领域和不同角度培养学生的创业意识和创新思想，缓解创业教育师资紧缺问题。

（五）专业化和本土化的创业教育师资团队是混成创业教育师资团队的支撑

选拔与培养创业教育的优质师资，打造一支有专业特色、本土化、实际经验丰富、将创业与专业融会贯通的"双师型"创业教育师资团队是混成创业教育团队建设的支撑。为此，第一，高校应把支持教师到相关企业挂职作为一种制度安排，提供平台，鼓励教师参与行业企业的创新与创业实践活动，在教学考核、职称评定、平台搭建等方面，建立鼓励教师进企业、进车间的长效机制；应定期组织教师到企业培训、实训和交流，不断提高教学研究与指导学生创新创业实践的水平，造就一支"既敬专业，又敬创业"的敬业师资团队。第二，应提倡专业课教师到企业兼职，鼓励教师到企业当"周末工程师"、当顾问、搞策划、搞设计等；要求没有专业教学任务的教师一个学期到相关企业工作 2～3 个月，并计入工作量；要求年轻教师先到企业学习 1～2 年才能上讲台；组织教师承担企业相关科技攻关或成果推广课题。第三，应设立创业园或产学研基地，为教师及学生的创业教育活动创造条件，支持青年教师直接参与创业实践活动，建设创新创业团队，积极创新和创业，鼓励教师从事创业实践，积累创业经验，提高创业教育水平，通过参与企业创业，理解创业，体验创业，丰富教学案例，提高指导学生开展创业实践的水平。

（六）创业教育兼职师资是混成创业教育师资团队的重要补充

创业教育的学科特性要求创业教育师资需要具备"学者＋企业家"素质，要求教师不仅是课堂教学的理论高手，也是创业管理的实践战将。因此，高校应聘请校企合作企业人员作为混成创业教育师资团队的兼职教师，纳入教育教学管理体系，成为创业教育师资团队的一个重要组成部分。

一是聘请社会上既有创业经验又有学术背景和社会责任感的专业人士，如政府相关部门（如工商、税务等）人士、经济管理专家、企业家、创业者、营销专家、财务专家、投融资机构专家等来充实创业教育师资团队，弥补高校教师资源的不足，提高创业教育师资水平，使学生获得丰富的创业知识和有效的创业指导，脱离纯理论教学模式。高校对外聘的兼职教师应纳入常态化、规范化管理体系，对聘请的企业高管应进行教学帮助，做好系统的教育学培训，使他们能将创业的实践和经验转化为创业教育教学的内容和方式，引导学生提高学习效率，使创业教育更加专业化、科学化。

二是聘请企业家、创业成功人士，尤其是成功创业的校友担任创业导师，采用"一对一"辅导等方式，对有创业意愿的大学生开展有针对性的指导和帮助。高校应加强与企业家和创业者的联系，要尽量多地整合、调动这些人力资源，让他们与学生直接接触，讲创业经历与管理经验，让课程中关于企业的知识能在这种接触中生动地展现出来。

三是建立创业指导专家团队，为创业者提供咨询，为大学生提供创业指导。高校可设立大学生创业导师岗位，提倡入学生创业导师式投资人。教师创业指导是指通过建立一支懂理论、会实践的教师创业指导团队，给创业学生提供实用、前沿的创业指导，帮助学生解决创业活动中的实际问题，切切实实地提升学生的创业能力。指导教师要经常与创业学生"混"在一起，在学生创业刚起步时给予必要的扶持，在学生创业遭遇"瓶颈"时给予必要的引导，帮助学生成功创业。

高校创业教育是社会发展的必然要求，高水平的创业教育师资团队是推动高校创业教育向纵深发展的核心所在，是培养高素质创业人才的根本保障。

提高自主创新能力，建设创新型国家是国家发展战略的核心，是提高综合国力的关键。

建设创新型国家，保持国家经济活力的重要驱动力之一就是创业，同时也是目前解决大学生就业的重要途径之一。而创业教育实施的成功与否很大程度上取决于师资团队的建设。因此，在新形势下有效开展创业教育的师资团队建设具有重要的现实意义。笔者在原有"双师型"师资基础上提出"三师型"师资的理论，旨在优化创业教育师资配置，建立完备的创业教育师资团队，更好地推进高校创业教育快速向前发展。

参考文献

[1] 周宇飞.大学生自主创业面临的困境及对策[J].湖南社会科学,2010,(4):180-182.

[2] 马雪.试论高等院校创新型人才的培养[J].教育探索,2007,(2):17-18.

[3] 杨晓慧.创业教育的价值取向、知识结构与实施策略[J].教育研究,2012,(9):73-78.

[4] 徐萍平,杨海锋,邬家瑛.创业教育课程体系建设的构想与实践[J].科研管理,2005,26(S):78-81.

[5] 孙委,刘桂艳,郜春雨.面向全体与因材施教的有效结合途径[J].现代教育科学,2011,(6):49-50.

[6] 徐小洲,张敏.创业教育的观念变革与战略选择教育研究[J].教育研究,2012,(5):64-68.

[7] 陈丽莉,刘若冰.高校大学生创业概论[M].成都:四川大学出版社,2015.

[8] 陈龙春.高校大学生职业生涯规划与发展[M].杭州:浙江人民出版社,2015.

[9] 郭先根,黄丽霞,陈红英.高校大学生就业与创业指导[M].厦门:厦门大学出版社,2012.

[10] 侯同运,谷道宗,韦统友等.高校大学生职业发展与就业创业指导[M].济南:山东人民出版社,2014.

[11] 黄士华,严志谷.高校大学生就业指导理论与实践[M].武汉:湖北科学技术出版社,2014.

[12] 李鹏林.高校大学生职业生涯规划与就业指导[M].北京:中国农业大学出版社,2015.

[13] 刘平,李坚,钟育秀.创业学:理论与实践[M].北京:清华大学出版社,2016.

[14] 梅强.创业基础[M].北京:清华大学出版社,2012.

[15] 邱小林,刘雪梅,陆瑞新.高校大学生就业与创业指导[M].大连:大连理工大学出版社,2007.

[16] 唐金土.高校大学生就业与创业指导[M].南京:东南大学出版社,2006.

[17] 汪福秀等.高校大学生就业与创业指导[M].北京:中国言实出版社,2016.

[12] 王云龙,孙佳炎,邢传波.高校大学生就业指导教程[M].哈尔滨:哈尔滨工程大学

出版社，2010.

[18] 王兆明，顾坤华.高校大学生职业生涯规划（修订版）[M].苏州：苏州大学出版社，2014.

[19] 吴国新，刘极霞.高校大学生就业与创业指导[M].成都：电子科技大学出版社，2009.

[20] 吴雄鹰，姚智军，包惠珍.高校大学生就业与创业的理论指导[M].上海：复旦大学出版社，2014.

[21] 吴正龙，刘亮亮等.高校大学生职业发展与就业创业指导[M].济南：山东人民出版社，2015.

[22] 尹华北，熊立新，潘日鸣.高校大学生职业发展与就业指导教程[M].长沙：中南大学出版社，2015.

[23] 张金明等.高校大学生就业创业指导与职业生涯规划[M].北京：北京航空航天大学出版社，2014.

[24] 张志增等.中等职业学校职业指导研究与实践[M].北京：中国水利水电出版社，2016.

[25] 章小莲.高校大学生就业与创业指导[M].北京：航空工业出版社，2015.

[26] 郑云宏，崔玉瑾等.高校大学生综合能力培养与就业指导（第2版）[M].北京：北京理工大学出版社，2013.

[27] 周秋江.高校创业教育师资队伍建设的问题与对策[J].高等农业教育，2010，（4）：46-48.

[28] 杨信海.创业教育师资评价体系的研究[J].中国成人教育，2010，（9）：55-57.

[29] 崔玉婷，赵放辉.高校创业教育之困[J].教育与职业，2010，（25）：36-40.

[30] 杨继瑞.大学创业教育的国际借鉴[N].光明日报，2011-02-23（16）.

[31] 厉正宏.刘延东：把创新创业理念融入各级各类教育[N].中国教育报，2011-03-30(1).

[32] 赵达，刘妍.解读大学生就业新动向[N].光明日报，2010-05-21（11）.

[33] 沈祖芸，董少校.让大学生拥有"第三本教育护照"——全国大学生自主创业工作经验交流会综述[N].中国教育报，2011-03-30（1）.

[34] 文明.论我国创业教育的五大瓶颈问题与五点对策建议[J].陕西教育学院学报，2009，（1）：1-8.

[35] 胡锦涛.高举中国特色社会主义伟大旗帜，为夺取全面建设小康社会新胜利而奋斗——在中国共产党第十七次全国代表大会上的报告[R].北京：2007.

[36] 刘艳丽.创新创业教育与"双师型"教学团队[J].工业技术与职业教育，2010（1）：19-20.

[37] 彭钢.创业教育学[M].南京：江苏教育出版社，2000.

[38] 邓汉慧，刘帆，赵纹纹.美国创业教育的兴起发展与挑战[J].中国青年研究，2007（9）：10-15.